纪念徐志摩诞辰一百二十五周年

徐志摩研究资料目录索引

虞坤林 陈飞虎 朱琦 整理

海宁市徐志摩研究会 编

中州古籍出版社
·郑州·

图书在版编目（CIP）数据

徐志摩研究资料目录索引 / 虞坤林，陈飞虎，朱琦整理 . — 郑州：中州古籍出版社，2022. 10
ISBN 978-7-5738-0361-0

Ⅰ.①徐… Ⅱ.①虞…②陈…③朱… Ⅲ.①徐志摩（1896-1931）– 文学研究 – 研究资料 – 目录索引 Ⅳ.① Z88：I206.6

中国版本图书馆 CIP 数据核字（2022）第 193348 号

XU ZHIMO YANJIU ZILIAO MULU SUOYIN
徐志摩研究资料目录索引

出 版 人	许绍山
策划编辑	梁瑞霞
责任编辑	吕　玲
责任校对	王玉林
封面设计	赵启航

出 版 社	中州古籍出版社（地址：郑州市郑东新区祥盛街 27 号 6 层 邮编：450016　电话：0371-65788693）
发行单位	河南省新华书店发行集团有限公司
承印单位	辉县市伟业印务有限公司
开　　本	890 mm×1240 mm　1/32
印　　张	10.375
字　　数	251 千字
版　　次	2022 年 10 月第 1 版
印　　次	2022 年 10 月第 1 次印刷
定　　价	60.00 元

本书如有印装质量问题，请联系出版社调换。

序

距今三十四年前，即 1988 年，邵华强兄编的《徐志摩研究资料》由西安陕西人民出版社出版，列为中国社会科学院文学研究所主编的"中国现代文学史资料汇编（乙种）"之一。到了 2011 年 6 月，此书又由北京知识产权出版社重印，列为中国社科院文研所主编的"中国文学史资料全编·现代卷"之一。可以断言，这部研究资料的出版和重印，是徐志摩研究史上的一件大事，标志着改革开放以后，徐志摩这位 20 世纪中国文学史上的杰出诗人重返现代文学研究者和广大读者的视野，是"重写文学史"资料准备的一个重要组成部分，也意味着徐志摩史料的搜集和整理迈出了值得肯定的第一步。

然而，由于徐志摩本身的丰富性、多样性和复杂性，对徐志摩史料的搜集和整理，必然会受到种种时代的和客观条件的限制（邵编《徐志摩研究资料》所收时限至 1983 年底）。以前的徐志摩史料，邵编就未能搜集齐全，一网打尽。如颇为重要的《北晨学园哀悼志摩专号》一书，就失收了，直到 2021 年为纪念徐志摩逝世九十周年才影印出来。至于1984年以后，徐志摩史料的发掘不断有新的令人惊喜的收获，徐志摩研究的新成果也不断出现，不断向纵深拓展，这一切，邵编当然更无从体现。

正是有鉴于此，虞坤林、朱琦、陈飞虎三位积长期锐意穷搜之功，编就了这部新的《徐志摩研究资料目录索引》（1984—2020）。这是一项很有意义的工作，目的就是要继往开来，为徐志摩研究提供一个更为坚实可靠的资料基础。虞兄在徐志摩研究上，尤其是徐志摩日记的整理上早就大有建树。朱、陈两位虽是徐志摩研究的新人，但他们懂得研究工作应该踏踏实实地先从资料的搜集和整理做起的道理。三位合作的这部《徐志摩研究资料目录索引》是在大数据的新背景下对近30多年来徐志摩史料（包括邵编所缺漏的）所作的一次新的较为周详、完备的汇总梳理。从编辑"凡例"就可以知道，《索引》分类较为得当，编排也自成体系，而且与徐志摩相关的人与事也酌情收入，从而学术视野更加开阔，使用价值也更高了。

总之，一部《索引》在手，1980年代中期以来的徐志摩研究已经取得哪些成果，还存在哪些不足，研究者自可按图索骥，有所发现。虞、朱、陈三位编者"希望能通过这部索引，对诗人徐志摩及20世纪早期新月社团的成功发展，对社会文化贡献的研究将有所帮助"，我想这是完全可以预期的。而他们这个大有利于徐志摩研究深入的努力，凡从事徐志摩研究和中国现代文学史研究的，也都会深深感念的，正像我们当年感念《徐志摩研究资料》的编者邵华强兄一样。

当年邵华强兄编《徐志摩研究资料》时，我正在编同一系列中的《郁达夫研究资料》。我们常在上海图书馆徐家汇藏书楼不期而遇，后来熟了也互通有无，我见到与徐志摩相关的就提供给他，他见到与郁达夫相关的就提供给我，而我后来也踏上徐志摩研究之路，应与这段经历有关。这些年来，邵兄虽人在大洋彼岸，仍一直关心着徐志摩研究的推进。他如得知这部新的《徐志摩研究资料目录索引》即将问世，一定也会由衷地感到高兴吧。

祝愿《徐志摩研究资料目录索引》在今后的徐志摩研究中发挥应有的作用。

陈子善
2022 年 7 月 25 日于海上梅川书舍

从《索引》看徐志摩研究（代序）

虽然我事前知道徐志摩研究是当下热门的一个学术话题，但当虞坤林先生告诉我他们编录的《徐志摩研究资料目录索引》收罗了4千多条目时，我仍然感到惊讶。

徐志摩研究一直是中国现代文学中众说纷纭、褒贬不一的研究热点，从20世纪20年代开始，到如今已近百年，关于这位诗人的作品、思想倾向、艺术风格、文学史意义，乃至他的婚恋、朋友圈等话题，一直被人们热热闹闹地谈论着，而且在可以预计到的未来，还将被人们谈论下去。这一现象，充分说明徐志摩是中国现代文学史上一个不会被遗忘的存在。

徐志摩（1897—1931），犹如一颗流星，以他35岁短暂的光阴照亮了二三十年代的中国诗坛，其余辉至今犹在。他给我们留下了四部诗集：《志摩的诗》《翡冷翠的一夜》《猛虎集》《云游》，另有集外诗60余首；以及六部散文集：《落叶》《巴黎的鳞爪》《自剖文集》《秋》《志摩日记》《爱眉小札》；小说集《轮盘》；剧作《卞昆冈》；还有10余种译著等。

对徐志摩的研究很早就开始了，根据文学史记载和所能见到的报刊资料，1923年春天胡文发表的《徐志摩君的曼殊斐儿》是第一篇评论徐志摩的文章。1925年徐志摩的第一部诗集《志摩的诗》出版后，评论界给予了热情关注，对新诗的思想内容和艺术形式，较全面地进行了分析评介。1931年11月，徐志摩乘飞机遇难后，悼念诗人、评论其诗文的文章集中涌现，在文坛上掀起了一个评徐热潮。大批追念徐志摩的文章，都侧重于肯定赞美诗人浪漫真诚的生活态度，胡适称赞"他的人生观真是一种单纯信仰，这里面只有三个大字：一个是爱，一个是自由，一个是美"；郁达夫称赞他对生活"总保持着热情而磊落的态度"；王统照称赞他"具有十分纯洁的天真与诚笃温柔的心"。许多悼文评论了徐志摩的诗文，提出的一些见解直到现在仍被人引用，如陈梦家称赞徐诗柔丽清爽、隽永灵奇，还有铿锵优美的声调，并且几部诗集在技巧上是越来越显示出进步的，这中间，徐诗在新诗"音乐美"上的贡献尤其突出；杨振声认为徐志摩给了诗一个新的体魄，以充分的西洋诗的熏陶来写新诗，并越来越注重了对诗的民族语言音节的追求；林徽音指出，对徐诗的公允评价，应该是一种立足于新诗历史发展，"就艺术论艺术的和平判断"，新诗是志摩等少数几人率先提倡才搞起来的，志摩他们对新诗的"绘画美、建筑美、音乐美"进行了细致的讨论，并认真付诸创作实践。林徽音据此判断：徐志摩的诗会长久地存在下去。从徐诗一百年来的流传情况看，林的预言是准确的。

这一时期，写得较有分量、影响较大的是茅盾的《徐志摩论》，他指出"志摩是中国布尔乔亚'开山'的同时又是'末代'的诗人"，其诗作"圆熟的外形配着淡到几乎没有的内容，而且这淡极了的内容也不外乎感伤的情绪，一轻烟似的微哀神秘的象征的依恋感喟追求"。

1936年以后,徐志摩研究渐趋冷落。1948年,陈从周的《徐志摩年谱》是第一部有关诗人生平创作资料的专著,提供了大量翔实可靠的资料,成为后人研究不可或缺的依据之一。

1950年至1979年,以政治标准、阶级意识看待徐志摩,对徐志摩从人到诗进行了彻底否定。这一时期徐志摩的研究极少,偶有几篇也是政治大批判,几乎没有公允之论,完全没有学术上的意义。

1980年后,徐志摩研究重新启动,并获得令人振奋的发展。不仅研究成果数量增多,而且研究范围也大大拓展,涉猎徐的各种体裁、各个阶段的文学创作,作家的生活道路、创作道路、文艺思想、艺术形式、审美个性、文学史地位等领域,研究水平也大幅提高,已具有相当的理论深度。

首先为徐志摩诗作翻案正名的文章是卞之琳的《徐志摩诗重读志感》。卞文认为,徐诗思想感情贯穿着三条主线——爱祖国、反封建、讲人道,不应该仅凭极个别的诗作,否定徐诗的积极思想意义。卞文还从新诗发展的历史意义上,肯定了徐诗的价值和地位。继后,陆耀东在《评徐志摩的诗》一文中,也较充分地肯定了徐诗的爱国主义思想倾向和张扬个性自由、歌颂追求纯真美好爱情所具有的反封建积极意义,以及对黑暗社会现实不满,同情下层劳动人民的人道主义情怀。陆文还分析评价了徐诗艺术形式的审美价值,认为徐诗具有构思巧、意境新、语言生动活泼、富有音乐美等多种优长,值得人们学习借鉴。李掖平、赵遐秋、谢冕、蓝棣之等一批人的文章,则重点评价徐诗的独创性。

同一时期,各种版本的徐志摩传记、著述大量出版,仅徐志摩评传就有数十种行世。数量众多的徐志摩评传中,韩石山的

《徐志摩传》影响面较广。大批研究者从各个侧面展开了对徐志摩的思想倾向、艺术形式美的探讨评述。在这一过程中，徐志摩的思想及其文学成就逐渐获得客观公正的学术评价，学术界徐志摩基本都是持肯定态度的。

进入21世纪20多年来，徐志摩研究处于一种相对稳定的状态，相关著述无论从数量上还是质量上，都大大超越了前人。在大量的徐志摩研究著述中可以看出，评论家大多阐释徐志摩的政治文化立场，研究其是如何参与到政治文化活动中的，更多的人则从文本出发，阐释徐志摩的诗学价值，关注徐诗"丰盈的诗意"。对徐志摩的关注和阐释的主流仍然是徐志摩的正向价值。

近年来，徐志摩研究呈现出一个新的现象，即"混声合唱"的格局。所谓"混声合唱"，是指学院外的徐志摩研究民间力量的崛起，主要是指散布各地的徐志摩研究社团和"摩粉"群。据统计，各地的徐志摩研究会不下4个，"摩粉"数量众多，以至无法统计。他们在俯仰之间审视徐志摩及其作品（尽管有时不那么客观友好）。他们和学院派一起，构成了一个百花齐放的徐志摩研究新格局。

徐志摩的故乡——浙江海宁，是徐志摩研究的一大重镇。从20世纪90年代开始，随着"名人文化"研究热的兴起，海宁市获授"中国诗人之乡"，此后连续举办徐志摩诗歌节和中国（海宁）徐志摩微诗歌大赛，影响广泛。海宁地方文史研究人员对徐志摩的乡邦资源进行了细致钩沉，从20世纪80年代开始，海宁学者顾永棣就出版了徐志摩的传记《诗人徐志摩》，编写了《徐志摩诗全集》《徐志摩书信日记诗精选》等；海宁电视台拍摄了电视纪录片《诗人徐志摩》；在海宁，对徐志摩的研究得到不断延伸，已经出版的有虞坤林《徐志摩未刊日记（外四种）》、柴草《陆小曼传》、徐国华《徐志摩佚文集》《空谷传诗魂》、刘培良《徐申如：诗人徐志摩之父》等。海宁市徐志摩研究会和杭州徐志摩纪念馆，团结了一大批研究人员，对徐志摩进行了全方位的研究，他们拓展研究视野、出刊《徐志摩研究》、深化研究思路，研究成果累累。由于徐志摩及其作品的亲和力，"摩粉"遍及全国各地，他们也以直观式、印象式的评论展开另一层面的徐志摩研究。

应该指出，进入 21 世纪以来 20 多年的徐志摩研究，尽管研究者和研究成果数量众多，但是也产生了一些新问题，表现为相关著述选题撞车、思路因袭、方法雷同，研究成果的数量与质量不成比例。一些研究则纠缠于徐志摩的个人生活，学术价值不高。热闹的背后，也一定程度上反映出学术层面的浮躁。

当然，在前人成果的延长线上推陈出新，是一件十分困难的事情。因此，在当下纷扰繁杂的徐志摩研究背后，往往也最能彰显研究者的智慧和灵性。近些年来的研究也说明，面对一个有难度的研究对象，不断地凝视与反复的论述，并非都是无效劳作。在数量与质量、固守与突破这对矛盾中，也许蕴含着徐志摩研究未来的多种可能性。

1988 年出版由邵华强编的《徐志摩研究资料》，收录了 1923 年至 1983 年的徐志摩研究资料。这次虞坤林、朱琦、陈飞虎整理的《徐志摩研究资料目录索引》，主要收录 1984 年至 2020 年全国报刊发表的有关徐志摩研究的文章篇目，并补收了 1983 年前邵编《徐志摩研究资料》中漏编的部分篇目。经分类索引，并附上同一期间出版的徐志摩研究专著及与徐志摩相关书目。其中篇目索引类中有作品研究、人物研究、社团研究；图书索引有著作类、人物类、研究类，使之成为一种有系统的条理清晰的检索工具。同时，该书的出版也呈现出新时代学术精神的火炬不断传递的轨迹。

谨对《徐志摩研究资料目录索引》的出版表示祝贺！为徐志摩研究再添一本工具书感到欣慰，也为海宁增添了一份文化史料感到欢欣。

徐新民

2022 年 9 月 10 日

（本文写作中参阅了李掖平《徐志摩研究综述》、施荣华《近年来徐志摩研究综述》，在此对两文作者表示感谢。）

凡 例

1.《徐志摩研究资料目录索引》，是继邵华强先生所编《徐志摩研究资料》后的又一部研究徐志摩的资料索引，这次所编的原则，尽量避开与邵先生所编目录相重复，邵先生所漏编的，这次一并补入。

2. 入编年份，原则上起自1984年1月1日，迄于2020年12月31日。如邵先生有漏而今发现者，上朔时间不限。

3. 每个条目以出版时间排序。

4. 全书分二编七章，收入各种研究文章及著作4千余条，是继邵华强先生所出研究索引以来，收入新发现的研究条目最多的一部资料书籍。在征集过程中，考虑到研究的需要，适当收入一些与徐志摩相关的人与事的研究文章，为方便读者查阅，以"附录"的形式，置于一编末尾处。

5. 一编，文章条目分：作者、篇名、文献类型标志、所发表的期刊名、年份、卷（期）、页码。一编中，收录有一部分硕博论文等其他文章，为简化处理，皆不再加"文献类型标志"。二编,著作条目分:作者、书名、文献类型标志、出版社、出版年份。

6. 刊物属性一律简称。社会科学版简称"社科版",哲学社会科学版简称"哲社版",人文社会科学版简称"人科版"。

目 录

篇目索引

作品研究 ………………………………………………… 1

人物研究 ………………………………………………… 123

社团研究 ………………………………………………… 180

附录 ……………………………………………………… 194

图书索引

著作类 …………………………………………………… 253

人物类 …………………………………………………… 298

研究类 …………………………………………………… 310

后 记 ……………………………………………………… 313

篇目索引

作品研究

巴人. 也谈徐志摩的诗［J］. 诗刊, 1957（11）: 81.

吴宏聪. 资产阶级诗歌的堕落——评徐志摩的诗［J］. 中山大学学报·社会科学, 1963（Z1）: 84.

奥非欧. 康桥踏寻徐志摩的踪径［J］. 大学杂志（中国台湾）, 1968（08）: 34.

李旦初. 咏星双绝——郭沫若《天上的市街》与徐志摩《为要寻一颗明星》比较赏析［J］. 语文教学通讯, 1986（05）: 26.

陆耀东. 评徐志摩的诗［J］. 中国现代文学研究丛刊, 1980（02）: 93.

尤敏. 读徐志摩的《再别康桥》［J］. 名作欣赏, 1980（01）: 46.

王炘.《卞昆岗》和《死城》是徐志摩的译作吗［J］. 陕西

师大学报(哲社版),1981(03):99.

吕家乡. 个性解放的追求和幻灭——徐志摩诗歌的思想倾向[J]. 山东师院学报(哲社版),1981(04):59.

钟文.《戴望舒诗集》《徐志摩诗集》[J]. 诗刊,1981(08):59.

应当肯定徐志摩诗的艺术美[J]. 文艺理论研究,1981(01):193.

赵家璧. 回忆徐志摩和《志摩全集》——纪念诗人逝世五十周年[J]. 新文学史料,1981(04):87.

芮和师.《论"费厄泼赖"应该缓行》疏讲[J]. 苏州大学学报(哲社版),1981(03):41.

文振庭. 新文学前期作家研究的范例——读茅盾的六篇作家论札记[J]. 武汉师范学院学报(哲社版),1981(01):76.

曾国富. 复杂的思想 温柔的风格——读徐志摩诗札记[J]. 韶关师专学报,1982(02):12.

罗尉宣. 徐志摩确也译过《死城》[J]. 陕西师大学报(哲社版),1982(02):118.

梁锡华. 徐志摩英文书信[J]. 新文学史料,1982(03):214.

钟文. 还他一个真面目(徐志摩诗作)[J]. 读书,1982(06):12.

孔孚,吕山查. 试论徐志摩诗歌的艺术表现[J]. 齐鲁学刊,1982(06):75.

黄新康. 茅盾的中国现代作家作品论[J]. 华南师院学报(社科版),1982(04):67.

胡凌芝. 徐志摩诗选析[J]. 名作欣赏,1983(03):12.

张厚余. 自然美的颂歌——读翡冷翠山居闲话［J］. 名作欣赏, 1983（02）：4.

徐志摩遗札六封［J］. 武汉大学学报（社科版）, 1983（04）：90.

岳洪治.《徐志摩选集》编辑杂录［J］. 出版工作, 1983（02）：47.

唐达晖. 关于现代文艺与志摩遗札［J］. 武汉大学学报（社科版）, 1983（04）：95.

吕家乡. 徐志摩诗歌的艺术得失［J］. 山东师大学报（哲社版）, 1983（05）：63.

尹从华. 论徐志摩的诗歌［J］. 重庆师院学报（哲社版）, 1983（02）：33.

方锡德. 谈闻一多、徐志摩、朱湘致曹葆华的三封信［J］. 北京大学学报（哲社版）, 1983（04）：71.

卫建林. 中国现代文学史研究中的一个原则问题——兼评《"五四"文学革命指导思想的再探讨》［J］. 中国高等教育, 1983（11）：5.

梅新.《从徐志摩到余光中》的一点随想［J］. 文讯（中国台湾）, 1984（12）：183.

笪佐领. 并非创作应是译诗：关于《涡堤孩新婚歌》［J］. 聊城师范学院学报（哲学版）, 1984（01、02）：57.

文碧贤. 徐志摩诗歌中的光明意象［J］. 五四文学研究情报, 1984（02）.

刘铭璋. 对评价徐志摩的诗的几种说法的商榷［J］. 衡阳师专学报（社科版）, 1984（01）：1.

朱勇强. 对徐志摩译过《死城》一文的补正［J］. 重庆师院学报（哲社版），1984（04）：52.

唐鸿棣. 伶伦吹裂孤生竹，今世知音应细听——试谈闻一多的新诗格律说及其贡献［J］. 名作欣赏，1984（05）：120.

王锦泉. 论徐志摩的散文［J］. 天津社会科学，1984（04）：81.

骆惠芝. 徐志摩爱情诗与"圣经"神话［J］. 五四文学研究情报，1984（03）.

西利尔·白之，赵砾坚. 托马斯·哈代对徐志摩的影响［J］. 中国比较文学，1984（01）：159.

林明华. 性灵所基情真意切：比较郭沫若与徐志摩的抒情诗［J］. 华东师范大学学报（哲社版），1984（05）：77.

叶至善. 徐志摩的《先生！先生！》［J］. 中学生，1984（03）：40.

毛迅. 徐志摩诗歌创作简论［J］. 电大文科园地，1984（11）：22.

徐重庆. 徐志摩译过《死城》［J］. 重庆师院学报（哲社版），1984（01）：53.

楚集辉，梁采怡. 理想的投影——试谈徐志摩运用宗教题材的诗歌［J］. 五四文学研究情报，1984（03）.

张秀琴. 徐志摩诗歌的色彩意象——黑色和红色［J］. 五四文学研究情报，1984（03）.

王晓华.《沙扬娜拉》与艺术的神似［J］. 名作欣赏，1985（01）：89.

向昕.《死水》的艺术贡献［J］. 六盘水师范高等专科学校学报，1985（02）：21.

张放. 东瀛温柔三部曲——徐志摩、郁达夫、杨朔诗文品较谈 [J]. 名作欣赏, 1985 (06): 79.

苏丁. 《再别康桥》与《赋别》的音乐美的比较 [J]. 红岩, 1985 (01).

徐重庆. 读三篇《徐志摩论》[J]. 三楚艺谭, 1985 (04): 97.

陆耀东. 关于中国现代文学史上有争议的作家作品评价问题 [J]. 社会科学辑刊, 1985 (06): 81.

施荣华. 近年来徐志摩研究综述 [J]. 云南师范大学学报(哲社版), 1985 (03): 92.

弘石. 康桥的幻影: 徐志摩《我所知道的康桥》赏析 [J]. 三楚艺谭, 1985 (04): 109.

秦亢宗. 论徐志摩诗的艺术美 [J]. 湖州师专学报, 1985 (03): 76.

李何林. 评价任何现代作家都要看他的主导倾向——《中国现代文学史》序 [J]. 内蒙古民族师院学报(社科汉文版), 1985 (02): 38.

陆耀东. 评徐志摩的小说 [J]. 武汉大学学报(社科版), 1985 (04): 110.

邓达泉. 浅谈徐志摩诗歌的两种独特用韵格式 [J]. 成都大学学报(社科版), 1985 (02): 59.

王吉鹏. 试论徐志摩诗的思想线索 [J]. 镇江师专学报(社科版), 1985 (01): 40.

高文翔. 谈徐志摩诗集的思想内容 [J]. 曲靖师专学报, 1985 (02): 66.

陈从周. 徐志摩白话词手稿 [J]. 新文学史料, 1985

(04): 136.

刘子良. 徐志摩和他的《再别康桥》[J]. 益阳师专学报（哲社版），1985（04）：78.

周行. 徐志摩和他的诗 [J]. 语文学刊，1985（06）：4.

朱金顺. 徐志摩散文的艺术特色 [J]. 北京师范大学学报（社科版），1985（02）：37.

孙乃修. 徐志摩诗歌的流变与域外诗缘 [J]. 中外文学研究参考，1985（03）：33.

张明亮. 徐志摩诗歌的意境与音韵 [J]. 名作欣赏，1985（04）：102.

杨乃济. 徐志摩写紫禁城的一首诗 [J]. 紫禁城，1985（01）：3.

凌叔华. 再谈徐志摩遗文——致陈从周的信 [J]. 新文学史料，1983（01）96.

凌叔华. 再谈徐志摩遗文——致陈从周的信 [J]. 新文学史料，1985（03）：172.

应国靖. 在清淡中表现美：读徐志摩的《再别康桥》[J]. 中文自修，1985（02）：8.

张发安. 《沙扬娜拉》意蕴之我见 [J]. 名作欣赏，1986（02）：125.

陆耀东. 挣扎，希冀"复活"——徐志摩晚年思想的变化 [J]. 中国现代文学研究丛刊，1986（04）：74.

简宗梧. 大珠小珠落玉盘：评析徐志摩的《翡冷翠山居闲话》[J]. 师友月刊（中国台湾），1986（232）：58.

廖宏文. 散文：青春·理想：徐志摩的文学世界 [J]. 幼狮

文艺（中国台湾），1986，63（2）：15.

程仁章. 试论徐志摩的诗歌创作［J］. 求是学刊，1986（05）：60.

费勇. 灵光一闪中的失落感——徐志摩偶然赏析［J］. 名作欣赏，1986（01）：43.

张强. 浓却化得开——徐志摩散文风格小识［J］. 中国现代文学研究丛刊，1986（04）：177.

徐承烈. 读陈从周《徐志摩白话词手稿》［J］. 上海师范大学学报（哲社版），1986（01）：133.

叶橹. 窥斑识豹 借诗论人：从《静夜》与《再别康桥》的比较中看闻一多和徐志摩［J］. 广西师范学院学报（哲社版），1986（03）：83.

方仁念. 没有爆发的火山与跳跃着的生命水：闻一多徐志摩诗歌风格比较［J］. 华东师大学报（哲社版），1986（02）：34.

魏洪平，蒋前，何广明. 浅论徐志摩的思想及其诗作［J］. 镇江师专学报（社科版），1986（04）：93.

钦健. 闻一多徐志摩诗歌比较论（一）［J］. 湘潭师范学院社会哲学学报，1986（02）：19.

钦健. 闻一多徐志摩诗歌比较论（二）［J］. 湘潭师范学院社会哲学学报，1986（03）：61.

朱勇强. 新发现的徐志摩佚文《南国的精神》［J］. 中国现代文学研究丛刊，1986（03）：249.

胡凌芝. 徐志摩诗派与外来影响［J］. 长春师院学报（社科版），1986（01）：14.

黄志雄. 徐志摩诗试论［J］. 抚州师专学报，1986（03）：

29—37.

徐重庆. 郁达夫与徐志摩［J］. 西湖. 1986（09）：48.

赖征海. 志摩诗艺术谈［J］. 上饶师专学报（社科版），1986（02）：86.

朱志伟.《〈沙扬娜拉〉意蕴之我见》的异议——与张发安同志商榷［J］. 名作欣赏，1987（01）：118.

裘樟松.《志摩的诗》初版本考［J］. 图书馆杂志，1987（03）：54.

杨葵. 卞之琳初期诗歌的"拧劲儿"和"淘气"［J］. 中国现代文学研究丛刊，1987（04）：190.

杜荣根. 卞之琳导现代格律诗［J］. 阜阳师范学院学报（社科版），1987（01）：84.

黄敏. 刚柔相错的美：读《山中》和《起造一座墙》［J］. 语文月刊，1987（09）：5.

高昆山. 浅论徐志摩诗歌独特的艺术个性［J］. 辽宁大学学报（哲社版），1987（02）：34.

刘莹. 试谈徐志摩诗歌的动态美［J］. 中山大学研究生学刊（社科版），1987（01）：40.

陆耀东. 谈徐志摩新诗的特色［J］. 中文自修，1987（03）：4.

李程骅. 新诗选讲的开创性尝试——简评《现代抒情诗选讲》［J］. 镇江师专学报（社科版），1987（02）：30.

陈力，徐志摩. 徐志摩二篇《翡冷翠山居闲话》辨异［J］. 徐州师范学院学报，1987（02）：92.

谢昌咏. 徐志摩和他的《再别康桥》［J］. 中学语文教学，

1987（02）：32.

刘宝.美、在流动中：试论徐志摩诗歌的动态美［J］.中山大学研究生学刊（社科版），1987（01）.

飞舟.徐志摩留英期间诗作［J］.上海师范大学学报（哲社版），1987（02）：69.

胡从经.徐志摩佚文摭拾［J］.三楚艺谭，1987（05）：47.

顾永棣.一阵大风的侵犯：读徐志摩最早的译诗《葛露水》［J］.西湖，1987（04）：61.

许霆.音节的匀整与流动：徐志摩对新诗格律的独特贡献［J］.玉林师专学报（社科版），1987（02）：38.

林之亭.《沙扬娜拉》的赏析及其争鸣［J］.名作欣赏，1988（02）：126.

白灵.警叹号诗人：读洪范版《徐志摩诗选》［J］.文讯（中国台湾），1988（34）：232.

彭国琼.重读《徐志摩的诗》［J］.中国语文（中国台湾），1988，63（2）：73.

谷恺.读《徐志摩评传》［J］.中国现代文学研究丛刊，1988（02）：197.

黄心村.论林徽因的诗［J］.中国现代文学研究丛刊，1988（03）：101.

缪剑.情真意浓　柔婉优美——徐志摩《沙扬娜拉》第十八赏析［J］.语文学刊，1988（05）：36.

孙绪敏.闻一多和徐志摩不同诗风成因探源［J］.文教资料，1999（03）：84.

周雪琴.轻灵妙异的艺术世界［J］.晋中师范高等专科学校

学报，2000（03）：24.

陈昭明. 独抒性灵 讴歌自然——徐志摩散文探视［J］. 赣南师范学院学报，1990（01）：36.

义海. 似曾相识的湖光山色——徐志摩诗歌与华滋华斯诗歌比较［J］. 盐城师专学报（哲社版），1993（02）：45.

杨有业. 香山明月——徐志摩与林徽因的诗歌交往初探［J］. 鞍山师范学院学报，1995（04）：24.

奚学瑶. 不羁的文化游子与深沉的文化乡愁——浅谈徐志摩与余光中散文的文化性格［J］. 甘肃社会科学，1997（01）.

黄艾格. 飞溅的生命水与开阖吞吐的"韩潮苏海"——徐志摩、余光中散文比较［J］. 北京市计划劳动管理干部学院学报，1999（01）：59.

宋春香. 寻梦人的忧伤——论徐志摩《再别康桥》的"张力"性艺术特征［J］. 语文学刊，2007（04）：99.

杜春强，董业铎. 风格与人格——徐志摩与闻一多诗歌创作比较［J］. 现代语文（文学研究版），2007（01）：68.

崔玉娥. 厚死薄生——从死亡意识看济慈对徐志摩诗歌创作的影响［J］. 现代语文（文学研究版），2007（11）.

王英宏. 不同的文化 相同的感悟——评徐志摩和华兹华斯的现代诗［J］. 渤海大学学报（哲社版），2008（04）：146.

武淑莲. 徜徉情爱世界 寻求心灵慰藉——郁达夫、徐志摩创作的爱情主题比较及其心理治疗作用［J］. 名作欣赏，2009（20）：75.

魏群. 诗歌的"背景材料"不容忽视——从徐志摩的《再别康桥》漫谈现当代诗歌教学［J］. 新课程（教研），2010

（12）：60.

（P10）徐莎.文本旅行：翻译文学的本土化进程——以徐志摩的克里斯蒂娜·罗塞蒂译诗与再创作为例［J］.思想战线，2012（03）：135.

黄晓东.政治文化对新诗写作及新诗史阐释的影响——以徐志摩、艾青及四篇诗集序言为中心［J］.当代文坛，2013（03）：104.

颜敏.文学感性的回归——徐志摩与丁玲的南洋叙事及其意义［J］.暨南学报（哲社版），2013（06）：18.

刘岁梅.论徐志摩诗歌的内容美［J］.参花（下），2013（07）：39.

陈广根.徐志摩与儿童诗歌［J］.长城，2013（04）：90.

宋飞.谈高语教学中的诗歌审美渗透——以徐志摩的"康桥之美"为例［J］.语文教学之友，2014（02）：28.

贾宝国.充分运用多媒体技术 优化语文课堂教学——以徐志摩的《再别康桥》为例［J］.课外语文，2016（18）：142.

徐华.图里翻译规范下曼斯菲尔德短篇小说翻译对比——以徐志摩和陈良廷译本为例［J］.学周刊，2016（34）：50.

张广博."水中月、镜中花"般的美丽——浅析《再别康桥》中的失望情绪［J］.吉林教育，2016（11）：64.

施战军.看那时绅士的"自然范儿"——读徐志摩的翡冷翠山居闲话［J］.文学教育（上），2019（01）：21.

吴海中.也谈《偶然》与《笑》的艺术魅力［J］.大观（论坛），2020（02）：161.

邱美玲."情"与"形"合——从《雪花的快乐》看徐志摩

新诗理念［J］.长沙民政职业技术学院学报，2021（01）：131.

张春田，李心怡."土白入诗"与新诗活力的探寻——以胡适、徐志摩与刘半农为中心的考察［J］.杭州师范大学学报（社科版），2021（02）：100.

谢宗荣.论徐志摩诗歌的构思艺术［J］.台州师专学报（社科版），1988（02）：34.

汪卓中.浅析徐志摩散文《我所知道的康桥》［J］.语文学习，1988（08）：23.

黄维樑.五四新诗所受的英美影响［J］.北京大学学报（哲社版），1988（05）：27.

周晓康.徐志摩《再别康桥》英译琐谈［J］.福建外语，1988（Z2）：60.

蓝棣之.徐志摩的诗史地位与评价问题——从《徐志摩诗全编》出版谈起［J］.中国现代文学研究丛刊，1988（04）：266.

苏耀中，陈力.徐志摩佚作辑目［J］.文教资料，1988（03）：105.

西陆.一束海滩上的花：评《徐志摩散文选集》［J］.博览群书，1988（02）：26.

卞之琳."五四"初期译诗艺术的成长［J］.诗刊，1989（07）：50.

陈信元.徐志摩——评介徐志摩早期的散文创作［J］.自由青年（中国台湾），1989，81（3）：52.

李思乐.关于《醒世姻缘传》的两个问题［J］.古籍整理研究学刊，1989（01）：15.

钟桂松. 两支彩笔话春秋：胡适《沪杭道中》徐志摩《沪杭道中》欣赏 [J]. 语文月刊, 1989 (02): 11.

金聪. 浅谈徐志摩的诗美 [J]. 大理师专学报（哲社版）, 1989 (01): 63.

施军. 为何向"云彩"作别 [J]. 淮阴师专学报（哲社版）, 1989 (03): 84.

张克铭. 闻一多、徐志摩诗歌比较 [J]. 江苏教育学院学报（社科版）, 1989 (02): 52.

程维新. 浅谈徐志摩诗歌的思想倾向与艺术风格 [J]. 思茅师专学报, 1999 (01): 49.

张中良. "盖棺，如何论定"——读陆耀东著《徐志摩评传》[J]. 中国图书评论, 1989 (01): 59.

胡鸿延. 新诗鉴赏二题 [J]. 贵州教育学院学报（社科版）, 1989 (04): 68.

黄志雄. 徐志摩爱情诗的构思艺术 [J]. 抚州师专学报（综合版）, 1989 (01): 77.

蔚明. 徐志摩的一封信 [J]. 读书, 1989 (12): 39.

夏春豪. 徐志摩对西方现代诗艺的汲纳 [J]. 中国现代文学研究丛刊, 1989 (03): 302.

宓莲芬. 徐志摩诗二首 [J]. 抚州师专学报（综合版）, 1989 (01): 44.

苏牧. 徐志摩诗歌的抒情美 [J]. 辽宁电大学报（社科版）, 1989 (04): 36.

方万勤. 徐志摩诗歌散论 [J]. 江汉大学学报（社科版）, 1989 (02): 71.

赵宁子. 徐志摩诗歌语言的反复美［J］. 语文月刊, 1989 (02): 3.

罗龙炎. "磅礴的伟象显现"——徐志摩诗别论［J］. 九江师专学报(哲社版), 1990 (03): 80.

宁建新, 陈观亚. "五四"以来十四行诗的轨迹［J］. 信阳师范学院学报(哲社版), 1990 (03): 73.

卞之琳. 缤纷的花雨——我看徐志摩的诗［J］. 国文天地, 1990, (6) 1.

萧心. 独具形态的浪漫主义——徐志摩诗歌创作个性论［J］. 烟台师范学院学报(哲社版), 1990 (03): 42.

陈绍明. 独抒性灵讴歌自然: 徐志摩散文探视［J］. 赣南师范学院学报(哲社版), 1990 (01): 36.

唐达晖. 凌叔华·现代文艺·志摩遗札［J］. 新文学史料, 1990 (02): 174.

徐越化. 论茅盾的《徐志摩论》［J］. 湖州师专学报, 1990 (03): 62.

周溶泉. 论新月诗派格律诗的艺术主张［J］. 南通师专学报, 1990 (02): 23.

黄俊杰. 略论徐志摩的诗歌婉约美［J］. 广东教育院学报, 1990 (02): 69.

陈超棠. 欧美浪漫主义诗歌对我国五四时期新诗的影响［J］. 惠州学院学报, 1990 (01): 70.

刘炎生. 试论徐志摩与新诗运动［J］. 中国文学研究, 1990 (02): 71.

萧延平. 现代文学研究的本土化——评《浙江新文学作家

研究》[J]. 浙江学刊, 1990 (04): 92.

谢洪达. 新诗体制的积极探索——试论徐志摩诗歌创作的借鉴与创新 [J]. 东吴教学 (社科版), 1990 (Z1): 20.

张策文. 性灵感应与徐志摩诗歌创作 [J]. 华东师范大学学报 (哲社版), 1990 (06): 42.

张志庆. 中外哈代研究综述 [J]. 山东大学学报 (哲社版), 1990 (02): 41.

范培松. "西风"卷来的绅士散文: 论徐志摩的唯美散文 [J]. 上海文论, 1991 (03).

张玲霞. 徐志摩的"洋"与"土"——英美浪漫主义文学与新月派之二 [J]. 中国现代文学研究丛刊, 1991 (03): 175.

罗洛. 中国新诗七十年 [J]. 中国现代当代文学研究, 1991.

李迪明. 从中国诗歌用韵沿革看新诗的发展趋势 [J]. 兰州大学学报, 1991 (01): 103.

赵宁子. 倾那心灵深处的颤音: 谈徐志摩诗歌叠字运用的抒情特点 [J]. 语文月刊, 1991 (12): 12.

杨泉良. 从节奏的起伏中唤起心灵的振颤——浅析徐志摩诗的节奏 [J]. 内蒙古民族师院学报 (哲社科汉文版), 1991 (03): 84.

张正乾. 从诗无定义谈起——评徐志摩论诗 [J]. 兰州教育学院学报, 1991 (01): 16.

赵遐秋. 读徐志摩致李济的九件信札 [J]. 中国现代文学研究丛刊, 1991 (02): 277.

徐志摩, 傅光明. 翡冷翠日记残篇 [J]. 中国现代文学研究丛刊, 1991 (04): 233.

夏玉文. 难说的再见 (散文) [J]. 国防, 1991 (06): 48.

王东木. 情书中的梦: 徐志摩诗心理探源之一 [J]. 南平师专学报, 1991 (01): 26.

晓林. 性灵的乐章如歌的行板: 徐志摩诗歌音乐美探录 [J]. 牡丹江师范学院学报 (哲社版), 1991 (02): 43.

懿灵. 徐志摩的诗歌音乐感理论及其实验 [J]. 广州文艺, 1991 (06): 20.

李光谟. 徐志摩书信的发现和有关的事 [J]. 中国现代文学研究丛刊, 1991 (02): 274.

刘心皇. 徐志摩作品 [J]. 海宁同乡会讯 (中国台湾), 1992 (16): 41.

罗见. 姚黄魏紫各领风骚: 徐志摩与闻一多诗美学差异 [J]. 牡丹江师范学院学报 (哲社版), 1991 (02): 37.

王文彬. 中国新文学浪漫主义和现代主义思潮中的流派 [J]. 安徽师范大学学报 (人社版), 1991 (03): 304.

吴作桥. 《再别康桥》新解 [J]. 蒲谷学刊, 1992 (02): 32.

杨鸿铭. 徐志摩日记等文错落论 [J]. 孔孟月刊 (中国台湾), 1992, 30 (9): 42.

赵启生. 简析徐志摩的诗歌特色 [J]. 吴中学刊 (社科版), 1992 (02): 71.

陈咏芹. 浪漫的爱与忧郁的歌 [J]. 信阳师范学院学报 (哲社版), 1992 (01): 85.

刘炎生. 论徐志摩的爱情诗 [J]. 中国文学研究, 1992 (04): 66.

苏振元. 论徐志摩散文的感情和语言［J］. 杭州大学学报（哲社版），1992（02）：24.

郭小聪. 漫说徐志摩散文［J］. 中国现代文学研究丛刊，1992（01）：207.

黄科安. 徐志摩散文的诗化特征［J］. 文学评论，1992（03）：156.

阿刚. 徐志摩诗歌终极意象论［J］. 上海大学学报（社科版），1992（01）：25.

世钦. 再谈语言的巧妙运用［J］. 新闻与写作，1992（11）：27.

李庆西. 早年的诗意［J］. 读书，1992（03）：100.

黄玉华. 从单纯的信仰流入怀疑的颓废：读徐志摩的三首诗［J］. 天津教育学院学报（社科版），1993（04）：37.

施军，王晓青. 个性创作心理——徐志摩诗中"云"意象三维诠释［J］. 汉中师院学报（哲社版），1993（04）：37.

吴晓东. 从"散文化"到"纯诗化"［J］. 中国现代文学研究丛刊，1993（03）：87.

吉明学. 激民气之暗潮　开诗歌之新体——谈《晨报副刊·诗镌》［J］. 扬州师院学报（社科版），1993（04）：74.

颜廷颂，阮荣春. 论"惑"与"不惑"——1929年关于西方现代艺术的一场论争［J］. 南京艺术学院学报（美术与设计版），1993（04）：47.

胡应轩. 论徐志摩散文中的"自然崇拜"［J］. 绍兴师专学报，1993（04）：87.

龚逢庆. 平中见奇　珠圆玉润——徐志摩小诗《黄鹂》赏

析[J]. 名作欣赏, 1993（05）: 68.

徐志摩, 刘重德. 沙扬娜拉——赠日本女郎[J]. 外国语（上海外国语学院学报）, 1993（01）: 74.

叶橹. 生命的终极关怀《海韵》与《为要寻一颗明星》比较赏析[J]. 名作欣赏, 1993（05）: 48.

江建文. 诗笔写人生: 徐志摩小说戏剧谈（上）[J]. 阅读与写作, 1993（04）: 14.

江建文. 诗笔写人生: 徐志摩小说戏剧谈（下）[J]. 阅读与写作, 1993（05）: 6.

采诗. 试论当代散文的特色与不足[J]. 西北大学学报（哲社版）, 1993（04）: 51.

孙振华. 孜孜矻矻的追求者——徐志摩《雪花的快乐》赏析[J]. 名作欣赏, 1993（05）: 72.

黄科安. 试论徐志摩散文的情感特点[J]. 福建师范大学学报（哲社版）, 1993（01）: 44.

周新建. 徐志摩、余光中诗歌意象比较[J]. 南开大学学报, 1993（01）: 66.

张宗顺, 杨泉良. 徐志摩的爱与诗[J]. 内蒙古民族师院学报（哲社版）, 1993（02）: 40.

傅光明. 徐志摩的英文硕士论文[J]. 中国现代文学研究丛刊, 1993（03）: 287.

陈旭光. 徐志摩诗四首赏析[J]. 名作欣赏, 1993（05）: 52.

孙振华. 蕴而不渲的柔情: 徐志摩《山中》赏析[J]. 名作欣赏, 1993（05）: 70.

梅焕钧. 追求宣传幻灭：徐志摩散文的思想趋向 [J]. 泰安师专学报, 1993 (03): 34.

王利芬. 追寻美的精灵：读徐志摩的《曼殊斐儿》[J]. 名作欣赏, 1993 (05): 60.

走之. 枫丹白露 DE 雨夜 [J]. 现代妇女, 1994 (04): 2..

周葱秀.《泰山日出》新议 [J]. 名作欣赏, 1994 (01): 68.

蒋心焕, 李成希.《再别康桥》与中国诗歌传统 [J]. 语文学刊, 1994 (04): 1.

杨鸿铭. 徐志摩《翡冷翠山居闲话》等之譬喻论 [J]. 孔孟月刊（中国台湾）, 1994, 33 (3): 50.

夏葵. 从浪漫主义向现代主义倾斜——论徐志摩诗歌风格的嬗变 [J]. 贵州师范大学学报（社科版）, 1994 (02): 30.

张文荣. 公正的"诗魂"与"诗评"的公正——徐志摩其人其诗新辩 [J]. 甘肃社会科学, 1994 (06): 100.

李怡. 古典理想的现代重构——论徐志摩与中国传统诗歌文化 [J]. 江海学刊, 1994 (04): 166.

张维新. 来自康桥的奇异的风——试论康桥对徐志摩早期思想与创作的影响 [J]. 高师函授学刊, 1994 (01): 45.

方江丽. 来自心灵暖处的歌唱：徐志摩《雪花的快乐》欣赏 [J]. 语文辅导, 1994 (04): 60.

张足先. 论徐志摩诗歌轻灵飘逸的艺术风格 [J]. 江汉论坛, 1994 (06): 39.

邢根生. 试论徐志摩抒情诗的特点 [J]. 内蒙古电大学刊, 1994 (04): 21.

刘瑛, 李本. 抒写性灵的艺术——徐志摩诗歌艺术浅论

[J]. 中州大学学报, 1994 (01): 18.

卢斯飞. 谈谈徐志摩的美文 [J]. 阅读与写作, 1994 (02): 1.

卢耿平. 谈徐志摩对新诗的贡献 [J]. 阅读与写作, 1994 (08): 10.

汤奇云. 一个波折的留痕——徐志摩抒情诗情绪轨迹与抒情模式转换述描 [J]. 嘉应大学学报, 1994 (03): 26.

孙绍振. 徐志摩的情书和中国的男性沙文主义 [J]. 福建师范大学学报 (哲社版), 1994 (03): 55.

林焕标. 徐志摩其诗、其文 [J]. 广西教育学院学报, 1994 (03): 14.

冉庄. 徐志摩诗歌浅谈 [J]. 重庆教育学院学报, 1994 (02): 27.

陈子善. 徐志摩佚文《五言飞鸟集序》[J]. 书城, 1994 (02): 45.

杨建民. 再见志摩——读朋友心中的徐志摩 [J]. 中国图书评论, 1994 (02): 46.

李成希. 徐志摩与中国诗歌传统 [J]. 山东社会科学, 1994 (01): 78.

陈祺生. 语变觅踪 (乏一) ——以《徐志摩美文精粹》为例 [J]. 无锡教育学院学报, 1994 (01): 27.

刘为民. "赛先生"与"五四"新诗意象 [J]. 文学评论, 1995 (01): 124.

鲁湘元.《再别康桥》赏析 [J]. 语文建设, 1995 (12): 24.

杨鸿铭. 徐志摩《翡冷翠山居闲话》等文铺写论 [J]. 孔

孟月刊（中国台湾），1995，33（10）：55.

王洪庚. 信仰与恋情——读徐志摩的爱情诗［J］. 山东教育学院学报，1995（03）：62.

贾永生. 读徐志摩（外六首）［J］. 北京文学（精彩阅读），1995（05）：90.

陈台丽. 中西合璧　潇洒自如——徐志摩的艺术特色浅析［J］. 上海金融学报，1995（02）：25.

罗雪松. 关于三十年代中国诗坛多元化格局的思考［J］. 玉林师专学报，1995（04）：62.

王洪庚. 理想与情爱的闪光——论徐志摩的爱情诗［J］. 山东社会科学，1995（04）：87.

陈苏彬. 论徐志摩诗歌思想倾向的演变［J］. 山西大学师范学院学报（哲社版），1995（01）：26.

卢斯飞. 诗情画意入笔端：读徐志摩《我所知道的康桥》［J］. 阅读与写作，1995（04）：10.

徐坤. 泰戈尔在华影响的负面效应［J］. 铁道师院学报，1995（03）：62.

王洪庚. 信仰与恋情——读徐志摩的爱情诗［J］. 山东教育学院学报，1995（03）：62.

栗新. 徐志摩和他的《再别康桥》［J］. 周口师范学院学报，1995（S4）：31.

卢斯飞. 徐志摩两篇伤悼文之比较［J］. 阅读与写作，1995（05）：9.

萧疆. 徐志摩诗歌代表作辨析［J］. 山东师大学报（社科版），1995（06）：88.

郭小聪. 徐志摩诗歌艺术风格新探［J］. 国际关系学院学报，1995（01）：42.

学昕. "文学是实现生命的"——读赵遐秋《徐志摩传》［J］. 佳木斯师专学报，1996（02）：16.

倪墨炎.《爱眉小札》的手稿本和徐志摩的《纪念册》［J］. 书城，1996（02）：32.

闵军，释隆洁.《小翠》《婴宁》与《涡堤孩》［J］. 泰安师专学报，1996（04）：390.

龚显宗. 徐志摩的文学观［J］. 中国现代文学理论（中国台湾），1996（04）：613.

王志健. 徐志摩的短诗及其生平［J］. 中国现代文学理论（中国台湾），1996（01）：74.

王海倫. 论徐志摩的诗［J］. 国立台北商专学报（中国台湾），1996（46）：325.

杨有业. 车站送别与半封情书的写真——徐志摩《沙扬娜拉一首》本意初探［J］. 鞍山师范学院学报，1996（02）：18.

鲁非. 出版周期四十年的《徐志摩全集》［J］. 文史春秋，1996（05）：25.

刘扬烈. 二三十年代几个新诗流派述论［J］. 重庆广播电视大学学报，1996（03）：26.

姜耕玉. 康桥世界：性灵和生命的美丽显影——徐志摩《再别康桥》新析［J］. 名作欣赏，1996（02）：21.

蔡清富. 两首火车为题材的诗篇之比较：读蒲风的《生活》与徐志摩的《沪杭车中》［J］. 榕树，1996（04）：28.

李承清. 论徐志摩的诗［J］. 井冈山师范学院学报，1996

（01）：20．

肖向明．论徐志摩散文的品格［J］．娄底师专学报，1996（03）：67．

黎山尧．论中国新文学的主流［J］．吉首大学学报（社科版），1996（01）：48．

郑兰芬．浅谈闻一多和徐志摩的诗歌［J］．玉溪师专学报，1996（02）：188．

梅焕钧，陈光悟．浅谈徐志摩诗歌的音乐美［J］．泰安师专学，1996（02）：154．

刘炜．散文热与徐志摩［J］．中华散文，1996（05）：58．

叶志良．凸现画境——徐志摩诗作的绘画美实践［J］．黑龙江社会科学，1996（04）：47．

杨有业．香山红叶——林徽音悼徐志摩的几首诗初探［J］．鞍山师范学院学报，1996（01）：19．

钦鸿．新马华文文坛关于中国现代文学研究的资料索引（1929—1995年）［J］．文教资料，1996（05）：73．

王久辛．徐志摩：创造音籁与轻淡魂灵［J］．诗潮，1996（11）：33．

奚学瑶，黄艾榕．人生与艺术的中西文化取向——朱自清、徐志摩散文比较［J］．甘肃社会科学，1996（02）：54．

杨泉良．徐志摩《偶然》寓意解读［J］．阅读与写作，1996（10）：10．

孙丽涛．徐志摩对西方浪漫主义的认证［J］．东岳论丛，1996（03）：100．

濮思明．徐志摩和他的《再别康桥》［J］．安徽教育，1996

(Z2): 58.

梁肇佐. 徐志摩诗歌艺术论 [J]. 灵水, 1996 (05): 75.

毛迅. 徐志摩诗艺的四种美学境界 [J]. 东方丛刊, 1996 (02): 197.

龙泉明, 刘其红. 徐志摩研究的深化——评毛迅的《徐志摩论稿》[J]. 湖北民族学院学报 (社科版), 1996 (01): 93.

章永林. 一九二三年前后诗坛现象论 [J]. 通化师范学院学报, 1996 (03): 29.

王天舒. 用"内韵说"浅议徐志摩抒情诗的主题构成 [J]. 理论与创作, 1996 (03): 31.

吕文君. 中国文人的悲凄心歌——论徐志摩诗歌的"夸父精神"[J]. 社会科学, 1996 (03): 52.

张玄平. 中韩两国当代文学比较研究 (二) [J]. 鞍山师范学院学报, 1996 (01): 24.

朱明尧. "横看成岭侧成峰": 也谈徐志摩的诗 [J]. 海宁徐志摩研究会所编《徐志摩研究》, 1997: 22.

曹震. "闲话事件"的前前后后 [J]. 黄河, 1997 (05): 169.

顾永棣. 风流诗人·徐志摩·新版序 [J]. 徐志摩研究海宁徐志摩研究会所编, 1997: 90.

顾永棣. 徐志摩书信日记精选·前言 [J]. 海宁徐志摩研究会所编《徐志摩研究》, 1997: 91.

蓝棣之. 一代知识分子的选择: 徐志摩百年诞辰感言 [J]. 中国研究 (中国台湾), 1997, 2 (10): 67.

洪宏. 徐志摩的剧论与剧作 [J]. 戏剧艺术, 1997 (02): 50.

杨昌年. 新文艺名家名作析评：浓丽华美：徐志摩的诗与散文［J］. 国文天地（中国台湾），1997，12（11）：79.

王鸿卿. 徐志摩散文选［J］. 幼狮杂志（中国台湾），1997，84（5）：15.

黄佳岩. 哀婉、深情，蕴味无穷——徐志摩《我来扬子江边买一把莲蓬》浅赏［J］. 牡丹江师范学院学报（哲社版），1997（02）：42.

奚学瑶. 不羁的文化游子与深沉的文化乡愁——浅谈徐志摩与余光中散文的文化性格［J］. 甘肃社会科学，1997（01）：53.

高占伟，丁毅. 初恋失败的咏叹调——读徐志摩《再别康桥》［J］. 湘潭大学学报（哲社版），1997（03）：21.

蔡志标. 从《雪花的快乐》《山中》看徐志摩爱情诗的美学特征［J］. 惠州大学学报（社科版），1997（02）：42.

顾晨白. 从徐志摩诗作中的落叶意象说起［J］. 海宁徐志摩研究会所编《徐志摩研究》，1997：29.

何永智. 读《再别康桥》［J］. 海宁徐志摩研究会所编《徐志摩研究》，1997：131.

章克标. 二诗人百年祭［J］. 海宁徐志摩研究会所编《徐志摩研究》，1997：84.

甘萍. 飞溅的生命之水：试论徐志摩诗歌的流动美［J］. 南昌大学学报（社科版），1997（03）：85.

陈鉴昌. 郭徐爱情诗抒情手段的比较［J］. 成都师专学报，1997（04）：20.

胡建军. 论徐志摩散文创作的美学灵机［J］. 哈尔滨师专学报（社科版），1997（04）：180.

沈剑文，戴诚. 论徐志摩诗的心路历程［J］. 呼兰师专学报，1997（03）：35.

王淡人. 论徐志摩诗歌的音乐美［J］. 海宁徐志摩研究会所编《徐志摩研究》，1997：35.

印正海. 论徐志摩诗中的星、月、光［J］. 海宁徐志摩研究会所编《徐志摩研究》，1997：74.

黄佳岩，李雅平. 飘逸　哀婉　独具匠心：徐志摩《再别康桥》试析［J］. 牡丹江师范学院学报（哲社版），1997（04）：24.

安华. 台湾最后用铅字版印《徐志摩全集》［J］. 出版参考，1997（03）：12.

陈梦家. 谈谈徐志摩的诗［J］. 海宁徐志摩研究会所编《徐志摩研究》，1997：154.

陈义海. 同是年轻的浪漫派——徐志摩诗歌与英国浪漫派诗歌比较研究之二［J］. 盐城师专学报（人社版），1997（04）：52.

顾永棣. 想飞的诗人［J］. 海宁徐志摩研究会所编《徐志摩研究》，1997：7.

钱金霖. 新诗发展中的重要一环［J］. 海宁徐志摩研究会所编《徐志摩研究》，1997：72.

洪宏. 徐志摩的剧论与剧作：《卞昆冈》［J］. 戏剧艺术，1997（02）：50.

金问渔. 徐志摩的美术情结［J］. 海宁徐志摩研究会所编《徐志摩研究》，1997：80.

关佩贞. 徐志摩日记失而复得［J］. 海宁徐志摩研究会所编《徐志摩研究》，1997：176.

黄宇. 徐志摩散文与康桥文化［J］. 华中师范大学学报（哲

社版），1997（01）：94.

朱关良. 徐志摩诗《偶然》得曲 [J]. 海宁徐志摩研究会所编《徐志摩研究》，1997：141.

张培杰. 徐志摩诗歌创作的外来影响 [J]. 海宁徐志摩研究会所编《徐志摩研究》，1997：51.

王伟. 徐志摩诗歌论 [J]. 江汉论坛，1997（07）：39.

吴仁援. 无法潇洒的"再别"——《再别康桥》之我见 [J]. 上海大学学报（社科版），1997（03）：51.

（韩）具洸范. 徐志摩诗新识 [J]. 求是学刊，1997（03）：79.

周英. 徐志摩与《剧刊》及其它 [J]. 戏剧文学，1997（03）：71.

黄萍. 谒志摩墓 [J]. 海宁徐志摩研究会所编《徐志摩研究》，1997：142.

王学海. 悠悠诗魂落叶情 [J]. 海宁徐志摩研究会所编《徐志摩研究》，1997：132.

王学海. 重读志摩的诗 [J]. 纪念诗人徐志摩诞辰一百周年专辑海宁政协文史资料委员会编，1997：56.

刘杰. 追求理想的痴迷者：读徐志摩的诗《雪花的快乐》 [J]. 语文教学与研究，1997（03）：38.

沈昌明. 自然、理想，水乳交融——徐志摩《再别康桥》之我见 [J]. 徽州师专学报，1997（02）：68.

陈义海. "精神之父"的"精神渗透"——徐志摩诗歌与哈代诗歌比较研究 [J]. 盐城师专学报（哲社版），1998（03）：16.

刘寒辉. "浓得化不开"的情感结晶——徐志摩《沙扬娜拉一首——赠日本女郎》评析 [J]. 湖南税务高等专科学校学报，

1998（03）：57.

程国君. "体制的输入和实验"——徐志摩诗歌创作的艺术契机［J］. 漳州师院学报（哲社版），1998（01）：77.

毕新伟. 《晨报副镌·诗镌》综述［J］. 开封教育学院学报，1998（01）：30.

龚明德. 《再别康桥》组装古诗意境——读诗札记［J］. 诗刊，1998（03）：79.

周星平. 关于徐志摩与林徽音之间的爱情诗［J］. 昆明师专学报，1998（04）：44.

卢学英. 理想主义的化身——徐志摩思想及诗歌创作简论［J］. 新余高专学报，1998（03）：50.

吴瑞雪，徐德平. 论徐志摩诗歌的民族传统美质［J］. 荆州师专学报，1998（06）：65.

王桂青. 漫漫长夜寻"明星"——论徐志摩的抒情诗创作［J］. 齐鲁学刊，1998（01）：117.

刘为民. 诗中读出"赛先生"［J］. 民主与科学，1998（01）：18.

陈学勇. 识徐志摩的一段佚文［J］. 中国现代文学研究丛刊，1998（02）：252.

高岩. 徐志摩的《西窗》和艾略特的《序曲》比较研究［J］. 社会科学辑刊，1998（03）：153.

李志瑾. 徐志摩的爱情与爱情诗［J］. 大众文艺，2013（17）：47.

王希杰，加藤阿幸. 徐志摩的语言观、修辞观和修辞实践［J］. 扬州大学学报（人社版），1998（02）：44.

瞿光辉. 徐志摩诗歌的魅力 [J]. 衡阳师专学报（社科版），1998（04）：48.

程维新. 徐志摩诗歌浅论 [J]. 江苏教育学院学报（社科版），1998（03）：83.

陆文采，徐雁. 徐志摩诗歌艺术的独特性新论 [J]. 辽宁师范大学学报，1998（05）：62.

小尹. 徐志摩——戏里戏外全是情 [J]. 上海戏剧，1998（11）：46.

陈义海. 徐志摩诗歌与泰戈尔诗歌比较研究 [J]. 盐城师专学报（哲社版），1998（04）：40.

李掖平. 徐志摩研究综述 [J]. 中国现代文学研究丛刊，1998（03）：75.

谢克强. 也谈《再别康桥》[J]. 写作，1998（07）：20.

刘福春. 徐志摩的第一本诗集 [J]. 诗刊，1999（04）：80.

柴伟梁. 一篇新发现的徐志摩译文 [J]. 文汇读书周报，1999.

倪墨炎. 关于徐志摩早年的日记 [J]. 新文学史料，1999年（03）：197.

陈玉强. 浪漫主义的抉择与嬗变——论徐志摩诗歌创作分期 [J]. 赣南师范学院学报，1999（02）：45.

江倩. 论徐志摩的诗歌创作 [J]. 陕西教育学院学报，1999（03）：33.

王秀芝，马龙. 论徐志摩的诗歌创作 [J]. 辽宁税务高等专科学校学报，1999（01）：42.

许波. 论徐志摩诗歌的艺术美 [J]. 常德师范学院学报（社

科版），1999（04）：57.

竺柏岳. 飘忽凝重话佳篇：徐志摩《偶然》鉴赏［J］. 阅读与写作，1999（03）：11.

黄宇. 试论徐志摩散文的"绅士风"［J］. 长沙电力学院学报（社科版），1999（03）：87.

焦会生. 性灵的挣扎：评徐志摩的《猛虎集》［J］. 殷都学刊，1999（01）：86.

赵玉中. 虚无思想的流露 颓废情绪的渲泄——谈《秋虫》《西窗》的思想倾向［J］. 通化师范学院学报，1999（01）：67.

周星平. 徐志摩爱情诗简论［J］. 昆明师范高等专科学校学报，1999（03）：32.

吕进. 徐志摩的对称体：《雪花的快乐》解读［J］. 星星，1999（02）：108.

戴利明. 徐志摩诗歌情感基调的魅力与局限［J］. 国际关系学院学报，1999（01）：36.

毛迅. 徐志摩诗艺的内在结构分析［J］. 中国现代文学研究丛刊，1999（02）：205.

刘全福. 徐志摩与诗歌翻译［J］. 中国翻译，1999（06）：38.

宋炳辉. 徐志摩在接受西方文学中的错位现象辨析［J］. 中国比较文学，1999（03）：28.

傅道彬. 一副清凉散：读《谕儿钟书札两通》［J］. 北方论丛，1999（03）：21.

熊建军. 一个歌者的背影——论徐志摩其人其诗［J］. 兵团教育学院学报，1999（01）：55.

康志刚. 诗美的苦旅——论徐志摩诗歌的意象追求［J］. 黄

冈师专学报，1999（02）：25.

海鹰. 怎样一个"四月天"？[J]. 电影评介，1999（04）：54.

樊亚平，吴小美."'晨副'，我的喇叭"——论徐志摩主编的《晨报》副刊[J]. 甘肃社会科学，2000（01）：78.

刘玉凯.《再别康桥》一字误了七十年[J]. 河北日报. 2000.

吉旭.《再别康桥》艺术特色的层面分析[J]. 盐城师范学院学报（哲社版），2000（01）：48.

张伟.《志摩的诗》时代的强音[J]. 山东电大学报，2000（02）：41.

常诚. 简评《人间四月情——徐志摩和他生命中的三个女人》[J]. 全国新书目，2000（06）：27.

韩石山. 徐志摩的硕士论文[J]. 甘肃日报. 2000.

高少月. 韵律和谐 诗意葱茏——试论徐志摩诗歌的修辞艺术[J]. 漳州职业大学学报，2000（01）：76.

蒋连根.《卞昆冈》：悲剧的爱和美[J]. 徐志摩研究会会讯（内刊）徐志摩研究会编，2000（02）.

刘培良. 美丽人间不死的光芒[J]. 徐志摩研究会会讯（内刊）徐志摩研究会编，2000（02）.

霍秀全. 理想主义的深情告白——漫说徐志摩的《再别康桥》[J]. 中学语文教学，2000（10）：38.

谢萍. 诗意与画情——徐志摩散文艺术特质管窥[J]. 阅读与写作，2000（12）：3.

刘玉章. 沉静博大 精华内敛——徐志摩诗《泰山》的迥异风格简析[J]. 语文天地，2000（20）：13.

李宗定. 许文学一个未来——从"人间四月天"的流行谈

文学的永恒与再生[J].联合文学,2000,16(7).

林于弘.憧憬的追寻与幻灭:谈徐志摩的爱与诗[J].国文天地(中国台湾),2000,15(12):19.

马森.徐志摩的美学倾向[J].国文天地(中国台湾),2000,15(12).

叶海烟.散文的诗人·诗人的散:推荐《徐志摩散文选》[J].文讯(中国台湾),2000,177(46).

虞坤林.戚戚悲鸣悔已迟:读陆小曼致胡适的一封信[J].历史月刊(中国台湾),2000,152:127.

范学亮.从《再别康桥》看徐志摩的诗美观[J].现代语文,2000(02):29.

程国君.艺术至上 生命最美——徐志摩的唯美艺术观和爱情诗创作[J].甘肃教育学院学报(社科版),2000(01):57.

王劲松.在梦的轻波里依徊——徐志摩诗歌创作浪漫主义主体意识[J].重庆大学学报(社科版),2000(03):120.

周雷琴.解读凌叔华的小说特色[J].晋中师范高等专科学校学报,2000(01):12.

毛迅,毛苹.浪漫主义的"云游"——徐志摩诗艺的英国文学背景(一)[J].西南民族学院学报(哲社版),2000(04):48.

小马.浪漫感伤的《人间四月天》[J].国际音乐交流,2000(06):72.

赵丽宏.不灭的诗魂——读诗歌《紫薇山》有感[J].中文自修,2000(04):46.

曹毓生.梁实秋散文理论批评平议[J].北师范学院学报(哲社版),2000(01):46.

黄岭峻. 卢梭"公意"说对近代中国的影响［J］. 华中理工大学学报（社科版），2000（03）：6.

宋青林. 论徐志摩的爱情诗［J］. 山东文学，2000（04）：61.

周星平. 论徐志摩的诗歌之美［J］. 昆明师范高等专科学校学报，2000（03）：27.

赵跃飞. 日记的流派［J］. 中国档案，2000（04）：32.

乐齐. 诗人的另一面：徐志摩和《庐山石工歌》［J］. 人物，2000（07）：72.

肖灵. 试论徐志摩散文的诗化特征［J］. 赣南师范学院学报，2000（05）：41.

张晴. 外文翻译形式之浅见［J］. 新闻出版交流，2000（04）：36.

刘光宇. 新格律诗形体美的实证研究［J］. 绥化师专学报，2000（02）：30.

厉向君. 徐志摩的康桥诗文浅析［J］. 山东电大学报，2000（02）：38.

高文丹. 对传记文学写作的一点思考——兼评《新月下的夜莺——徐志摩传》［J］. 山西大学学报（哲社版），2000（01）：99.

杨莉. 徐志摩散文艺术探析［J］. 广东教育学院学报，2000（01）：19.

王木青. 徐志摩散文中的诗论［J］. 安徽教育学院学报，2000（02）：36.

吴戈. 徐志摩诗歌的审美特征［J］. 长江职工大学学报，2000（02）：49.

李骏虎. 仰视诗人［J］. 诗刊，2000（05）：62.

袁可嘉.一位诗人、哲人的散文：读卞之琳散文有感［J］.文学评论，2000（06）：119.

杨晶.又见康桥：徐志摩诗《再别康桥》简析［J］.思茅文艺，2000（02）：68.

李斌，王兴华，刘劲，赵小川.着了"摩"的《人间四月天》［J］.今日湖北，2000（07）：17.

梁敏.最后的浪漫：五·四时期作家散论［J］.广州师院学报（社科版），2000（06）：22.

王唯怡.《人间四月天》全音乐再现［J］.国际服装动态，2000（03）：22.

王鸣剑."爱是实现生命之唯一途径"：论徐志摩的爱情诗［J］.年渝州大学学报（社科版），2001（01）：52.

程国君."朦胧后"诗派的诗歌语言考察［J］.华中科技大学学报（社科版），2001（04）：79.

周惠珍."缪斯的左右手"——《我所知道的康桥》和《再别康桥》对读［J］.青岛大学师范学院学报，2001（02）：23.

唐梅秀.《再别康桥》：华滋渥斯神韵的再现［J］.长沙电力学院学报（社科版），2001（02）：100.

钟筑.《再别康桥》赏析［J］.贵州教育学院学报（社科版），2001（03）：42.

李坚.《再别康桥》是一种"基调"吗？［J］.中学语文教学，2001（08）：28.

尹建新.《再别康桥》主题之我见［J］.阅读与写作，2001（11）：28.

书虫眼光：再别康桥——走近徐志摩和他的诗［J］.语文

世界,2001(04):15.

刘廷乾.沉默的康桥——徐志摩《再别康桥》评析[J].玉林师范学院学报,2001(02):61.

吴树德.知心朋友:徐志摩和吴约翰[J].华冈英语学报,2001.

彭绮文.八十年代徐志摩诗集的版本[J].图书与情报,2001(04):75.

范家进.边缘经验与多元化文学格局:论沈从文与20年代的北京文坛[J].浙江学刊,2001(03):96.

曾广志.别丢掉 难丢掉:读林徽因《别丢掉》[J].写作,2001(04):14.

刘介民.不可或缺的"类同原则":徐志摩和雪莱诗歌的血缘关系[J].广州大学学报(综合版),2001(01):35.

杨晖.传统与现代的融合——评韩石山先生的《徐志摩传》[J].无锡教育学院学报,2001(03):40.

王宏民.《爱眉小札》看徐志摩的爱情理想[J].川师范学院学报(哲社版),2001(02):62.

凌云岚.从形式的革命到革命的形式:现代文学形式观念的演变及其历史反思[J].理论与创作,2001(02):62.

朱立立.对散文"深层介入"的一个新收获:《现代散文的建构与阐释》略论[J].福建师范大学学报(哲社版),2001(04):158.

孙景龙.风格与人格:闻一多与徐志摩诗歌创作比较[J].承德民族师专学报,2001(03):27.

韩靖.个人主义与现代中国浪漫主义文学[J].河北学刊,

2001 (05): 66.

孙孟明. 古韵悠然的《再别康桥》[J]. 语文知识, 2001 (10): 77.

李国涛. 韩石山著《徐志摩传》[J]. 书屋, 2001 (05): 77.

杨泉良. 试论徐志摩诗的"浅"——兼与一些评论者商榷 [J]. 青海师专学报, 2001 (02): 43.

张文刚. 花雪世界 风月无边: 徐志摩诗歌新解 [J]. 湖南大学学报(社科版), 2001 (04): 73.

吴文水. 简论徐志摩的诗歌 [J]. 华东理工大学学报(社科版), 2001 (03): 98.

徐彦利, 王璐. 康桥柔波中荡漾的达观人生与物化情结——论徐志摩作品与庄周思想的暗合 [J]. 邯郸师专学报, 2001 (02): 42.

奚学瑶, 黄艾榕. 期待中华散文的全面复兴: 余光中散文的文化意义 [J]. 甘肃社会科学, 2001 (04): 55.

邢永革. 林徽因和徐志摩的文学情缘 [J]. 民国春秋, 2001 (03): 26.

朱洪. 凌叔华致胡适 19 通信时间考 [J]. 学术界, 2001 (01): 201-206.

王传飞. 论《再别康桥》的音乐美 [J]. 语文学刊, 2001 (01): 18.

刘吉红. 论徐志摩的诗歌艺术特征 [J]. 攀登, 2001 (02): 95.

蒋敏. 论徐志摩写景散文的审美价值 [J]. 枣庄师专学报, 2001 (03): 33.

许淇. 偶读《偶然》思故人 [J]. 文学自由谈, 2001 (05): 153.

李胜志. 一帘幽梦——《再别康桥》赏析 [J]. 中学语文教学参考, 2001 (06): 46.

黄昌秀. 浅谈《再别康桥》的艺术技巧 [J]. 成都教育学院学报, 2001 (11): 62.

徐桂梅. 浅谈徐志摩诗歌的艺术魅力 [J]. 哈尔滨学院学报, 2001 (03): 42.

吴占中. 桥在心中 心在桥上——《再别康桥》摭赏 [J]. 语文天地, 2001 (09): 7.

张彦林. 人间四月未了情 徐志摩研究资料钩沉 [J]. 博览群书, 2001 (10): 44.

杨全红. 诗人译诗, 是耶？非耶？——徐志摩诗歌翻译研究及近年来徐氏翻译研究沉寂原因新探 [J]. 重庆交通学院学报 (社科版), 2001 (02): 30.

陈丽珍. 试论新诗的"叠现"艺术 [J]. 宁波职业技术学院学报, 2001 (02): 25.

谈凤霞. 试论徐志摩的英雄崇拜：兼谈五四文坛的英雄崇拜热 [J]. 徐州师范大学学报。2001 (02): 74.

加藤阿幸. 试析徐志摩译哈代诗《八十六岁诞日自述》的得体性原则 [J]. 苏州教育学院学报, 2001 (01): 21.

姜深香. 霜余已失长淮阔：浅析《再别康桥》的双重意蕴 [J]. 牡丹江师范学院学报 (哲社版), 2001 (03): 39.

陆耀东. 我所知道的徐志摩中学时代日记的复印件 [J]. 新文学史料, 2001 (03): 201.

张军. 徐志摩《再别康桥》诗的抒情客体论［J］. 中山大学学报论丛, 2001（06）：117.

谈凤霞. 徐志摩比较研究述评［J］. 南京师大学报（社科版）, 2001（02）：105.

尹保林. 渴望自由　追求理想——对雪莱和徐志摩大自然诗歌的比较［J］. 平顶山师专学报, 2001（03）：12.

朱晓英. 徐志摩的诗歌艺术［J］. 巢湖师专学报, 2001（04）：87.

聂艳红. 徐志摩散文艺术新论［J］. 写作, 2001（06）：14.

朱琳. 徐志摩诗歌中的比喻艺术［J］. 语文学刊, 2001（01）：19.

丁宁. 一部出色的传记：《徐志摩传》［J］. 当代文坛, 2001（06）：59.

李弗不. 抑扬委婉　殷勤蜜意：偶读小诗《沙扬娜拉》［J］. 语文天地, 2001（12）：11.

高红樱. 自然悟性的最高境界：读徐志摩《天目山中笔记》［J］. 黄河科技大学学报, 2001（03）：101.

杨智慧.《死水》《再别康桥》的绘画美［J］. 中学语文, 2002（21）：25.

邹琦新. 不道德的"浪漫爱情"——评《人间四月天》等传记文艺［J］. 邵阳学院学报, 2002（05）：98.

刘国强.《再别康桥》解读［J］. 学语文园地（初中版）, 2002（Z4）：91.

傅光明. "XXX"的徐志摩散文［J］. 中国邮政报, 2002.

汪亚民. 论徐志摩的诗学理念及实践［J］. 徐志摩研究会会

讯（04、05）（内刊）徐志摩研究会编，2002.

吴德建．析二封《徐志摩致傅斯年函》真伪［J］．美术报，2002.

丁旭辉．《再别康桥》的永恒魅力［J］．国文天地（中国台湾），2002，17（10）：88.

杨方儒．徐旭东爱交大更胜於元智？——徐志摩一首《我等候你》引来意外联想［J］．商业时代（中国台湾），2002（76）：39.

柴伟梁．陆小曼诗文·序［J］．百花文艺出版社，2002.

李怡芬．一往情深：试析徐志摩《再别康桥》的时空结构与情景关系［J］．中国语文（中国台湾），200291（1）：51.

韩石山．最新的一部《徐志摩传》［J］．传记文学（中国台湾），2002，81（2）：80.

柴伟梁．陆小曼遗文三则［J］．香港《大公报》，2002.

祝晓耘．卞之琳诗风的形成与其诗的特质论［J］．青海民族学院学报（社科版），2002（04）：108.

张宝童．彩云悠悠　别情依依：徐志摩的《再别康桥》赏析［J］．中学生读写（初中），2002（08）：69.

刘辉．传统的颠覆与捍卫：《再别康桥》［J］．长沙民政职业技术学院学报，2002（03）：50.

孔超琼．从《卞昆冈》背后看徐志摩的戏剧贡献［J］．上海戏剧，2002（01）：34.

司有雪．从《再别康桥》看徐志摩诗歌的艺术特色［J］．山东教育，2002（26）：28.

李桂娥．单纯信仰的破灭：徐志摩《再别康桥》探微［J］．

呼兰师专学报, 2002 (02): 4.

刘耀珠. 个性的张扬: 徐志摩诗歌的浪漫主义特色 [J]. 信阳师范学院学报 (哲社版), 2002 (03): 103.

李坚. 再别康桥情感基调透视 [J]. 语文天地, 2002 (01): 8.

刘勇. 华丽端庄 飘逸流光——徐志摩散文艺术管窥 [J]. 大同职业技术学院学报, 2002 (01): 53.

苏艳梅. 悔不该出家——徐志摩诗《"两尼姑"或"强修行"》赏析 [J]. 写作, 2002 (07): 12.

曹为. 康河情丁香结:《再别康桥》与《雨巷》的比较解读 [J]. 安徽教育学院学报, 2002 (01): 68.

许欣. 论徐志摩的散文风格 [J]. 首都师范大学学报 (社科版), 2002 (S2): 77.

陈树萍, 李相银. 论徐志摩的诗歌策略 [J]. 贵州师范大学学报 (社科版), 2002 (04): 72.

张智辉. 论徐志摩散文的美学追求 [J]. 陕西师范大学学报 (哲社版), 2002 (02): 118.

赵惠霞. 论徐志摩诗歌创作的原动力 [J]. 西部论丛, 2002 (02): 58.

马丽. 论徐志摩诗歌的动态美 [J]. 理论与创作, 2002 (06): 44—45.

林晶. 论徐志摩诗歌的韵律化追求 [J]. 北京工业职业技术学院学报, 2002 (03): 63.

任国权. 论徐志摩小说的诗化性 [J]. 温州师范学院学报 (哲社版), 2002 (02): 39.

尹保林. 难道春天还用久等？——论雪莱诗歌与徐志摩诗歌中的理想及其根源. 2002.

siga·杨. 你好似人间四月天 [J]. 中国对外服务，2002 (04)：86.

庄丹华. 浅论徐志摩的诗歌创作 [J]. 浙江工商职业技术学院学报，2002 (04)：47.

风雨. 浅谈徐志摩新诗中的格律 [J]. 四川省政法管理干部学院学报，2002 (04)：60.

刘金梅. 轻轻复悄悄：追梦人的惋叹：《再别康桥》与《荷塘月色》的情感追索 [J]. 青海教育，2002 (Z2)：45.

糜若焉. 生命的信仰者：徐志摩的人格及其生命价值观 [J]. 中文自学指导，2002 (06)：6.

王惠君. 谈胡适《追悼志摩》的抒情艺术 [J]. 四川教育学院学报，2002 (09)：59.

钟俊昆. 雾中花呈花之韵：与徐志摩对读中重识李金发的诗观诗艺 [J]. 赣南师范学院学报，2002 (01)：86.

王小凤. 徐志摩《再别康桥》一诗的再解读 [J]. 天水师范学院学报，2002 (06)：24.

黄钢. 徐志摩的新诗 [J]. 乌鲁木齐职业大学学报，2002 (01)：34.

张琼. 徐志摩及其《再别康桥》[J]. 年语文月刊，2002 (06)：2.

黄乃江. 徐志摩散文"野马风"探析 [J]. 福建教育学院学报，2002 (10)：10.

王木青. 徐志摩散文艺术论 [J]. 安徽师范大学学报（人社

版),2002(05):543.

陈其强.徐志摩诗的形式感与内在精神[J].浙江师范大学学报,2002(03):7.

史志谨.徐志摩诗歌的艺术成就[J].陕西师范大学继续教育学报,2002(02):69.

周星平.徐志摩诗歌意象初探[J].昆明师范高等专科学校学报,2002(03):12.

马容.徐志摩诗歌中隐现的传统文化精神[J].重庆三峡学院学报,2002(02):44.

虞坤林.徐志摩早年日记谈[J].出版史料,2002(03):40—41.

皮先红.重读《再别康桥》[J].语文教学与研究,2002(23):36.

赵卫东.重读《再别康桥》[J].河南图书馆学刊,2002(05):90.

李苗.解读:《偶然》[J].语文教学与研究,2003(24):15.

王生平."美是人间不死的光芒":《再别康桥:徐志摩诗歌全集》代序[J].中国图书评论,2003(07):51.

陈昌安.绘幽静之美景 壮宁谧之心境——徐志摩《再别康桥》赏析[J].中学生读写,2003(Z1):110.

贝儿.美丽的伤痛——徐志摩和林徽因的爱情故事[J].湖北档案,2003(12):41.

李道芳.含蓄隽永 情深意长——徐志摩再别康桥品赏[J].中学语文,2003(01):30.

江弱水.浪漫派诗禽的孑遗——细读徐志摩的两首诗[J].

浙江学刊，2003（06）：96.

虞坤林.《爱眉小札》版本琐谈［J］.出版史料，2003（02）：52.

陈铝.《再别康桥》：从课堂到网上：信息技术与现代诗歌鉴赏课的整合一例［J］.信息技术教育，2003（03）：66.

岳洪臣.《再别康桥》异景赏析［J］.语文教学通讯，2003（18）：27.

王永胜，李素荣.《再别康桥》与徐志摩的心路历程［J］.锦州师范学院学报（哲社版），2003（03）：21.

黄宗广.《再别康桥》中"梦"的解析［J］.语文建设，2003（04）：39.

季伟.爱情在别处：从徐志摩的抒情诗看他的爱情观［J］.伊犁教育学院学报，2003（04）：78.

王富仁.触摸语言：徐志摩《沙扬娜拉：赠日本女郎》赏析［J］.语言学习，2003（03）：33.

谭毅.关于朗诵技巧及《再别康桥》解析［J］.重庆电力高等专科学校学报，2003（03）：21.

郭成杰.仅仅面对作品：以《再别康桥》为例谈文学作品的读解问题［J］.名作欣赏，2003（10）：51.

贾锐.警察剖析《再别康桥》［J］.课堂内外（初中版），2003（Z1）：101.

郑喜群.康桥——"汝永为我精神依恋之乡"——《再别康桥》深层情感意蕴解读［J］.语文学刊，2003（04）：36.

夏国珍.康桥波里话诗魂——徐志摩《再别康桥》赏析［J］.语文知识，2003（04）：47.

宋红欣. 刻骨铭心的离愁绝唱：《再别康桥》赏析［J］. 晋东南师范专科学校学报, 2003（04）：57.

杨泉良. 林徽音两篇怀念徐志摩作品之对比分析［J］. 安庆师范学院学报（社科版）, 2003（01）：79.

张荔. 鲁迅参照下徐志摩精神生活分析［J］. 鲁迅研究月刊, 2003（08）：57.

张定浩. "偶然"的背后——《偶然》《给一位擦肩而过的妇女》比较赏析［J］. 语文学刊, 2003（05）：37.

黄宇. 政治诗？爱情诗？——也说《再别康桥》［J］. 长沙电力学院学报（社科版）, 2003（01）：95.

刘智辉. 论徐志摩散文的情感符号［J］. 人文杂志, 2003（02）：103.

刘玉凯. 论徐志摩诗歌的"无关拦"［J］. 河北大学学报（哲社版）, 2003（01）：22.

王彦锐. 论徐志摩诗歌的古典美［J］. 运城学院学报, 2003（01）：66.

蒋利春. 论徐志摩诗歌的基督情结［J］. 河南科技大学学报（社科版）, 2003（04）：71.

周文海. 论徐志摩诗歌的浪漫主义特色［J］. 信阳农业高等专科学校学报, 2003（01）：67.

刘景兰. 论徐志摩诗歌语言基质的构成［J］. 邢台职业技术学院学报, 2003（02）：44.

乔春雷, 朱久兵. 论徐志摩诗文中的死亡意识［J］. 海南大学学报（人社版）, 2003（03）：316.

姜珉. 朦胧空灵的康桥世界：浅析《再别康桥》［J］. 成都

教育学院学报, 2003 (11): 20.

李铁秀. 梦境缠绕的销魂踪迹: 再读《再别康桥》[J]. 北方论丛, 2003 (03): 47.

李文平. 面对人生理想的独吟: 徐志摩与中国自由主义诗歌片论 [J]. 西南民族学院学报（哲社版）, 2003 (01): 190.

柏德吉. 徐志摩吹箫及其他 [J]. 语文知识, 2003 (06): 29.

王光明. 诗歌形式秩序的寻求: "新月诗派"新论（上）[J]. 海南师范学院学报（社科版）, 2003 (06): 58.

刘介民. 诗歌中的爱欲生死: 罗赛蒂与徐志摩生命中的三个女性 [J]. 广州大学学报（社科版）, 2003 (02): 7.

黄小珍, 余亚梅. 诗化人生: 传统文化精神品格的架构: 试论徐志摩的情诗对中国传统诗歌文化的继承 [J]. 上海大学学报（社科版）, 2003 (01): 56.

沈承宙. 诗乐交融的《再别康桥》[J]. 戏剧之家, 2003 (02): 58.

王桂青. 试论徐志摩诗歌的建筑美 [J]. 洛阳大学学报, 2003 (03): 40.

章行. 文辞图像俱美 阅读赏玩均宜: 读插图本《爱眉小札》[J]. 全国新书目, 2003 (09): 12.

顾永棣. 写在《徐志摩未刊日记（外四种）》之前 [J]. 出版史料, 2003 (03): 68.

杨四平. 徐志摩的诗: 诗化生活的分行抒写？[J]. 涪陵师范学院学报, 2003 (01): 13.

吴仁援, 上海大学副教授. 徐志摩的戏剧理论 [J]. 戏剧艺术, 2003 (01): 64.

王川. 徐志摩名作欣赏［J］. 作文大王（中学版），2003（03）：8.

宋淑媛. 徐志摩诗文中的浪漫主义及其形成原因［J］. 零陵学院学报，2003（06）：57.

赵日北. 也谈《再别康桥》的写作时间［J］. 现代语文，2003（16）：29.

曹启勇，黄静. "美是人间不死的光芒"——《再别康桥——徐志摩诗歌全集》代序［J］. 中国图书评说，2003（07）：51.

高照成. 原典性实证研究——兼评刘介民《类同研究的再发现：徐志摩在中西文化之间》［J］. 广州大学学报（社科版），2003（11）：35.

刘小晨. 原典性文本批评：评刘介民《类同研究的再发现：徐志摩在中西文化之间》［J］. 中国比较文学，2003（04）：174.

吴薇. 在梦的轻波里依洄：重读徐志摩《再别康桥》［J］. 名作欣赏，2003（10）：44.

王家新. 中国现代新诗的建设及深入拓展［J］. 淮北煤炭师范学院学报（哲社版），2003（03）：1.

张乃堂. 学贯中西　珠联璧合——徐志摩再别康桥的艺术特色［J］. 语文天地，2004（19）：3.

刘纳. "当作一部史书写"的人物传记：读韩石山著《徐志摩传》［J］. 中国现代文学研究丛刊，2004（04）：289.

戴拥军，张德让. "五四"文化语境与徐志摩的翻译［J］. 安徽农业大学学报（社科版），2004（02）：117.

黄勇.《雪花的快乐》阅读训练［J］. 现代语文（高中读写版），2004（07）：25.

张再良.《再别康桥》审美意蕴试析［J］.课程教材教学研究（中教研究），2004（Z2）：28.

鲍海琼.《再别康桥》微型教案［J］.中学语文教学参考，2004（04）：26.

潘旭跃.《再别康桥》新解［J］.语文教学与研究，2004（9）：48.

贺玉玲.《再别康桥》中的个性化语言解读［J］.中学语文园地（初中版），2004（11）：15.

徐松.从意象的选择看《再别康桥》的"中国性"［J］.中学语文，2004（23）：28.

宋新荣.单纯的内容完美的形式：谈徐志摩诗歌的思想与艺术［J］.火花：综艺月刊，（01）：42.

陈绪石.多情自古伤离别——赏析徐志摩的《再别康桥》［J］.宁波教育学院学报，2004（01）：27.

于君.娇美胜过"水莲花"：徐志摩《赠日本女郎》赏析［J］.中学语文园地（高中版），2004（5）：14.

麒麟.景色迷人眼 岁月催人老：《沪杭车中》赏析［J］.阅读与鉴赏（初中版），2004（04）.

王德红.绝顶的希冀——徐志摩《去吧》赏析［J］.高中生，2004（10）：16.

张洁.康桥对徐志摩思想与创作的影响［J］.陕西师范大学继续教育学报，2004（S1）：145.

杨朴.苦涩、酸楚而又凝重的"轻轻"——《再别康桥》的艺术符号学解读［J］.名作欣赏，2004（08）：11.

万珊珊.论小剧场歌剧《再别康桥》的艺术特色［J］.华

中师范大学研究生学报, 2004 (01): 128.

梁钦. 论徐志摩《再别康桥》一诗意境的创造 [J]. 河北大学成人教育学院学报, 2004 (02): 55.

李筱红. 论徐志摩散文的"性灵"美 [J]. 河南教育学院学报（哲社版）, 2004 (05): 103.

王红梅. 美哉,《再别康桥》[J]. 中学语文, 2004 (07): 23.

关成玉. 梦在青草更青处《再别康桥》离情之我见 [J]. 中学语文, 2004 (19): 29.

张家恕, 徐志摩. 母爱的赞美诗——读徐志摩的《婴儿》[J]. 青年科学, 2004 (06): 22.

杨耀祖. 品味《再别康桥》言外之意 [J]. 语文教学与研究, 2004 (05): 44.

高志. 人生写照, 艺术新生——徐志摩名篇《火车擒住轨》赏析 [J]. 河北自学考试, 2004 (06): 20.

王屾. 诗人之恋：由《再别康桥》而谈 [J]. 学子, 2004 (07): 29.

熊芊. 试论徐志摩散文特色 [J]. 湖南冶金职业技术学院学报, 2004 (01): 64.

王淑萍. 试论徐志摩诗美特征 [J]. 河南师范大学学报（哲社版）, 2004 (05): 140.

唐蓉. 谈谈徐志摩诗的中国传统诗美 [J]. 文教资料, 2004 (33): 4.

刘纳. 推荐徐志摩的《想飞》[J]. 语文建设, 2004 (04): 34.

虞坤林. 我看到了《爱眉小札》的原稿 [J]. 山西文学, 2004 (09).

韩石山. 无奈的远游 [J]. 人民文学, 2004 (07)：107.

写徐志摩就要写得美一些 [J]. 文教资料（初中版），2004 (08)：9.

余雪莲. 心灵的飘逸——读徐志摩的《想飞》[J]. 写作, 2004 (10)：9.

刘道辉. 徐志摩的"康桥"诗文赏析 [J]. 语文教学与研究, 2004 (17)：56.

邹珊颜. 徐志摩的诗歌创作 [J]. 河北理工学院学报（社科版），2004 (01)：247.

石清楚. 徐志摩和他的诗歌 [J]. 青年科学, 2004 (05)：22.

李晓峰. 徐志摩诗歌创作艺术风格略论 [J]. 承德民族师专学报, 2004 (03)：27.

韩富叶. 徐志摩诗歌的抑扬艺术 [J]. 语文教学与研究, 2004 (29)：47.

袁晓. 赞美自然，渴望自由——雪莱和徐志摩大自然诗歌的比较 [J]. 安阳师范学院学报, 2004 (04)：103.

范中胜. 徐志摩诗歌特色初探 [J]. 三门峡职业技术学院学报, 2004 (03)：1.

李惠霞. 人如其诗　诗如其人——徐志摩再别康桥赏析 [J]. 社科纵横, 2004 (04)：118.

陈伯良. 徐志摩书信的最新编集 [J]. 出版史料, 2004 (04)：38.

王仁元. 语文教材中的《再别康桥》二疑 [J]. 名作欣赏, 2004 (12)：35.

邱宏伟. 云中，还有谁寄帛书来？[J]. 写作, 2004 (06)：46.

孙绍振. 再谈"还原"分析方法——以《再别康桥》为例 [J]. 名作欣赏, 2004 (08)：4.

陈保菊. 在宇宙的思索中实现飞升：徐志摩与雪莱诗歌时空观比较 [J]. 湖北广播电视大学学报, 2004 (05)：73.

海龙. 志摩后人何处寻 [J]. 神州学人, 2004 (02)：38.

原昕. 徐志摩 [J]. 全国优秀作文选 (高中), 2004 (01) 44.

胡建军. 呐喊与歌唱——徐志摩与鲁迅漫评 [J]. 文艺理论研究, 2004 (06)：26.

陈平, 顾丽娟. 由《再别康桥》同题课教学引发的思考 [J]. 语文教学通讯, 2004 (09)：23.

晓黎. 意大利文艺复兴的摇篮：佛罗伦萨 [J]. 世界中学生文摘, 2004 (8)：44.

朴安洙吉. 爱、自由与美的渴望　中国现代抒情诗人——徐志摩 [J]. 吉林华侨外国语学院学报, 2005 (01)：94.

余荣虎. 萍踪偶聚　本为"道"同——胡适、徐志摩与英美派 [J]. 新文学史料, 2005 (04)：180.

周桂君. 沉浮于自由、爱与美的炼狱——雪莱与徐志摩比较研究 [J]. 社会科学辑刊, 2005 (04)：188.

李娟. "五官"透视《再别康桥》[J]. 名作欣赏, 2005 (02)：106.

张新民. 文学鉴赏：既要"还原", 还要深度阐释——也以《再别康桥》为例兼与孙绍振先生商榷 [J]. 名作欣赏, 2005 (15)：102.

王木青. "只有爱能使人睁开眼"——论徐志摩与基督教文化 [J]. 佛山科学技术学院学报 (社科版), 2005 (06)：48.

许欣. 风格即人——赏读徐志摩的散文 [J]. 承德民族师专学报, 2005 (04): 24.

朱金顺. 《新文学史料》刊徐志摩日记质疑 [J]. 山西文学, 2005 (12): 80.

陈学勇. 《徐志摩一九一九年日记》的一些疑点 [J]. 新文学史料, 2005 (04): 195.

孙桂平. 《再别康桥》讲解要点提示 [J]. 名作欣赏, 2005 (23): 11.

严运桂. 《再别康桥》伤感情调的审美价值 [J]. 名作欣赏, 2005 (24): 71.

罗安琪. 徐志摩的雷峰塔系列诗作与新诗的三美教学 [J]. 建中学报（中国台湾）, 2005 (11): 123.

张雅端. 陶渊明《自祭文》与徐志摩《歌》的死亡观点与态度之探讨 [J]. 台湾观光学报（中国台湾）, 2005 (03): 141.

王维玉. 传统的传承和对当下的启示：简析徐志摩《再别康桥》的思想蕴涵和艺术特色 [J]. 河北理工学院学报（社科版）, 2005 (03): 212.

支喜梅. 从《再别康桥》看徐志摩的人生观 [J]. 绥化学院学报, 2005 (05): 89.

朴安洙. 对徐志摩诗中的现实反映的考察 [J]. 吉林华侨外国语学院学报, 2005 年 (02): 77.

罗小洁. 感美感恋最纯粹的刹那：徐志摩《偶然》的解读 [J]. 名作欣赏, 2005 (02): 104.

胡建军. 关于"徐志摩现象"的思考 [J]. 枣庄学院学报, 2005 (04): 9.

张桂玲, 姚慧卿. 华美的乐章: 论徐志摩诗歌的音乐性 [J]. 宿州学院学报, 2005 (02): 53.

史绍典. 今天, 还能感动于《再别康桥》吗? [J]. 语文教学通讯, 2005 (Z2): 77.

余荣虎. 冷却了的热血依然如此凄美——重读徐志摩和他的《再别康桥》[J]. 现代语文 (理论研究版), 2005 (06): 20.

董水龙. 独自重温的甜蜜旧梦——《再别康桥》解读 [J]. 中学语文教学, 2005 (08): 27.

虞坤林. 陆小曼与她的日记 [J]. 山西文学, 2005 (03): 55.

张志成. 论徐志摩的诗学理念 [J]. 浙江师范大学学报, 2005 (05): 55.

李苗. 论徐志摩后期诗歌创作的现代主义倾向. 2005.

石柳. 论徐志摩刊物编辑的现代性. 2005.

李苗. 论徐志摩诗学追求的现代性转变 [J]. 三峡大学学报 (人社科版), 2005 (02): 44.

吕美生. 蜜甜忧愁温柔情: 徐志摩诗歌 [J]. 艺术探索, 2005 (02): 20.

康小曼. 评析《再别康桥》的思想内涵 [J]. 新课程 (教师版), 2005 (12): 29.

徐继东. 浅谈郭沫若与徐志摩二十世纪二、三十年代的诗歌特色 [J]. 广西广播电视大学学报, 2005 (01): 68.

康晓. 巧用"三美"别康桥: 谈《再别康桥》的艺术特征 [J]. 语文天地, 2005 (17): 12.

周抒, 戎晓云. 洒脱中寓婉约, 依恋而不低徊: 评徐志摩《再别康桥》的感情特色 [J]. 名作欣赏, 2005 (22): 81.

赵庚奎. 徐志摩《藏根草》阅读训练［J］. 语文天地，2005（16）：46.

丁宇鹰. 试论徐志摩诗歌建筑美的独特性［J］. 番禺职业技术学院学报，2005（02）：17.

姚皓华. 谈中国新诗浪漫主义诗潮重要代表：徐志摩的诗歌特征［J］. 广东工业大学学报（社科版），2005（02）：91.

韩石山. 我编《徐志摩全集》［J］. 山西文学，2005（06）：83.

徐志摩一九一九年日记［J］. 新文学史料，2005（01）：63.

李欧梵. 我的哈佛岁月（上）［J］. 美文（上半月），2005（07）：58.

王玉. 我与《志摩的诗》［J］. 青年科学，2005（09）：29.

董颖红. 夕阳中一抹绚丽的云彩：《再别康桥》解读［J］. 名作欣赏，2005（04）：25.

周渡，周仲器. 新格律诗探索的历史轨迹与时代流向：从新月诗派到雅园诗派［J］. 江苏大学学报（社科版），2005（02）：48.

董颖红. 夕阳中一抹绚丽的云彩——《再别康桥》解读［J］. 名作欣赏，2005（04）：25.

岳春梅. 微妙的灵魂的秘密——重读《再别康桥》［J］. 宜宾学院学报，2005（07）：58.

杨晓林. 徐志摩《沙扬娜拉——赠日本女郎》艺术手法探微［J］. 名作欣赏，2005（12）：27.

俞兆平. 徐志摩后期美学思想中的古典主义倾向［J］. 厦门大学学报（哲社版），2005（05）：48.

李云芬. 徐志摩散文艺术之管窥［J］. 淮北职业技术学院学

报，2005（01）：51.

杜付贵. 徐志摩山水散文论［J］. 河南工业大学学报（社科版），2005（02）：36.

孟芳. 徐志摩生命及其诗歌的美学价值［J］. 中州大学学报，2005（01）：48.

吴旬初. 徐志摩诗歌"星、月、光"意象分析［J］. 云南财贸学院学报（社科版），2005（01）：154.

肖显惠. 徐志摩诗歌意象与人格. 2005.

宋炳辉. 徐志摩早年日记的发现及其价值［J］. 新文学史料，2005（01）：56.

柳和城. 徐志摩撰陆小曼出的一首旧体诗［J］. 大雅艺文杂志（中国台湾），2005（37）：16.

杨中基. 寻梦康桥［J］. 中国新时代，2005（11）：111.

于倩. 一切景语皆情语——论徐志摩诗山中的"情"与"景"［J］. 山东电大学报，2005（01）：41.

黄艾榕. 文化取向迥异的散文奇葩——朱自清、徐志摩散文比较［J］. 北京市计划劳动管理干部学院学报，2005（01）：60.

黄雅莉. 以洒脱写执著·以轻淡写沈：谈徐志摩的《偶然》［J］. 中国语文（中国台湾），2005，97（06）：91.

陈平，顾丽娟. 三节《再别康桥》引发的思考［J］. 基础教育课程，2005（02）：42.

余光中. 余光中说徐志摩的《再别康桥》［J］. 名作欣赏，2005（19）：1.

陶庆萍，孙善清. 青春的甜蜜忧愁——徐志摩《沙扬娜拉——赠日本女郎》解读［J］. 名作欣赏，2005（16）：92.

廖昌明,程显.云游 三点导读[J].语文教学与研究,2005(18):14.

费雯.痴鸟的吟唱——浅淡徐志摩的诗[J].作文世界(高中版),2005(08):90.

许陈颖.中西合璧的诗歌典范:浅议徐志摩诗歌美学风格[J].宁德师专学报(哲社版),2005(03):25.

杨丽君.试论外国文学对徐志摩小说创作的影响.2005.

刘洪才.徐志摩翻译及其对创作的影响.2005.

杨小波."浓得化不开"之外:徐志摩散文中的理性之光[J].新世纪论丛,2006(01):129.

陈学勇."全集"不易全——补徐志摩一段重要佚文[J].山西文学,2006(02):78.

孙钶心."三美"主张在徐志摩诗作中的超完美体现[J].临沂师范学院学报,2006(02):61.

乔琦,蒋登科."散叶子上的零碎杂记":徐志摩的自由灵魂与其诗论[J].海南师范学院学报(社科版),2006(03):84.

徐畔.中西诗歌比较——漫谈华兹华斯与陶渊明、徐志摩诗歌比较[J].林区教学,2006(12):15.

伍明春."新诗"美学合法性的自觉寻求:以徐志摩的活动为中心[J].泰山学院学报,2006(04):33.

黄杲炘."一个译诗问题"的今昔:从徐志摩的探究谈起[J].外语与翻译,2006(04):31.

陈小碧.《晨报副刊·诗镌》与新月诗派[J].濮阳职业技术学院学报,2006(01):50.

邬建芳.《再别康桥》:用诗情召唤诗情[J].中学语文教

学，2006（12）：24.

朱光耀. 是林夕，还是徐志摩？流行歌词的文学性［J］. 香港文学，2006.

杨青. 最是那一低头的温柔：《评徐志摩著·蔡登山辑〈徐志摩情书集〉》［J］. 全国新书资讯月刊（中国台湾），2006（90）：20.

刘洪涛. 为要寻一颗明星：新近发现徐志摩致奥格登书信探折［J］. 明报月刊（中国台湾），41（03）：72.

刘洪涛. 满载一船星辉：新发现徐志摩致奥格登书信再探［J］. 明报月刊（中国台湾），41（04）：90.

石英. 从徐志摩的诗质美想及其他［J］. 嘉兴学院学报，2006（02）：55.

朱佑红. 蝶恋花：从徐志摩诗歌中的花意象看其女性观［J］. 名作欣赏，2006（10）：105.

支家璐. 回归自然——品读《我所知道的康桥》［J］. 阅读与作文（高中版），2006（05）：35.

刘亚青. 解析《再别康桥》中意象的象征意义［J］. 现代语文（文学研究版），2006（06）：76.

刘坚. 警察剖析《再别康桥》［J］. 第二课堂（高中版），2006（06）：86.

戴玉. 康桥现象对徐志摩散文的影响［J］. 南方论刊，2006（12）：92.

孙维屏. 论《再别康桥》的主题［J］. 山东工商学院学报，2006（06）：109.

刘景兰. 论徐志摩对新诗形式美建构的意义［J］. 华中科技大学学报（社科版），2006（02）：73.

凌逾. 论徐志摩景物诗的新诗美学［J］. 华南农业大学学报（社科版），2006（02）：95.

王迅. 论徐志摩诗歌意境的空灵美［J］. 丽水学院学报，2006（01）：23.

张喜华. 论徐志摩与雪莱诗风异同［J］. 南都学坛，2006（03）：70.

高明. 略论徐志摩诗歌的特色［J］. 池州师专学报，2006（04）：48.

韩石山. 桃花你就红来杏花你就白［J］. 文学自由谈，2006（03）：55.

李坚坚. 童心烛照的性灵世界：论徐志摩诗歌的"童心美"［J］. 语文学刊，2006（18）：60.

许霆. 闻一多、徐志摩诗律论比较［J］. 江苏社会科学，2006（01）：159.

许俊秀. 心灵的折光：《再别康桥》解读［J］. 学语文，2006（06）：15.

马大康. 形式美与情感内涵——徐志摩《再别康桥》的审美特征［J］. 名作欣赏，2006（04）：82.

刘林娟. 徐志摩《再别康桥》情感剖析［J］. 郑州铁路职业技术学院学报，2006（01）：21.

丛慧杰. 徐志摩诗歌音乐美的欧洲文化借鉴与"志摩特色"［J］. 江苏科技大学学报（社科版），2006（04）：54.

黄健，钟蔚. 徐志摩诗歌中的传统思维模式［J］. 电子科技大学学报（社科版），2006（05）：71.

章景曙. 徐志摩在新诗中［J］. 嘉兴学院学报，2006

（02）：41.

刘洪涛. 徐志摩致奥格顿英文书信的发现及其价值［J］. 齐鲁学刊, 2006（03）：116.

王国友. 一曲至深至美的离别之歌：《再别康桥》赏析［J］. 现代语文（文学研究版）, 2006（09）：112.

吴秀琴. 英美诗歌对徐志摩的影响［J］. 遵义师范学院学报, 2006（03）：31.

贾庆成. 语近情遥　含吐不露：《再别康桥》意蕴新探［J］. 重庆职业技术学院学报, 2006（03）：129.

冉晓芹. 在爱情的柔波里, 我甘心做一条水草：重读《再别康桥》［J］. 阅读与鉴赏（教研版）, 2006（Z2）：101.

绡红. 邵洵美与徐志摩——一部诗的传奇［J］. 新文学史料, 2006（01）：12.

吴肇彦. 在自由理想下的空灵之美——读徐志摩的散文［J］. 邢台学院学报, 2006（03）：20.

蔡星灿. 在诗歌教学中渗透审美教育：以《再别康桥》为例［J］. 语文学刊, 2006（16）：51.

李俊. 在现实与理想之间：徐志摩文艺思想探隅［J］. 重庆三峡学院学报, 2006（02）：76.

宋奇. 纸烟味道和香水气息：读鲁迅与徐志摩［J］. 辽河, 2006（07）：69.

万磊. 志摩与康桥——解读《再别康桥》［J］. 安徽文学（下半月）, 2006（11）：40.

覃宝凤. 为新月找一个坐标——1925—1926年徐志摩与晨报副刊［J］. 延安大学学报（社科版）, 2006（01）：103.

佘协勇. 追求 幻灭 新起：论徐志摩诗歌的潜在趋向［J］. 绥化学院学报，2006（03）：60.

庄赫南. 偶然相逢成偶然——徐志摩轶事［J］. 现代交际，2006（10）：43.

张惠平. 鲜明的意境 流动的画面——《再别康桥》赏析［J］. 文教资料，2006（22）：70.

赵方. 人间万古四月天［J］. 新青年（朋友），2006（05）：58.

罗岚. 灵与肉的和谐——评徐志摩诗歌中的性爱描写［J］. 内江师范学院学报，2006（01）：96.

王蕾. 诗人兼译者：徐志摩诗歌翻译艺术探讨. 2006.

王俊虎. 意象·音乐·诗魂——徐志摩诗歌美学意蕴探析［J］. 延安大学学报（社科版），2006（05）：62.

高伟. 文学翻译家徐志摩研究. 2006.

戴利明. 徐志摩、沈从文诗化文学异同论：从文学观念到艺术形式的追求与探索. 2006.

刘景兰. 徐志摩诗歌语言研究. 2006.

高昕. "爱、自由、美"的大诗：又读《再别康桥》［J］. 文教资料，2007（28）：13.

李金明，刘党桦. "别"有风味的别离诗——徐志摩的《再别康桥》赏析［J］. 现代语文（教研版），2007（09）：60.

龙泽. "康桥"入梦［J］. 中国研究生，2007（05）：60.

杨丽娜. "那一点神明的火焰"：基督教对徐志摩诗歌的影响［J］. 乌鲁木齐成人教育学院学报，2007（03）：14.

朴安洙. 徐志摩文学观的形成背景［J］. 吉林华桥外国语学院学报，2007（02）：108.

龙敏."三美论"观照下的《再别康桥》两译本评析［J］.惠州学院学报,（01）：64.

崔银河.《晨报》副刊与中国现代文学［J］.辽宁师范大学学报（社科版）,2007（01）：79.

李逊.一腔欢喜自"她"来——品读徐志摩《雪花的快乐》［J］.湖北招生考试（快速阅读）,2007（06）：51.

丛鑫.《再别康桥》：徐志摩"单纯信仰"的破灭［J］.乐山师范学院学报,2007（09）：34.

刘玉有.《再别康桥》的形式和意味［J］.文学教育（上）,2007（08）：90.

张文雪.《再别康桥》的意象美［J］.文学教育（下）,2007（09）：93.

高昕."爱、自由、美"的大诗——又读《再别康桥》［J］.文教资料,2007（28）：13.

高恒文.《再别康桥》的隐情［J］.文汇读书报,2007：35.

王岩.《再别康桥》赏析［J］.成才之路,2007（30）：51.

关成玉.《再别康桥》探微［J］.中学语文教学参考,2007（05）：45.

余荣虎.传统审美趣尚与异国情思的天然妙合：从《沙扬娜拉》看"雅"的现代魅力［J］.名作欣赏,2007（13）：62.

李兆忠.错位的东方"康桥"［J］.世界知识,2007（01）：64.

郭文正.从浪漫天堂到现实人间：徐志摩诗歌中英国形象的思想解读［J］.平顶山学院学报,2007（01）：64.

王碧海.从鲁迅和徐志摩看五四新文学中拜伦的影子［J］.钦州学院学报,2007（04）：39.

罗冬松. 从文化心态比较徐志摩与闻一多诗歌艺术风格[J]. 教育前沿（综合版），2007（05）：82.

姚国军，赖秀莲. 从徐志摩和顾城的爱情诗透视其性格与命运[J]. 广东海洋大学学报，2007（02）：87.

杨继华. 读《再别康桥》的感想[J]. 科学教育，2007（01）：63.

刘金霞. 读徐志摩的《黄鹂》[J]. 语文天地，2007（10）：13.

史红华. 感受徐志摩的诗[J]. 科技信息（学术研究），2007（29）：123.

陈卫星. 沟通传统与现代诗歌的桥梁：《再别康桥》解读[J]. 阅读与鉴赏（教研版），2007（01）：38.

丁言昭. 关于徐志摩、陆小曼的佚文[J]. 档案春秋，2007（11）：57.

陈学勇. 关于徐志摩的一封信、几条佚文及其他[J]. 湖南人文科技学院学报，2007（01）：33.

崔玉娥. 厚死薄生：从死亡意识看济慈对徐志摩诗歌创作的影响[J]. 现代语文（文学研究版），2007（11）：85.

李丹. 胡适、茅盾的"徐志摩论"比较[J]. 学术月刊，2007（10）：99.

廖健春. 解读徐志摩的《偶然》[J]. 文学教育，2007（02）：60.

李刚. 康河里的柔波和波光里的艳影：对徐志摩《再别康桥》的重读[J]. 科教文汇（中旬刊），2007（10）：183.

罗亚玲. 两次教《再别康桥》有感[J]. 湖南教育（语文教师），2007（11）：35.

王强. 康河边迎风起舞的水仙——徐志摩《再别康桥》与华兹华斯《咏水仙》之比较［J］. 开封教育学院学报，2007（01）：23.

徐志摩. 没有人会以为徐志摩是个诗人［J］. 文学界（专辑版），2007（03）：38.

孙绍振. 刘白羽和徐志摩的"日出"赏析［J］. 河南教育（基教版），2007（11）：46.

陈红旗. 论徐志摩的"未刊日记"［J］. 重庆三峡学院学报，2007（01）：54.

廖玉萍. 论徐志摩诗歌语言的音乐性特征［J］. 河南师范大学学报（哲社版），2007（06）：163.

陈杰. 论徐志摩诗歌中的神性［J］. 文学教育（上），2007（12）：149.

赵彬. 论徐志摩诗话小说的艺术特色［J］. 语文学刊，2007（13）：40.

张玉红. 论英国浪漫主义诗歌对中国新诗的影响：以徐志摩为例［J］. 新乡师范高等专科学校学报，2007（06）：93.

何希凡. 妙在爱与非爱之间——从《沙扬娜拉》看徐志摩的诗艺启示［J］. 名作欣赏，2007（07）：59.

薛兰兰. 飘逸的诗人　美丽的诗：谈徐志摩的诗歌之美［J］. 时代文学（理论学术版），2007（04）：24.

原磊. 浅谈徐志摩的《我不知道风是在哪一个方向吹》［J］. 新乡教育学院学报，2007（02）：100.

吕毅. 浅谈徐志摩诗歌艺术观［J］. 双语学习，2007（08）：145.

刘海燕. 浅析徐志摩诗文中的"飞"意象［J］. 云南电大学报，2007（04）：50.

李佳憶. 浅议徐志摩对拉斐尔前派诗歌的接受［J］. 长沙大学学报，2007（06）：91.

冯芳. 散文天地里的夜莺：论徐志摩散文的诗化特征及成因，2007.

刘海军. 沈从文心目中的徐志摩及其诗文［J］. 名作欣赏，2007（02）：43.

黄宇. 试论徐志摩的浪漫主义美学追求［J］. 求索，2007（05）：174.

李滟. 试论徐志摩的散文风格［J］. 济源职业技术学院学报，2007（02）：65.

刘养茂. 试论徐志摩诗歌的思想倾向性和艺术风格［J］. 现代企业教育，2007（14）：89.

余港忠. 试论徐志摩诗歌的思想倾向性和艺术风格［J］. 河南农业，2007（10）：55.

陈静宇. 试论徐志摩诗歌之美：音乐美、建筑美、绘画美、意象美. 2007.

廖玉萍. 水意象：触动心灵的弦索——论徐志摩诗歌中的水意象［J］. 理论与创作，2007（05）：94.

徐旻. 所爱在天上，抑或在人间？——徐志摩及其《再别康桥》［J］. 语文天地，2007（13）：12.

江红. 同路不同归的"恶之梦"——徐志摩的《西窗》和艾略特的《Preludes Ⅰ-Ⅳ》再比较［J］. 中国校外教育（理论），2007（06）：26.

尧月. 万古人间四月天 [J]. 中国研究生，2007（05）：62.

郅惠，刘宇晓. 围城内外：析徐志摩诗歌中撕裂的世界 [J]. 南方论刊，2007（06）：91.

张勤. 我不知道风是在哪一个方向吹 [J]. 当代学生，2007（17）：22.

朱佑红. 我今忘我兼忘世：徐志摩山水散文与城市散文异同探源 [J]. 安徽文学（下半月），2007（09）：50.

常文艳. 我是天空里的一片云：徐志摩《偶然》解读 [J]. 中学语文园地（高中版），2007（05）：18.

敬亚平. 被时空遮蔽的声音和表情——徐志摩《关于女子——苏州女中讲稿》及其它 [J]. 重庆教育学院学报，2007（01）：47.

敬亚平. 试论作为著名编辑家的徐志摩——兼及中国现代作家中编辑家的认定问题 [J]. 重庆社会科学，2007（08）：54.

程牧原. 写诗的孩子：浅谈对徐志摩的认识 [J]. 电影评介，2007（01）：98.

刘海燕. 新时期徐志摩散文研究综述 [J]. 绥化学院学报，2007（05）：82.

刘林凯. 徐志摩《再别康桥》情感剖析 [J]. 科技信息（学术研究），2007（31）：149.

吴坚. 情定康桥——徐志摩《再别康桥》品赏 [J]. 襄樊职业技术学院学报，2007（03）：121.

韦晖. 徐志摩《再别康桥》中"轻轻的"反复吟唱诗的蕴味解读 [J]. 语文学刊，2007（12）：106.

王智慧. 徐志摩康桥译诗研究 [J]. 高等教育与学术研究，2007（06）：188.

董海峰. 徐志摩诗歌创作特点浅探［J］. 现代语文（文学研究版），2007（10）：57.

肖从亮. 徐志摩诗歌的修辞艺术初探［J］. 考试周刊，2007（24）：101.

葛玮华. 徐志摩诗歌的艺术魅力［J］. 语文教学与研究，2007（08）：112.

谭霞. 徐志摩诗中的意象选用与情感演绎［J］. 安徽文学（下半月），2007（06）：5.

许自强. 一听就懂，回味无穷——评徐志摩的偶然［J］. 词刊，2007（09）：45.

林柳生，黄瑶妮. 徐志摩与哈代诗歌的共通性研究［J］. 广东教育学院学报，2007（06）：75.

何利华. 徐志摩作别的为何是"西天的云彩"［J］. 语文教学之友，2007（05）：26.

龚立新. 雪花飞扬的快乐：试论徐志摩诗歌流动的忧伤美和音乐美［J］. 文教资料，2007（04）：57.

郭呈. 寻找"康桥"：走进徐志摩的诗情意境［J］. 贵阳文史，2007（04）：84.

冷占平. 一首精神家园的恋歌：对徐志摩创作《再别康桥》的心路历程的探析［J］. 中学语文，2007（07）：27.

曾佳. 由"二徐"之辩管窥徐悲鸿的现代艺术观［J］. 齐齐哈尔大学学报（哲社版），2007（03）：162.

伊羊. 优美的别离诗：读徐志摩《再别康桥》［J］. 蚌埠党校学报，2007（02）：47.

任湘云. 在出与入之间：徐志摩《再别康桥》结构新论

[J]. 名作欣赏（文学研究版），2007（10）：70.

陈保菊. 在自然的怀抱中塑造自己的人格：徐志摩与雪莱诗歌自然意象比较[J]. 华南农业大学学报（社科版），2007（02）：91.

魏一媚. 浙江现代浪漫主义诗人论[J]. 语文学刊，2007（12）：104.

侯少隽. 乐声中绽开诗的芬芳——《再别康桥》作谱原因诗内透析[J]. 德州学院学报，2007（05）：12.

梅胜利. 爱情挽歌——徐志摩叫化活该解读[J]. 现代语文（文学研究版），2007（05）：61.

刘海燕. 朱自清与徐志摩散文风格比较[J]. 延安大学学报（社科版），2007（01）：57.

安颖. 浪漫到古典：徐志摩美学思想的嬗变. 2008.

徐振忠. "美是人间不死的光芒"：评徐志摩中英名诗《再别康桥》[J]. 黎明职业大学学报，2008（01）：47.

桑绍龙. "再别康桥"与谁惜别——徐志摩《再别康桥》情感指向考辨[J]. 新闻爱好者，2008（12）：54.

陆红颖. "稚子之韵"的徐志摩言情[J]. 名作欣赏，2008（01）：52.

刘介民. 望文生疑的"徐志摩"——解构析读《错位的东方"康桥"》[J]. 学术界，2008（05）：109.

徐志摩. 徐志摩致江绍原、丁文江信墨迹[J]. 鲁迅研究月刊，2008（09）：97.

黄莉.《新月》——从倾向于文学至倾向于政治的历程[J]. 科教文汇（下旬刊），2008（10）：221.

燕舞. 徐志摩名篇——再别康桥［J］. 中学生英语（高中版），2008（Z3）：85.

王健龙. 淡淡秋阳浓浓情——读徐志摩《秋阳》［J］. 好家长，2008（19）：6.

张永军. 最是那一份温柔——徐志摩《沙扬娜拉》赏读［J］. 语文天地，2008（19）：7.

张惠苑. 幻象中的真实——解析徐志摩诗歌《客中》的意象功能［J］. 作家，2008（12）：16.

张海锋.《雪花的快乐》赏析［J］. 阅读与鉴赏（教研版），2008（11）：42.

蒋力.《再别康桥》：进取与迷失［J］. 歌剧，2008（08）：12.

艾巍.《再别康桥》美学赏析［J］. 文学教育（下），2008（10）：100.

刘全卫.《再别康桥》是歌咏精神家园的爱情诗［J］. 文学教育（上），2008（07）：62.

锺怡雯. 还原徐志摩：新诗经典的误读与重估［J］. 台湾诗学（中国台湾），2008.

古大勇，谭进荣.《再别康桥》是一首单纯的惜别诗吗？——"爱、自由与美"的"单纯信仰"幻灭后的诗意祭奠［J］. 社会科学论坛（学术研究卷），2008（06）：131.

柯加瑜.《再别康桥》中的悲情意识［J］. 文学教育（下），2008（03）：110.

白云胜.《再别康桥》中的意象的文化底蕴［J］. 中学语文，2008（18）：63.

郑天媛. 吻火：我看《徐志摩诗选》［J］. 明道文艺（中国

台湾），2008（384）：136.

王小华. 纯美的诗　复杂的情：《再别康桥》主旨解读[J]. 现代语文（文学研究版），2008（09）：97.

徐媛. 从《沙扬娜拉一首——赠日本女郎》窥探徐志摩的爱情[J]. 现代语文（文学研究版），2008（09）：96.

廖玉萍. 大自然的音籁　灵魂的交响：论《雪花的快乐》的音乐美[J]. 名作欣赏（文学研究），2008（04）：64.

曹万生. 复调交响：爱与自由的离情：再读《再别康桥》[J]. 名作欣赏，2008（03）：86.

赵磊. 个体生命的诗性建构：论徐志摩诗歌中的"自我"形象[J]. 安徽文学，2008（04）：53.

王永. 还原、塑造与想象——徐志摩传记扫描与展望[J]. 当代文坛，2008（03）：151.

李友桥. 简论徐志摩诗歌的漂泊主题[J]. 长沙大学学报，2008（01）：84.

于倩，孙书平. 浪漫诗人的人间情怀：论徐志摩诗歌的现实性[J]. 枣庄学院学报，2008（04）：50.

孙书平. 论徐志摩诗歌的古典浪漫主义精神[J]. 山东省青年管理干部学院学报，2008（06）：125.

郑云霞. 论徐志摩诗歌的戏剧化特质[J]. 信阳师范学院学报（哲社版），2008（04）：138.

于倩，孙书平. 论徐志摩诗歌对古典浪漫主义的传承[J]. 鲁东大学学报（哲社版），2008（01）：40.

朱云. 略论新诗用典研究的现状与前景[J]. 湖北经济学院学报（人社版），2008（06）：112.

厉向君. 漫话徐志摩诗歌的音乐美［J］. 语文教学与研究, 2008（14）: 96.

杨天志. 漫谈"现代诗仙"徐志摩的文学地位［J］. 电影评介, 2008（11）: 90.

王黎冰. 梦中康桥浅浅唱［J］. 读与写（初中版）, 2008（10）: 31.

陈琳, 张春柏. 陌生化翻译: 徐志摩诗歌翻译艺术研究［J］. 英美文学研究论丛, 2008（02）: 333.

姜涛, 段从学, 冷霜, 孙晓娅, 张桃洲. 内外之间: 新诗研究的问题与方法: 从《沪杭道上》谈起［J］. 中国诗歌研究动态, 2008（02）: 18.

廖钟庆. 弄箫难断人何处: 谈林徽音的《藤前花》与徐志摩的《偶然》二诗［J］. 鹅湖月刊（中国台湾）, 2008（391）: 50.

陈善珍. 偶然的相逢　永远的烙印——论徐志摩诗歌《偶然》［J］. 内江师范学院学报, 2008（07）: 72.

李建民. 飘逸灵动的美质: 徐志摩诗歌的独特风格［J］. 廊坊师范学院学报, 2008（01）: 25.

张桂枝. 浅论徐志摩的散文创作［J］. 现代语文（文学研究版）, 2008（05）: 45.

刘继业. 文本之外的边城——以徐志摩、闻一多的"戏剧独白体"诗为例［J］. 名作欣赏, 2008（17）: 58.

陆丽霞, 吴敏波. 浅论徐志摩散文的艺术特点［J］. 文教资料, 2008（30）: 24.

李仰臣. 情味盎然　沁人心脾: 徐志摩《秋阳》赏析［J］.

阅读与鉴赏（初中版），2008（10）：4.

吕玉明. 让学生享受诗歌——《再别康桥》教学设计［J］. 现代语文（教研版），2008（05）：50.

李炳文，郭术伟. 上"溯"，还是下"搠"？——兼评《再别康桥》的音乐美和绘画美［J］. 现代语文（文学研究版），2008（12）：104.

王蕾. 诗人兼译者：徐志摩译哈代诗歌［J］. 文教资料，2008（29）：18.

毛灿月. 试论徐志摩新诗体制的主张与创作［J］. 贵州工业大学学报（社科版），2008（01）：90.

韩石山. 他的散文比诗歌更好看［J］. 山西文学，2008（12）：89.

来秀丽. 谈《再别康桥》的三美［J］. 教育革新，2008（10）：36.

赵曰北. 甜美的忧伤 理智地告别：《再别康桥》主题漫议［J］. 中学语文园地（高中版），2008（Z2）：49.

闫玉芹. 徐志摩《沙扬娜拉》赏析［J］. 现代语文（文学研究版），2008（08）：105.

廖锺庆. 徐志摩《再别康桥》试释（上）［J］. 鹅湖月刊（中国台湾），2008（394）：56.

廖锺庆. 徐志摩《再别康桥》试释（下）［J］. 鹅湖月刊（中国台湾），2008（395）：58.

刘洪涛. 徐志摩的剑桥诗歌研究［J］. 湖南大学学报（社科版），2008（02）：82.

周仕益. 徐志摩个性成因及其在散文中的体现［J］. 柳州师

专学报，2008（03）：32.

金飞. 徐志摩和他的《再别康桥》[J]. 科教文汇，2008（12）：241.

郑宛真. 徐志摩记游散文中景物的描写技巧 [J]. 国文天地（中国台湾），2008，924（05）：79.

徐士博. 徐志摩诗歌的艺术美 [J]. 理论观察，2008（01）：134.

韩二林. 徐志摩诗歌思想艺术成就初探 [J]. 内蒙古电大学刊，2008（05）：41.

刘娜. 徐志摩诗歌艺术魅力管窥 [J]. 网络财富，2008（06）：104.

陈静宇. 徐志摩诗歌意象之分析 [J]. 现代语文（文学研究版），2008（11）：93.

张桂玲. 徐志摩诗歌与陆机文论的契合 [J]. 淮南师范学院学报，2008（03）：10.

黄京华. 徐志摩诗歌中的康桥文化之美 [J]. 作家，2008（22）：6.

陈建军. 徐志摩书信尚需重新整理 [J]. 鲁迅研究月刊，2008（09）：33.

张晓光. 徐志摩文学创作和生态美学思想 [J]. 文学评论，2008（01）：42.

楚泽涵. 徐志摩与《相对论》[J]. 新文学史料，2008（04）：132.

祁佳毅，杨肖. 以美丑对照原则观徐志摩剧作《卞昆冈》[J]. 辽宁工业大学学报（社科版），2008（06）：59.

赵红娟. 以生花妙笔装点华美篇章 [J]. 科学咨询（教育科研），2008（11）：25.

李兆忠. 眼泪引发的笔墨官司 [J]. 书城，2008（11）：76.

侯耀蓉. 异彩纷呈共奇葩——《雪花的快乐》与《一朵红红的玫瑰》的比较 [J]. 阅读与写作，2008（05）：8.

邓丽君. 译者意识形态对诗歌翻译的操控：分析"爱情"的徐志摩译本 [J]. 北京教育学院学报，2008（01）：38.

马巍. 在梦的轻波里依洄——谈朗读《再别康桥》 [J]. 河南农业，2008（20）：54.

王春霞，陈丽娜. 执著的雪花 飞扬的灵魂：徐志摩《雪花的快乐》赏析 [J]. 阅读与鉴赏（初中版），2008（11）：21.

黎德锐. 值得聆听的诗的"第三种声音"以徐志摩、闻一多的"戏剧独白体"诗为例 [J]. 名作欣赏，2008（15）：34.

覃春华. 追求理想，异道同谋：雪莱与徐志摩抒情诗歌思想主题对比分析 [J]. 科学时代，2008（02）：107.

陈小艳. 托马斯·哈代与徐志摩的比较研究. 2008.

朱灵茜子. 徐志摩诗歌翻译的三种转向. 2008.

冯睿. 真纯而自由的心灵歌唱——论徐志摩散文的审美独特性. 2008.

邵建. 徐志摩注定不主流 [J]. 时代教育（先锋国家历史），2009（01）：122.

张王梅，张统宣.《再别康桥》中蕴含的徐志摩情感历程 [J]. 大众文艺，2009（24）：61.

林宗衡.《这是一个懦怯的世界》中的"动" [J]. 文学教育（上），2009（07）：64.

黄芳.《中国评论周报》上的几则徐志摩研究资料[J]. 博览群书, 2009 (07): 96.

刘金库. 八十年后再看徐悲鸿、徐志摩的"二徐之辩"[J]. 天津美术学院学报, 2009 (04): 52.

宋炳辉. 把神韵化进形式, 让形式表现神韵: 浪漫诗人徐志摩的文学翻译[J]. 东方翻译, 2009 (01): 69.

陆红颖. 不是无端悲怨深: 徐志摩、林徽因情诗发微[J]. 文学评论, 2009 (04): 149.

陈琳, 张春柏. 翻译间性与徐志摩陌生化诗歌翻译[J]. 中国比较文学, 2009 (04): 46.

杜静. 论徐志摩诗歌中的古典主义情结[J]. 现代语文(文学研究版), 2009 (02): 129.

孙蓉. 郭沫若与徐志摩诗歌浪漫气质的比较[J]. 学理论, 2009 (28): 161.

岁寒三友中国品格[J]. 风景名胜, 2009 (12): 46.

林夕. 爱过我, 放过我[J]. 晚报文萃, 2009 (09): 59.

李轶贤. 读徐志摩的诗, 写别样文章[J]. 中学语文园地(高中版), 2009 (09): 25.

张慧. 陆小曼佚文《萤火虫》和徐志摩"附注"[J]. 书城, 2009 (01): 22.

王勉. 风中蒲草[J]. 上海采风, 2009 (09): 94.

王凡. 论徐志摩的浪漫主义诗风[J]. 六盘水师范高等专科学校学报, 2009 (01): 38.

王学胜, 王瑞芝. 论徐志摩诗歌中的生态意识[J]. 通化师范学院学报, 2009 (11): 59.

黄长华.论徐志摩文学创作中水的意象［J］.语文学刊，2009（04）：86.

蔡建伟.茅盾、沈从文的"徐志摩论"比较研究［J］.安徽文学（下半月），2009（10）：103.

朱敏.评徐志摩诗歌《偶然》［J］.辽宁教育行政学院学报，2009（06）：87.

赵艳.浅淡徐志摩诗歌中水意象的艺术作用［J］.安徽文学（下半月），2009（06）：145.

钱浩.浅析徐志摩的诗歌之美［J］.文教资料，2009（36）：16.

杨丽君.浅析徐志摩小说中的意识流书写［J］.大众文艺，2009（24）：96.

刘静黎.让学生真正寻访到诗歌之美：《再别康桥》教学例谈［J］.现代语文（教研版），2009（06）：70.

高建华.试比较徐志摩与伊凡·蒲宁诗歌创作风格［J］.牡丹江大学学报，2009（06）：8.

徐素伟.试论徐志摩的空灵诗风［J］.集宁师专学报，2009（03）：28.

魏超.天籁自是境界：《再别康桥》意韵新探［J］.名作欣赏，2009（08）：52.

李桂萍.听公开课翡冷翠山居闲话随想［J］.语文教学与研究，2009（08）：110.

李洪先.新批评的层面结构细读法与《再别康桥》的解读［J］.电影评介，2009（17）：109.

姜萍.徐志摩《海韵》解读［J］.文学教育（上），2009

（02）：142.

蓝善康. 徐志摩《云游》的生命解读［J］. 西安社会科学，2009（02）：66.

佚名. 康桥不是一座桥［J］. 语文教学与研究，2009（18）：56.

邱云. 徐志摩《云游》赏析［J］. 语文天地，2009（20）：8.

苏美珠. 徐志摩《再别康桥》题目新解［J］. 现代语文（教研版），2009（06）：72.

张秋芳. 徐志摩爱情诗创作的演替脉络［J］. 名作欣赏，2009（04）：45.

王元忠. 沉默是今晚的康桥——读者眼中的《再别康桥》［J］. 中华活页文选（教师版），2009（07）：13.

毛国宁，刘静安. 徐志摩爱情诗的含蓄美［J］. 语文学刊，2009（8）：106.

毛国宁，刘静安. 徐志摩爱情诗的骑士精神与绅士风度［J］. 四川教育学院学报，2009（03）：75.

龚孟伟. 徐志摩爱情诗审美：飞动的灵感与飘逸的柔情［J］. 渭南师范学院学报，2009（06）：32.

王蕾. 徐志摩的翻译对诗歌创作的影响［J］. 电影评介，2009（06）：104.

吴永福. 徐志摩的抒情散文［J］. 写作，2009（07）：18.

张慧. 徐志摩的佚诗《远山》［J］. 新文学史料，2009（01）：198.

盛绘. 徐志摩翻译活动的选择倾向［J］. 安徽工业大学学报（社科版），2009（03）：65.

彭林祥. 徐志摩惹祸的三篇序跋［J］. 书城，2009（12）：50.

周丹. 徐志摩诗歌创作中对诗的外在形式的探索［J］. 语文学刊, 2009（09）：32.

廖玉萍. 徐志摩诗歌中的"飞升"意象［J］. 名作欣赏, 2009（04）：49.

吴彦. 现代汉语诗意美的呈现——徐志摩《沙扬娜拉》赏析［J］. 学理论, 2009（02）：70.

秦洁, 朱守信. 徐志摩与西方现代派绘画［J］. 艺术与设计（理论）, 2009（01）：223.

赵玉萍. 追求"自由"的"美"的性灵——浅析《再别康桥》［J］. 当代小说（下半月）, 2009（07）：37.

陈婉娴. 婚恋心路历程的艺术勾勒——我看徐志摩的爱情诗创作［J］. 韩山师范学院学报, 2009（05）：46.

刘纪新. 一首不该被否定的诗歌：论徐志摩的《生活》［J］. 玉林师范学院学报, 2009（06）：54.

王铁力. 月亮：徘徊在传统与现代之间——徐志摩诗歌意象分析［J］. 边疆经济与文化, 2009（04）：79.

衣若芬. 在全球化视野下阅读徐志摩的南国书写［J］. 清华大学学报（哲社版）, 2009（06）：75.

褚慧敏. 多媒体教学尽现"康桥之美"——论徐志摩的《再别康桥》［J］. 魅力中国, 2009（31）：216.

刘纪新. 重评徐志摩的《生活》［J］. 大理学院学报, 20098（11）：55.

李莎. 铸就爱的宗教：徐志摩爱情诗管窥［J］. 齐齐哈尔职业学院学报, 2009.3（02）：80.

王英. 走进徐志摩故居［J］. 散文百家, 2009（05）：21.

吴永福. 散文的四度空间［J］. 写作, 2009（09）：27.

刘天浩. 徐志摩诗歌研究. 2009.

杨加伟. 规范、主体性与诗形构建——徐志摩译诗选材与策略研究. 2010.

刘奎.《猛虎集》：徐志摩后期生命的苦痛［J］. 写作, 2010（15）：11.

史习斌.《新月》月刊诗歌简论［J］. 求索, 2010（04）：187.

郑斌. 品读小剧场歌剧《再别康桥》的审美意蕴——以"双清重聚"一幕为观察对象［J］. 歌唱艺术, 2020（01）：35.

蒙丽.《再别康桥》教案设计［J］. 现代语文（教研版）, 2010（11）：124.

王东颖. 云彩的秘密——解读《再别康桥》中的情感［J］. 语文月刊（学术综合版）, 2010（10）：65.

潘珊.《再别康桥》四美咸具［J］. 语文教学之友, 2010（11）：30.

高占伟.《再别康桥》新解［J］. 名作欣赏, 2010（04）：101.

罗文红.《再别康桥》语言审美赏析［J］. 读与写（教育教学刊）, 2010（10）：54.

周芬娜, 张琪. 徐志摩与上海素斋［J］. 风景名胜, 2010（06）：40.

关峰. 悲剧的现代体验：徐志摩小说创作论［J］. 河南科技大学学报（社科版）, 2010（05）：52.

兰鲜凤. 冰心、徐志摩散文比较［J］. 大众文艺, 2010（01）：149.

文勇, 孙绍振, 文艳艳. 轻轻的我走了——《再别康桥》

课堂实录［J］. 中学语文，2010（07）：36.

付悦. 从哈代诗歌翻译看徐志摩的翻译思想［J］. 文教资料，2010（13）：14.

高颖. 从美学的角度谈《再别康桥》的艺术特色［J］. 新课程研究（中旬刊），2010（09）：188.

陈志群. 从徐志摩的诗解读徐志摩的情感世界［J］. 科技信息，2010（27）：677.

周诗岩. 翻译规范与徐志摩的译诗［J］. 宜宾学院学报，2010（03）：110.

郭长保. 海棠花下，吹笛到天明：徐志摩诗歌的精神与艺术追求［J］. 时代文学（双月上半月），2010（01）：48.

陈玉琴. 课堂上的追问与沉默：《再别康桥》课例评析［J］. 语文学习，2010（10）：19.

桑绍龙. 林徽因的诗歌及其对徐志摩的情感［J］. 新闻爱好者，2010（07）：72.

杨丽君. 独特的华丽——浅析徐志摩小说中的唯美主义色彩［J］. 现代语文（文学研究），2010（05）：74.

黄萍. 论《再别康桥》：诗的中国气质［J］. 湖北广播电视大学学报，2010（09）：73.

付悦，刘娜. 论陌生化理论在徐志摩诗歌翻译中的体现［J］. 牡丹江大学学报，2010（12）：111.

陈静宇. 论徐志摩诗歌之意象美［J］. 新乡学院学报（社科版），2010（02）：87.

李炳文. 浅谈徐志摩诗歌的艺术特色［J］. 吉林教育（高教版），2010（05）：31.

曾洪军，李媛媛. 浅析《偶然》的艺术特点［J］. 语文学刊，2010（22）：62.

潘丽娜，谢灵. 浅析《再别康桥》的三美特色［J］. 安徽文学（下半月），2010（02）：77.

庄林湖. 浅析徐志摩诗歌的艺术特征［J］. 文学界（理论版），2010（02）：94.

蒋成德. 谈郭沫若与徐志摩的一场诗争［J］. 青海民族大学学报（教科版），2010（04）：25.

邓久求. 谈徐志摩《再别康桥》的艺术风格［J］. 语文教育与研究，2010（05）：84.

毛国宁. 徐志摩爱情诗中庄子的"真"与骑士精神［J］. 语文学刊，2010（14）：69.

万虹. 徐志摩的西洋梦：《再别康桥》主题别解［J］. 名作欣赏，2010（32）：74.

高颖. 徐志摩和他的诗［J］. 科技信息，2010（14）：292.

戚莹. 徐志摩散文研究分析［J］. 现代商贸工业，2010（22）（07）：224—225.

郁宝华. 生命中的偶然与无奈——解读徐志摩诗《偶然》［J］. 名作欣赏，2010（32）：71.

孙翠. 以诗译诗，译诗为诗——徐志摩之诗歌翻译与创作［J］. 乐山师范学院学报，2010（08）：15.

赵慧云. 徐志摩诗歌的语言艺术［J］. 文学教育，2010（02）：20.

唐汴. 那一低头的温柔［J］. 中学生阅读（初中版），2010（06）：39.

张惠林. 轻柔诗情的飘溢——徐志摩诗歌中的性灵美探究[J]. 绵阳师范学院学报, 2010（06）: 58.

刘景兰. 徐志摩诗歌意义的再认识[J]. 嘉应学院学报, 2010（03）: 54.

程国君. 从"音乐的美"到"纯诗"——论新月诗人现代诗歌美学建构的深层理论与实践[J]. 陕西师范大学学报（哲社版）, 2010（03）: 57.

刘占荣. 以《再别康桥》为例探诗歌教学之路[J]. 时代文学（下半月）, 2010（08）: 141.

黎小燕. 艺术的突围，生命的困顿：诗歌《火车擒住轨》的解读[J]. 电影评介, 2010（18）: 95.

刘洪涛. 在剑桥读徐志摩的《再别康桥》[J]. 名作欣赏, 2010（02）: 42.

龚瑞峰. 在失意中寻找诗意：《再别康桥》课堂实录[J]. 现代语文（教研版）, 2010（04）: 70.

王日军. 怎一个情字了得——读徐志摩的《再别康桥》[J]. 语文教学之友, 2010（10）: 29.

郑雪. 徐志摩浪漫主义文学思想的现代性特质. 2010.

张守仁. 沿着徐志摩的足迹[J]. 太湖, 2011（02）: 45.

郁宝华. 生命中的偶然与无奈——重读徐志摩诗《偶然》[J]. 阅读与写作, 2011（06）: 19.

曾焱. 徐悲鸿赠猫徐志摩[J]. 科学大观园, 2011（24）: 39.

王岚. 绝望中的光明——徐志摩问谁与哈代黑暗中的鸫鸟之比较[J]. 作家, 2011（18）: 96.

章景曙. 徐志摩与戏剧[J]. "浙西作家与新中国文学发生

和流变"学术研讨会论文集 嘉兴学院编印，2011（164）．

谢旷婷．爱的旋律，伤春的歌谣——谈徐志摩的诗歌月下待杜鹃不来［J］．期金田（励志），2011（07）：63.

杨雪锋．《再别康桥》的及物性分析［J］．科技信息，2011（27）：577.

范伟．《再别康桥》的双重告别主题［J］．名作欣赏，2011（16）：88.

贾孟影．凌叔华与徐志摩擦肩而过的女子［J］．八小时以外，2011（11）：60.

李红霞．颓废美、纯美文学世界的建构：浙西作家徐志摩、林徽因与唯美［J］．"浙西作家与新中国文学发生和流变"学术研讨会论文集 嘉兴学院编印，2011（91）．

王学海．文坛海宁三巨头与中国现代文学［J］．"浙西作家与新中国文学发生和流变"学术研讨会论文集 嘉兴学院编印，2011（35）．

魏丽．1925年的雪与两位诗人的感兴：徐志摩《雪花的快乐》与鲁迅《雪》的比较［J］．濮阳职业技术学院学报，2011（06）：78.

顾彦，谭刚旬．解读情感变化品悟人生意蕴：《再别康桥》赏析［J］．安徽文学，2011（02）：121.

廖锺庆．来是空言去绝踪：谈徐志摩《云游》与林徽因《你来了》二诗［J］．鹅湖月刊（中国台湾），2011（427）：55.

廖红．梁实秋与徐志摩翻译思想之比较［J］．攀枝花学院学报，2011（04）：67.

许晓婷．从徐志摩的诗句里走失了一段岁月（外三首）

[J]. 泉州文学, 2011 (08): 76.

孙维屏, 温秀珍. 论徐志摩《再别康桥》意象的古典意韵 [J]. 语文教学通讯, 2011 (12): 94.

刘纪新. 论徐志摩后期诗歌创作风格的嬗变 [J]. 南昌大学学报 (人社版), 2011 (03): 87.

陈静宇. 论徐志摩诗歌的绘画美 [J]. 江汉论坛, 2011 (07): 130.

陈静宇. 论徐志摩诗歌的建筑美 [J]. 甘肃社会科学, 2011 (04): 119.

姜艳. 论徐志摩诗歌的抒情特征 [J]. 吉林省教育学院学报 (学科版), 2011 (05): 152.

覃志毅. 论徐志摩诗歌的抒情艺术 [J]. 广西民族师范学院学报, 2011 (05): 58.

马国平. 论徐志摩诗歌的性灵美 [J]. 企业家天地, 2011 (11): 76.

王茜. 浅论徐志摩文学作品中的西方文化 [J]. 出国与就业 (就业版), 2011 (14): 151.

梁丽娜. 浅谈闻一多与徐志摩的诗歌的异同 [J]. 中国校外教育, 2011 (S1): 120.

王蕊. 浅谈徐志摩的《偶然》[J]. 才智, 2011 (14): 208.

吴畅. 浅谈徐志摩的爱情与诗歌 [J]. 现代阅读 (教育版), 2011 (07): 14.

骆珉. 浅析徐志摩诗歌的艺术特色 [J]. 新课程研究 (中旬刊), 2011 (09): 185.

钟翔. 情感抒发与知性追求：徐志摩与卞之琳诗歌创作主张

比较 [J]. 企业家天地（理论版），2011（07）：156.

张莉清. 谈徐志摩诗歌的技艺美 [J]. 重庆电子工程职业学院学报，2011（02）：84.

白开元. 泰戈尔的中国情结——纪念泰戈尔诞辰 150 周年 [J]. 中外文化交流，2011（05）：41.

赵彬，李晓霞. 现代诗歌史上单义诗歌的阐释与评价——以徐志摩的诗歌为例 [J]. 北华大学学报（社科版），2011（05）：73.

卢惠余. 闻一多和徐志摩的新诗格律理论与创作异同论 [J]. 理论月刊，2011（08）：139.

方爱武. 心灵相契，浪漫共生：论华兹华斯对徐志摩康桥时期诗歌创作的影响 [J]. 浙江工业大学学报（社科版），2011（02）：126.

毛国宁. 徐志摩爱情诗的绅士风度与老庄思想 [J]. 思茅师范高等专科学校学报，2011（01）：66.

吴金梅. 用诗歌吟咏爱、自由、美的生命信仰——徐志摩诗歌意蕴管窥 [J]. 黑河学院学报，2011（05）：97.

杨文军. 徐志摩的一篇文章与《鲁迅全集》的一条注释 [J]. 鲁迅研究月刊，2011（01）：72.

孙良好. 徐志摩和他的《海韵》[J]. 名作欣赏，2011（04）：54.

邵建. 面对"狄克推多" [J]. 杂文月刊（选刊版），2009（03）：22.

孙仁歌. 文学经典常读常新——重读徐志摩《再别康桥》[J]. 写作，2011（Z1）：13.

剡东峰.《再别康桥》的另类解读［J］.中国科教创新导刊,2011（24）：105.

高占伟,刘雨竹.徐志摩名作《沙扬娜拉》与《偶然》比较［J］.名作欣赏,2011（32）：162.

王海莺.徐志摩诗歌翻译与创作活动探析［J］.兰台世界,2011（07）：16.

王小华.诗意的心灵——解读《再别康桥》［J］.鸡西大学学报,2011（07）：118.

李悦.徐志摩诗作的探讨［J］.改革与开放,2011（12）：195.

田瑞娟.和谐社会需要情感导向——林徽因和三个男人情感经纬的现实意义［J］.新闻爱好者,2011（22）：142.

刘彩玲.康桥的灵动童话——徐志摩的留学生活与灵动诗文［J］.语文学刊,2011（17）：125.

张玲.绚烂之极归于平淡:《再别康桥》诵读指导［J］.语文建设,2011（Z1）：152.

方开瑞.叙述评论与隐含读者——《涡堤孩》中男性话语的婚姻观［J］.广东外语外贸大学学报,2011（04）：18.

倪瑞美.轻盈、柔婉抒真情——徐志摩《再别康桥》赏析［J］.现代语文（学术综合版）,2011（12）：47.

王改娣,潘丽.英国浪漫主义诗歌与"五四"新诗流派［J］.美与时代（下）,2011（03）：107.

杨天志.《再别康桥》教学中常见的差错和误读［J］.重庆科技学院学报（社科版）,2011（21）：192.

薛炎霞.《再别康桥》与古代离别诗意象的异同［J］.河南农业,2011（04）：64.

徐国萍，周燕红.《再别康桥》之及物性系统分析［J］. 北京交通大学学报（社科版），2011（04）：131.

王湘霁. 论诗歌翻译中的"陌生化翻译倾向"——以徐志摩翻译哈代诗歌为例［J］. 当代教育理论与实践，2011（05）：170.

原黎. 徐志摩的剑桥诗歌研究——以《再别康桥》为例［J］. 吉林广播电视大学学报，2011（12）：67.

金格.《再别康桥》之绘画密码解析［J］. 文学教育（下），2011（10）：98.

秦林芳. 生命与诗美在沉凝中升华——兼论《偶然》在徐志摩诗歌创作中的意义［J］. 名作欣赏，2011（26）：17.

徐国萍，周燕红.《再别康桥》之及物性系统分析［J］. 外国语文，2011（06）：121.

王素婕. 纯真自然的灵性——徐志摩文学创作风格探源［J］. 时代文学（下半月），2011（08）：217.

李晓韵. 译者主体性在翻译操控中的彰显——以徐志摩的诗歌翻译为例［J］. 文教资料，2011（18）：13.

黄长华，潘正文. 浙西文化与徐志摩诗歌创作［J］. 2011（158）.

毛贵贤. 中西文化视野中的徐志摩诗歌. 2011.

黄秀英. 中学语文诗歌教学的意象分析法：以徐志摩诗歌为例［J］. 读与写（教育教学刊），2011（07）：88.

袁佳仪. 威廉·华兹华斯和徐志摩诗作中女性隐喻的文化比较研究. 2011.

林岌恒. 徐志摩诗词歌曲演唱探微：以《偶然》为例. 2011.

周雅丽. 以同一诗歌为歌词, 创作不同音乐版本的艺术歌曲引发的思考: 以徐志摩的诗歌《雪花的快乐》所创作的艺术歌曲为范本. 2011.

万虹. 徐志摩西洋梦的挽歌——《再别康桥》主题别解[J]. 中学语文教学, 2011 (04): 37.

张剑. 告别"理想之爱"——重读《再别康桥》[J]. 文学界 (理论版), 2011 (12): 10.

杨娜. 陌生化在徐志摩所译诗歌中的再现研究. 2012.

采诗.《翡冷翠的一夜》: 原版与影印本之别[J]. 博览群书, 2012 (01): 120.

卞波.《再别康桥》诵读教学设计[J]. 语文学刊, 2012 (01): 168.

陈建军.《政治学报》中的徐志摩佚文 (外一篇) [J]. 新文学史料, 2012 (04): 159.

徐丽娟.《志摩的诗》背后的孤独的身影[J]. 文学教育, 2012 (12): 48.

孙文侠. 谈谈《再别康桥》英语译文对原诗音乐美的传递[J]. 青年文学家, 2012 (21): 192.

刘洪梅, 钱国利. Kissing the Fire《吻火》课例赏鉴[J]. 语文教学通讯, 2012 (Z1): 55.

李抒梅. 爱从空中飘过:《再别康桥》赏析[J]. 学周刊, 2012 (28): 11.

黄立安. 生活就是艺术——论徐志摩的诗化生活艺术观[J]. 福建农林大学学报 (哲社版), 2012 (03): 109.

谭慧敏. 别后康桥梦不落: 对《再别康桥》的赏析[J]. 大

众文艺，2012（15）：138.

冯兰，石永珍. 布尔乔亚情结与江南文化底蕴的诗学构图——欧美文化与徐志摩诗歌的互文影响［J］. 青海师范大学学报（哲社版），2012（06）：85.

刘克敌. 从《府中日记》看徐志摩的学习生活［J］. 泰山学院学报，2012（02）：69.

张志素，李莉. 从情感移植角度评析《再别康桥》两个英译本［J］. 商业文化，2012（02）：360.

张燕. 至情至性徐志摩——读我所知道的康桥有感［J］. 考试周刊，2012（19）：12.

韩云. 从形神兼备角度浅谈徐志摩诗歌翻译［J］. 剑南文学（经典教苑），2012（06）：108.

彭莉. 飞扬之美：读《雪花的快乐》［J］. 时代文学，2012（04）：216.

齐红. 陆小曼：爱的成功，生命的失败［J］. 长城，2012（07）：120.

江泓. 民国女人张幼仪：感谢离婚［J］. 学习博览，2012（05）：30.

胡文娟. 翡冷翠的爱情［J］. 北方作家，2012（05）：50.

张茜. 浅析徐志摩爱情诗［J］. 青年文学家，2012（01）：48.

张艾馨. 从浪漫主义走向现代主义——试述徐志摩不同时期的诗歌语言特色［J］. 剑南文学（经典教苑），2012（02）：86.

董立峰. 简评《小脚与西服》［J］. 佳木斯教育学院学报，2012（01）：30.

王渭清. 经典的穿越与对接：《再别康桥》与《关雎》之关

系发微 [J]. 安徽农业大学学报（社科版），2012（06）：70.

文慧. 李陆史与徐志摩诗歌比较 [J]. 辽东学院学报（社科版），2012（01）：27.

黄立安. "诗意地栖居"——徐志摩唯美诗学的当下审视 [J]. 当代文坛，2012（04）：23.

沈姗. 论江南文化对徐志摩诗歌创作的影响 [J]. 文教资料，2012（20）：12.

曹磊. 论徐志摩散文的艺术风格 [J]. 北方文学，2012（02）：60.

刘略昌. 曼斯菲尔德的中国之旅：从徐志摩对曼斯菲尔德的译介说起 [J]. 中国图书评论，2012（04）：75.

丛赫廷. 浅析《再别康桥》情景交融的审美特征 [J]. 现代营销（学苑版），2012（02）：175.

谢玉星. 浅析徐志摩诗歌的物象情态 [J]. 文学教育（中），2012（08）：32.

方维保. 沙扬娜拉未必不是日本女郎 [J]. 博览群书，2012（01）：79.

莫晨霞. 寻梦（外一首）——访徐志摩故居小记 [J]. 参花，2012（04）.

马振宝. 诗为情生：三位不平凡的女性对徐志摩诗作的影响 [J]. 文教资料，2012（14）：23.

田丰. 诗与画的联姻——徐志摩与西方后印象派绘画 [J]. 嘉兴学院学报，2012（02）：10.

曹思. 谈徐志摩及徐志摩的诗 [J]. 鸡西大学学报，2012（08）：98.

丁森，刘宇慧. 徐志摩《偶然》诗的概念功能分析［J］. 大学英语（学术版），2012（02）：267.

蒋成德. 徐志摩传记作品若干事实辨正［J］. 南阳师范学院学报，2012（05）：71.

何玉蔚. 徐志摩的《偶然》与惠特曼的《从滚滚的人海中》［J］. 时代文学（上半月），2012（08）：201.

李晓明. 徐志摩对曼殊斐尔小说的翻译及其影响［J］. 兰台世界，2012（34）：45.

曲博. 徐志摩个性化的现代格律诗及作品分析［J］. 现代营销（学苑版），2012（02）：174.

王奎军. 徐志摩诗歌的爱、自由、美主题探究［J］. 合肥学院学报（社科版），2012（03）：41.

李郭倩. 徐志摩诗歌的特征与现代音乐美感［J］. 重庆社会科学，2012（09）：68.

王力明. 徐志摩诗歌的三美特色［J］. 文学教育，2012（03）：26.

杨华当. 解读《再别康桥》的别情［J］. 快乐阅读，2012（30）：119.

赵颖. 文本细读与新诗教育——以徐志摩《沙扬娜拉》解读为范例［J］. 太原城市职业技术学院学报，2012（09）：206.

蒋光灯. 徐志摩诗歌语言艺术研究［J］. 凯里学院学报，2012（02）：105.

陈建军. 徐志摩在《天籁》上的三篇佚文［J］. 博览群书，2012（07）：110.

王立群. 一见倾心 一世钟情：徐志摩《哀曼殊斐儿》对

精神之恋的完美演绎 [J]. 名作欣赏, 2012 (27): 129.

连思齐. 音节之新生——徐志摩及新诗诸杰对音节内涵的发现 [J]. 海南师范大学学报 (社科版), 2012, 25 (09): 29.

杨俊国. "墓庭的光景"——徐志摩诗文中的坟墓意象解读 [J]. 常州工学院学报 (社科版), 2012 (06): 28.

吕文涓. 与中职学生共赏《再别康桥》[J]. 卫生职业教育, 2012 (14): 60—61.

林丽端. 语域视角下《徐志摩文集》中语码转换现象分析 [J]. 哈尔滨学院学报, 2012 (11): 90.

韦丽. 离歌一曲笙箫意 情牵三美荡涟漪——浅谈《再别康桥》新 "三美" 教学 [J]. 语文建设, 2012 (08): 27.

李抒梅. 爱从空中飘过——《再别康桥》赏析 [J]. 学周刊, 2012 (28): 11.

冯靖茹. 在想象和现实之间: 徐志摩游记散文中的西方人形象 [J]. 文教资料, 2012 (12): 21.

龚瑞峰. 找一种淡淡的解释: 重读《再别康桥》[J]. 语文月刊, 2012 (01): 71.

项耀瑶. 浙西文化的 "女性" 特质与徐志摩诗的柔美之风 [J]. 怀化学院学报, 2012 (10): 77.

惠佳, 关立新. 中西文化视阈中的徐志摩诗歌 [J]. 北方文学 (下半月), 2012 (10): 13.

赵琦著. 闻一多与徐志摩诗歌比较研究. 2012.

蔡之舟. 徐志摩的英诗汉译: 主体性的反思与拓展. 2012.

王俊杰. 论高中语文教案设计——以徐志摩《再别康桥》为例. 2013.

姚丽. 情本虚无　何必执着——谈《再别康桥》中的禅意 [J]. 语文天地, 2013（11）：39.

李丹. "康桥情结"与徐志摩的诗 [J]. 南京晓庄学院学报, 2013. 29（02）：31.

刘纪新, 王玲珍.《欧游漫录》：徐志摩眼中的苏俄 [J]. 粤海风, 2013（06）：71.

万向兴.《涡堤孩》中徐志摩的翻译特色浅析 [J]. 齐齐哈尔师范高等专科学校学报, 2013（01）：79.

贺柳晴.《再别康桥》赏析 [J]. 旅游纵览（下半月）, 2013（11）：355.

万熹宇.《再别康桥》艺术赏析 [J]. 中外企业家, 2013（26）：269.

黄春霞, 汤棋. 比较文学视野下《晨报副刊》的编辑特色 [J]. 编辑之友, 2013（12）：97.

吴梦雄. 读徐志摩的《偶然》[J]. 文学教育（上）, 2013（01）：41.

王爱文. 关于《再别康桥》的读解 [J]. 中国校外教育, 2013（12）：47.

松月. "小脚"的现代之路 [J]. 视野, 2013（13）：16.

徐江, 赵建晖. 含咀"吻火"的诗意——《Kissing the Fire（吻火）》解读 [J]. 中学语文教学, 2013（01）：35.

侯芊慧. 简析徐志摩与余光中的诗歌创作 [J]. 文学教育（中）, 2013（02）：14.

陈楚麟. 康河的风花雪月：读《再别康桥》有感 [J]. 旅游纵览（下半月）, 2013（11）：351.

刘传江，李明兰. 浪漫诗人徐志摩对诗歌翻译的贡献［J］. 兰台世界，2013（34）：153.

翁文娴. 浪漫与现代主义诗内"阴暗面"的份量——兼论雨果、徐志摩、波特莱尔［J］. 成大中文学报（中国台湾），2013（43）319.

沈淦. 令人大跌眼镜的证婚词［J］. 内蒙古林业，2013（09）：41.

孔晓飞. 论"五四"时期的新诗音乐性研究［J］. 文艺理论与批评，2013（06）：126.

司琪. 论《再别康桥》的审美内涵［J］. 河南教育学院学报（哲社版），2013（02）：118.

叶逢平. 江南，我写不出端庄的诗句——读许晓婷组诗从徐志摩的诗句里走失了一段岁月随感［J］. 泉州文学，2013（01）：75.

郭茂全. 论徐志摩生态散文《我所知道的康桥》及其生态理想［J］. 宁波大学学报（人科版），2013（02）：28.

欧阳文明. 浅析徐志摩诗歌的艺术特色［J］. 课程教育研究，2013（03）：53.

王学海. 时代·徐志摩诗·悲剧［J］. 云梦学刊，2013（04）：108.

罗爱云. 透过诗歌读懂徐志摩的情［J］. 文学教育（下），2013（06）：156.

余红. 文体学角度看《再别康桥》的英译文［J］. 学界（理论版），2013（01）：126.

冯雁. 无限"张力"之美——徐志摩的小诗《偶然》赏析

[J]. 黑河学刊，2013（09）：33.

陈启佑. 徐志摩《再别康桥》节奏分析［J］. 台湾诗学学刊（中国台湾），2013（21）：107.

冯晓蔚. 徐志摩的诗情爱情［J］. 文史春秋，2013（05）：35.

任利华，弥晓华. 徐志摩的西方文学翻译概览［J］. 兰台世界，2013（01）：25.

林军. 一生为爱、自由、美而活［J］. 中文自修，2013（28）：36.

吴建华. 徐志摩日记文学的史料价值和审美取向［J］. 长沙理工大学学报（社科版），2013（01）：124.

唐蓉. 徐志摩诗词语言特质研究［J］. 语文天地（理论综合），2013（08）：5.

王悦. 徐志摩诗歌艺术特色再探［J］. 吉林师范大学学报（人社版），2013（02）：39.

崔晓红. 徐志摩诗歌艺术形式的探究［J］. 吕梁学院学报，2013（06）：1.

刘锋杰. 寻找感情的对应物——徐志摩爱情诗《偶然》与《云游》赏析［J］. 名作欣赏，2013（19）：48.

王锦厚. 也谈《沈从文转业之谜》（上）［J］. 郭沫若学刊，2013（02）：1.

吴荣芳. 意境与梦境的纯美年代——简析徐志摩小说的意象与梦幻追求［J］. 琼州学院学报，2013（03）：59.

刘俊青. 由《再别康桥》浅析徐志摩的人生观［J］. 神州，2013（24）：19.

石俊. 一出文学戏剧的典型"死亡"评话剧《志摩归去》[J]. 上海戏剧, 2013（07）：6.

徐晓雨. 以译者为中心论徐志摩对曼斯菲尔德短篇小说的译介[J]. 现代语文（学术综合版）, 2013（12）：33.

付祎. 用心品读天籁之音：谈《再别康桥》中的韵意美[J]. 语文教学之友, 2013（05）：25.

贡军生. 语文读本中徐志摩诗歌绘画美解析[J]. 语文建设, 2013（21）：55.

李天英. 赵家璧与徐志摩的出版因缘[J]. 剑南文学（经典教苑）, 2013（03）：115.

刘畅.《再别康桥》教案[J]. 文理导航（上旬）, 2013（12）：35.

温蕾. 诗人真性情的流露——论徐志摩诗歌的个性创作[J]. 河南财政税务高等专科学校学报, 2013（03）：88.

赵化南. 这深夜里弦子的生动 关于赵耀民的《志摩归去》[J]. 上海戏剧, 2013（07）：3.

袁学敏. 走进徐志摩的康桥世界——《再别康桥》与《咏水仙》的同文阅读[J]. 攀枝花学院学报, 2013（06）：34.

黄美慧. 佐藤春夫的译诗《海韵》之探讨[J]. 日本语日本文学（中国台湾）, 2013（40）：19.

易文琴. 徐志摩对哈代的译介与接受. 2013.

李硕. 徐志摩对托马斯·哈代诗歌的翻译. 2013.

黄静. 徐志摩对泰戈尔的诗歌译介：中国新诗的呼唤[J]. 考试周刊, 2013（03）：13.

散木. 陈毅与徐志摩论战[J]. 中外文摘, 2013（10）：55.

胡凌虹.赵耀民：尴尬的"徐志摩"[J].上海采风，2013（07）：48.

黄选坚.干河街的流光碎影[J].散文百家，2013（04）：70.

张妮.经典与超越——浅谈徐志摩诗歌中的莲意象[J].参花（下），2013（10）：28.

朱涛.缪斯的随笔——管窥徐志摩散文的创作美学特征[J].神州，2013（15）：17.

王涛，李婷.徐志摩诗歌的创作特色[J].作家，2014（10）：39.

洪俊娴.《再别康桥》的魅力：古典意象与现代诗歌的结合[J].知识窗（教师版），2014（05）：70.

冯肖华.真灵性与逝水情的诗化律动——徐志摩爱情诗的情感脉络[J].河北师范大学学报（哲社版），2014（01）：84.

胡江飞，李垣璋."五四"语境下中国新诗从浪漫主义到格律观念的转变[J].白城师范学院学报，2014（02）：19.

李世兵.爱的极致——梦变——《再别康桥》教学反思[J].语数外学习（高中语文教学），2014（06）：35.

鲜跃勇，刘雪梅.从爱情三元理论简析徐志摩的爱情类型[J].青年文学家，2014（11）：166.

吕旭琴."爱与生命的传承"——论徐志摩的爱情诗[J].安徽文学，2014（11）：18.

苏荧.《再别康桥》独特的隐喻世界[J].现代语文（学术综合版），2014（12）：30.

彭艳.解读徐志摩的人与诗——以《再别康桥》为例[J].考试周刊，2014（40）：18.

孙荣."我不悔我的痴情"——徐志摩诗歌中的中国古典诗歌艺术［J］.青年文学家,2014（02）:31.

宋绍香.切尔卡斯基的中国新诗翻译与研究及其压卷之作——徐志摩:在梦幻与现实中飞行［J］.泰山学院学报,2014（05）:49.

王飞.阐幽发微探诗歌——细读《再别康桥》［J］.写作（上旬刊）,2014（07）:19.

刘伟.徐志摩文学作品的艺术特点分析［J］.鸭绿江（下半月版）,2014（11）:91.

岳琳.从《涡堤孩》看徐志摩小说翻译的诗意化［J］.海外英语,2014（19）:195.

黄晓珊.从1+1=3角度看《再别康桥》翻译［J］.海外英语,2014（18）:127.

时志伟.从徐志摩作品探窥其情感世界［J］.兰台世界,2014（S5）:119.

姚萌萌.颠覆与传承之间抒写的至纯性灵:《再别康桥》承载的诗歌古韵和新意［J］.河南工程学院学报（社科版）,2014（03）:62.

吕旭琴.解读徐志摩的《偶然》［J］.文学教育（中）,2014（08）:21.

咸立强.精致的抒情:《再别康桥》的审美意蕴建构［J］.语文月刊,2014（03）:58.

贺仲明.论《再别康桥》的自然与节制之美——兼谈文学审美的传承与接受因素［J］.吉林师范大学学报（人社版）,2014（01）:56.

金鑫. 论徐志摩醇正典雅的自由主义诗歌创作［J］. 辽宁广播电视大学学报, 2014（03）: 87.

王丽花. 论徐志摩诗歌的审美特征［J］. 教育教学论坛, 2014（07）: 87.

姜婕琪. 论徐志摩诗歌的艺术美［J］. 新西部（理论版）, 2014（18）: 118.

张帅奇. 论徐志摩诗歌艺术特色［J］. 现代妇女（下旬）, 2014（06）: 294.

卜惟钰, 王立群. 论雪莱对徐志摩诗艺观的影响［J］. 枣庄学院学报, 2014（01）: 38.

田茂东. 论意象在徐志摩诗歌中的运用［J］. 才智, 2014（14）: 266.

李伟. 凝历史中国艺术精神, 塑当下社会心智形态 颜海平教授谈《志摩归去》［J］. 上海戏剧, 2014（02）: 22.

张晴. 试论徐志摩诗歌的艺术美［J］. 兰州教育学院学报, 2014（05）: 1.

田茂东, 蒋莲. 论冷暖色调在徐志摩诗歌中的运用［J］. 青年文学家, 2014（17）: 44.

丁莹. 谈《再别康桥》的教学［J］. 学语文, 2014（03）: 79.

鲁卫鹏. 探析《再别康桥》的秘密言说［J］. 福建广播电视大学学报, 2014（03）: 80.

翁天月. 文坛才俊徐志摩的翻译墨彩［J］. 兰台世界, 2014（34）: 53.

张勇. 诗意的信仰: 论《哭摩》的精神诉求［J］. 安徽文学（下半月）, 2014（10）: 83.

房璨. 徐志摩《海韵》三美特色论 [J]. 沧桑, 2014 (02): 213.

李晓南. 浅议普希金与徐志摩文学创作特色的异同 [J]. 现代妇女（下旬）, 2014 (03): 141.

孔令娜. 徐志摩——被误读的偶像 [J]. 绵阳师范学院学报, 2014 (01): 59.

张彦林. 徐志摩《康桥日记》今犹在 [J]. 文学教育（下）, 2014 (03): 10.

贾忠良. 徐志摩《再别康桥》主题论析 [J]. 齐齐哈尔大学学报（哲社版）, 2014 (02): 91.

任少云. 徐志摩、胡适爱情观之比较 [J]. 嘉兴学院学报, 2014 (05): 25.

于昕蕙. 便引诗情到碧霄——浅谈徐志摩散文的诗意美 [J]. 理论界, 2014 (12): 144.

余连祥. 徐志摩的江南小城镇文学 [J]. 嘉兴学院学报, 2014. 26 (05): 5.

葆乐心. 徐志摩的诗歌语言观的构建与解构 [J]. 语文建设, 2014 (14): 33.

罗荣显. 从再别康桥看徐志摩的"寻梦"情结 [J]. 语文天地, 2014 (07): 29.

马晗敏. 徐志摩诗歌的"经典性" [J]. 现代语文（学术综合版）, 2014 (11): 28.

李耀平. 心口错位：潇洒外壳下深邃的忧伤——《再别康桥》情感意蕴探析 [J]. 语文学习, 2014 (11): 44.

刘跃夫. 读、想、问、究：四环节教学分析——以徐志摩诗

再别康桥教学为例 [J]. 教育艺术, 2014 (04): 12.

王怀昭. 徐志摩诗歌的情爱体验与道德关怀 [J]. 水学院学报, 2014 (03): 53.

陈邑华. 徐志摩游记的自然诗境探析 [J]. 福建工程学院学报, 2014 (05): 444.

王双强, 秦汉, 胡同. 摩曼之恋 [J]. 东方藏品, 2014 (03): 42.

于倩, 孙书平. 徐志摩与林徽因诗歌互文性意象探微 [J]. 中国青年政治学院学报, 2014 (03): 127.

严琼. 再读《再别康桥》[J]. 文学教育 (下), 2014 (10): 140.

陈兴. 跨文化视野下的徐志摩《沙扬娜拉》和穆旦诗八首的对比研究 [J]. 青年文学家, 2014 (33): 8.

潘正文, 项耀瑶. 浙西文化与徐志摩的诗风 [J]. 嘉兴学院学报, 2014 (05): 12.

彭川. 字趣、情趣及梦趣: 徐志摩《再别康桥》教学刍议 [J]. 语文月刊, 2014 (04): 61.

于敏丽. 徐志摩与卢梭浪漫主义文学作品的比较研究. 2014.

刘洪涛. 解开妙曼文字背后的谜团——徐志摩散文《曼殊斐尔》中的人事、学理与正能量 [J]. 东北师大学报 (哲社版), 2015 (05): 155.

唐敏锋. 论诗歌翻译中译者的主体性: 以徐志摩汉译哈代诗歌为例. 2015.

王瑞达.《荷塘月色》与《再别康桥》的异曲同工 [J]. 文学教育 (上), 2015 (01): 94.

陈建军.《徐志摩全集补遗》编后琐记 [J]. 新文学史料,

2015（03）：160.

杜乔伟.论徐志摩诗歌"浪漫"和"唯美"共存的艺术特质［J］.散文百家（新语文活页），2015（12）：116.

李晓青.《再别康桥》的悲剧精神［J］.语文建设，2015（13）：38.

孙仁歌.人文康桥：挽留诗人灵魂的家园——徐志摩《再别康桥》内涵补释［J］.名作欣赏，2015（19）：110.

谭光辉.《再别康桥》的因果与时间［J］.中华文化论坛，2015（03）：51.

沈静妍.有你我幸［J］.创作，2015（02）：8.

郑艳，王倩倩.《再别康桥》教学设计［J］.文学教育（上），2015（09）：88.

汪淑文.浅析徐志摩诗歌中美的灵性［J］.短篇小说（原创版），2015（11）：37.

孙博雅.论徐志摩诗歌意象对中国传统文化的传承［J］.青年文学家，2015（11）：41.

唐伶俐.《再别康桥》教学实践与反思［J］.现代语文（教研版），2015（04）：43.

张岳，赵福楼.《再别康桥》课例赏鉴［J］.语文教学通讯，2015（Z1）：107.

王希杰.《再别康桥》说略［J］.南京晓庄学院学报，2015（05）：64.

王贵禄.《再别康桥》与音乐韵律［J］.中学语文教学参考，2015（30）：49.

卜岩.《再别康桥》中的情感隐喻：解读《再别康桥》中

"沉淀着彩虹似的梦"[J].延安职业技术学院学报,2015(05):98.

毛雪.《再别康桥》中伤感情调的审美价值[J].语文建设,2015(20):62.

周家有.陈从周写《徐志摩年谱》[J].世纪,2015(01):76—77.

端木红梅.当"蜜腊波桥"遇见"康桥":《蜜腊波桥》与《再别康桥》对照分析[J].湖北文理学院学报,2015(09):62.

李宗刚.崮山脚下的遐思(外一章)[J].时代文学,2015(06):150.

王玉华.解开《再别康桥》的真情密码[J].中学语文教学参考,2015(14):53.

张爱君.徐志摩心中的"梦"——《再别康桥》主题探究[J].初中生世界,2015(25):23.

高雅丽.浅析徐志摩作品中的"单纯信仰"[J].青春岁月,2015(21):21.

杨茜.近三十年"英语世界的徐志摩"译介与研究述评[J].文学教育(下),2015(01):42.

赵丹.康桥文化使者徐志摩的西方文学翻译"笔迹"[J].兰台世界,2015(07):81.

王梦楠.老情书里的旧时光:以《爱眉小札》为例试析民国文人的爱情理想[J].文化学刊,2015(08):156.

肖文丽.李白与徐志摩爱情诗内容的对比研究[J].文学教育,2015(09):43.

陈学勇.陆小曼何故如此：校读她的两种版本日记［J］.新文学史料，2015（01）：126.

许霆.论徐志摩对十四行体中国化的历史性贡献［J］.台州学院学报，2015（05）：46.

康荣锋.论徐志摩诗歌《雪花》的意象［J］.时代文学（上半月），2015（06）：225—226.

何黎黎.论徐志摩诗歌之美及对白话文运动的影响［J］.重庆三峡学院学报，2015（01）：95.

刘介民，刘小晨.论徐志摩早期翻译的媒介理念［J］.中国现代文学研究丛刊，2015（11）：52.

江廷鹏.浅谈徐志摩诗歌的艺术美［J］.现代交际，2015（10）：94.

乔峰.情到深处人孤独：《再别康桥》的情感高潮分析［J］.中学语文教学参考，2015（28）：53.

何曼丽.赏析徐志摩诗歌中美的灵性［J］.边疆经济与文化，2015（05）：100.

徐林根.因为愚诚而神伤——再读《再别康桥》［J］.语文教学通讯，2015（01）：51.

李乐平.闻一多与徐志摩的关系及其诗学追求的比较［J］.上海师范大学学报（哲社版），2015（04）：86.

陈晓燕.潇洒离别还是依依不舍：《再别康桥》赏析［J］.中学语文教学参考，2015（09）：73.

闫欢.新世纪以来徐志摩散文研究综述［J］.浙江万里学院学报，2015（05）：76.

游婷婷.徐志摩《偶然》中人际功能分析［J］.海外英语，

2015（18）：201.

姚亦登. 徐志摩的康桥觉醒及对其创作的意义［J］. 中学语文教学参考，2015（16）：73.

何雅，花凡. 16岁的林徽因写给徐志摩的分手信［J］. 晚报文萃，2015（12）：38.

赵芳. 徐志摩跨文化经历对《再别康桥》教学的启示［J］. 中学语文教学参考，2015（21）：89.

林英魁. 徐志摩散文的欧化语法现象研究［J］. 现代语文（语言研究版），2015（08）：80.

薛皓洁. 徐志摩诗歌"浪漫"与"唯美"共存的艺术特质［J］. 江苏社会科学，2015（04）：203.

余蔷薇. 徐志摩诗歌的文学史评价与读者基础［J］. 福建论坛（人社版），2015（07）：116.

付祥喜. 徐志摩早年求学行实考［J］. 广州大学学报（社科版），2015（03）：70.

徐志东. 徐志摩致胡适三封佚信考释［J］.《徐志摩研究》海宁市徐志摩研究会内刊，2015（02）：38.

陈建军. 序跋二篇［J］. 书屋，2015（06）：80—84.

顾馨誉. 晏几道和徐志摩诗词中抒情女主人公形象比较［J］. 文学教育（上），2015（09）：49.

郑为. 一首简约而深刻的诗篇——细读徐志摩这年头活着不易［J］. 湖南大众传媒职业技术学院学报，2015（02）：70.

杨艳丹. 精读细品　内外融通——以《再别康桥》为例谈中国现代诗歌教学［J］. 语文天地，2015（29）：96.

杨定胜，杜红蓉. 寻梦：《再别康桥》的教学灵魂［J］. 中学语文, 2015 (Z1): 96.

王双强. 摩曼之恋诗画笺 秦汉胡同"百年风流"主题收藏 [J]. 收藏, 2015 (07): 156.

张丽娟. 重读《再别康桥》[J]. 语文教学通讯, (10): 65.

陈丽军. 重新发现风景——论浙籍文人对"雷峰塔倒掉"事件的文学书写 [J]. 绍兴文理学院学报（哲学社会科学）, 2015 (05): 1.

散木. 陈毅文斗徐志摩 [J]. 晚报文萃, 2015 (04): 9.

郑金凤. 浅析徐志摩文学创作的艺术特征 [J]. 牡丹, 2015 (08): 42.

洪素贞. 追求希望理想的暗夜星光：论徐志摩诗歌里的社会现实 [J]. 华文文学与文化（中国台湾）, 2015 (04): 27.

翁丽雯, 邹金平. 走进诗歌美的殿堂：徐志摩《再别康桥》教学设计 [J]. 语文学刊, 2015 (22): 147.

宋春丽. 现代小说中的南洋想象研究：以老舍、徐志摩、许地山为中心. 2015.

王倩, 乍四兵.《再别康桥》与古典意韵 [J]. 中学语文教学参考, 2016 (06): 54.

温立三. 民国以来中学语文课本中的徐志摩作品 [J]. 语文建设, 2016 (01): 64.

霍源江.《再别康桥》多重主题浅析 [J]. 语文教学与研究, 2016 (04): 80.

李艳花. 诗化般的快乐教育——《雪花的快乐》的诗情画意与教育启迪 [J]. 新课程（上）, 2016 (01): 17.

杨阳."隐喻"和"张力"：新诗解读的独特视角——以徐

志摩《再别康桥》教学解读为例[J]. 福建教育学院学报, 2016（09）：17.

彭梦彬. 徐志摩诗歌戏剧矛盾浅析[J]. 艺术品鉴, 2016（09）：321.

陈洁. 一幅追求美及自由的连绵画卷——从《雪花的快乐》到《我不知道风是在哪个方向吹》[J]. 散文百家, 2016（12）：10.

周祥英. 浅谈高效阅读教学不可忽略的要素——以徐志摩《再别康桥》教学为例[J]. 现代语文（教学研究版）, 2016（12）：113.

马英桐. 论徐志摩诗歌的美学价值——思想集成的灵魂诗歌[J]. 长江丛刊, 2016（16）：69.

马燕. 试论徐志摩诗歌中的"梦"意象[J]. 兰州教育学院学报, 2016（01）：15.

陈忠. 徐志摩三次济南行[J]. 齐鲁周刊, 2016（13）：60.

李超逸. 当"蜜腊波桥"遇见"康桥"——蜜腊波桥与《再别康桥》对照研究[J]. 读天下, 2016（14）：253.

刘云. 《再别康桥》里的人生意蕴解读[J]. 语文教学与研究, 2016（14）：20.

西岭雅竹. 作品与人品[J]. 高中生之友, 2016（10）：27.

朱芳钰. 《再别康桥》的古典美研究[J]. 剑南文学（下半月）, 2016（08）：43.

宋若愚. 关于《再别康桥》的读解研究[J]. 剑南文学（下半月）, 2016（08）：35.

沈怀林. 《再别康桥》"三美"特色浅述[J]. 参花（下）, 2016（08）：101.

马蕾.想起人间四月天（外三篇）[J].躬耕,2016(04):28.

蒋海霞.从阐释学视角看徐志摩的译诗艺术[J].科教文汇（上旬刊）,2016(10):.

王娜.徐志摩诗歌的语言艺术研究[J].文学教育（下）,2016(05):46.

李华桦.普通高中语文课程教学中基于还原比较视角的《再别康桥》文本解读[J].知识经济,2016(19):141.

肖伟.现实功利与审美认同——论民国"二徐之争"语境下的西画接受[J].南京艺术学院学报（美术与设计）,2016(06):101.

潮莉.别求新声于乱世——徐志摩新诗伦理形成初探[J].唐山文学,2016(03):159.

赵焕亭.宋炳辉《徐志摩传》的比较文学视野[J].荆楚理工学院学报,2016(01):18.

张晨,王斌.徐志摩与叶芝诗作中"爱"概念隐喻的对比研究[J].戏剧之家,2016(06):242.

吴蓉斌.徐志摩留别日本评论[J].名作欣赏,2016(17):139.

陈静.康桥的静美与无言的哀愁——赏析徐志摩《再别康桥》[J].中学语文,2016(21):80.

熊英巧.从徐志摩的再别康桥看"三美"[J].长江丛刊,2016(26):5.

冀宇.《再别康桥》的情感呈现方式[J].短篇小说（原创版）,2016(35):24.

钟国榜.性灵暖处来的诗句——徐志摩《再别康桥》艺术

探幽［J］. 初中生辅导，2016（30）：7.

彭海燕. 哈代与徐志摩诗歌解读——从《我不知道风是在哪一个方向吹》出发［J］. 知识文库，2016（21）：15.

赵树莹. 留学阵营的分化与中国现代文学流派的形成——以徐志摩与郭沫若的同名诗作留别日本为例［J］. 南都学坛，2016（04）：53.

余婷婷. 徐志摩诗歌与宗教文化关系研究. 2016.

伊人. 梁启超古今绝无的"证婚词"［J］. 档案记忆，2016（12）：44.

蔡云婷. 中职语文课关于《再别康桥》隐含意义的分析［J］. 赤子（上中旬），2016（20）：231.

沈建平. 志摩的诗与音乐［J］.《徐志摩研究》海宁市徐志摩研究会内刊，2016（03）：29.

刘芳菲. 自我的膨胀及其对他者的压制徐志摩译诗格律变形的诗学解析. 2016.

闫婧. 徐志摩散文里的家国情怀. 2016.

陈建华. 云裳公司必杀史（上）［J］. 书城，2016（05）：33.

蔡曙山. 一生诗意千寻瀑，万古人间四月天——金岳霖先生的理智和情感［J］. 贵州民族大学学报（哲社版），2016（04）：95.

李星. 论徐志摩诗歌对格律和理性的追求——以徐诗受到反对新诗者的认可为切入点［J］. 语文学刊，2016（07）：79.

顾亚欣. 克莱斯勒1923年北京音乐会始末［J］. 北京档案，2017（01）：55.

张立群.《徐志摩传》现状考察及史料价值问题［J］. 文学评论，2017（02）：130.

彭柔.《沙扬娜拉》的艺术符号学解读［J］. 呼伦贝尔学院学报，2017（03）：77.

刘福田. 心像梦一样自由［J］. 吉林人大，2017（02）：46.

赵福华，王雅中，蔡培浩.《吻火》课例赏鉴［J］. 语文教学通讯，2017（Z1）：123.

管冠生.《再别康桥》的精神分析学解读：兼谈本诗解读中的几个问题［J］. 太原学院学报（社科版），2017（05）：45.

李林荣.《再别康桥》的优柔和严肃［J］. 名作欣赏，2017（16）：83.

钟国榜. 性灵暖处来的诗句——《再别康桥》艺术探幽［J］. 语文教学通讯，2017（07）：66.

黄蓉. 再别的岂止是康桥［J］. 中学语文，2017（09）：63.

周婷. 用兴趣法探索《再别康桥》［J］. 文存阅刊，2017（19）：11.

张鸿雁.《再别康桥》艺术特色评析［J］. 中学语文教学参考，2017（06）：56.

谭盛祥. 试析徐志摩《再别康桥》思想情感的变化［J］. 广西教育，2017（42）：90.

金传胜. 诗心一颗归何处——关于徐志摩的两篇集外文［J］. 现代中文学刊，2017（01）：60.

诸雨辰. 融成古韵赋新诗：试论徐志摩诗歌的"音乐性"［J］. 现代中文学刊，2017（01）：53.

刘祖欢. 徐志摩对"爱、自由、美"独特追求的艺术表现——《再别康桥》［J］. 现代语文（学术综合版），2017（04）：22.

黄立安. 艾略特"真正的诗歌"理论视角下的徐志摩康桥

诗歌探究［J］.广西民族师范学院学报,2017（01）:91.

陈历明.中国现代诗歌创作与翻译——以徐志摩为例［J］.文艺理论研究,2017（05）:118.

丁光.徐志摩与康桥不只是用来回忆的——记剑桥徐志摩诗歌艺术节［J］.国际人才交流,2017（08）:34.

王冬冬.重评徐志摩:民主诗学的可能与限度［J］.中国现代文学研究丛刊,2017（05）:177.

谭渊,刘琼.歌德诗歌的复译与民国译者对新诗的探索:徐志摩《征译诗启》背后的新旧诗之争［J］.解放军外国语学院学报,2017（03）:121.

刘爽.歌剧《再别康桥》中的陆小曼特征分析:以《旋转中忘记一切》分析为例［J］.齐鲁师范学院学报,2017（06）:147.

邱新娃,兰奎.孤独的流云和忧愁的涧水:华兹华斯《咏水仙》与徐志摩《云游》之比较［J］.湖州师范学院学报,2017（11）:57.

吕贻晓,刘洪昌.何以笙箫默:再议《再别康桥》中的五个疑难点［J］.语文教学通讯,2017（13）:54.

费一超.基于互联网的初中"文学微课"教学设计研究:以《〈再别康桥〉的绘画美》为例［J］.现代语文（教研版）,2017（04）:43.

王珲.基于及物性系统探讨《翡冷翠的一夜》中的生态意识［J］.开封教育学院学报,2017（10）:38.

赵晶.论元功能在徐志摩翻译演说词中的实现［J］.白城师范学院学报,2017（03）:49.

（日）加藤阿幸.日本徐志摩研究三十年（上）［J］.太阳

花（徐志摩纪念馆内刊），2017（02）：44.

陈学勇. 事出有因而查无实据的"恋情"：读徐志摩致凌叔华信［J］. 新文学史料，2017（02）：9.

蒋成德. 试比较四种《徐志摩全集》的思考［J］. 太阳花（徐志摩纪念馆内刊），2017（02）：79.

彭海云. 抒情传统与徐志摩诗歌的古典美蕴追寻［J］. 名作欣赏，2017（20）：60.

吴投文. 闻一多、徐志摩、朱湘、林徽因、邵洵美诗歌导读［J］. 阴山学刊，2017（01）：23.

翔征. 我对徐志摩散文的两点粗浅认识［J］. 太阳花（徐志摩纪念馆内刊），2017（01）：67.

付祥喜. 现代作家演讲稿的独特价值及其整理鉴别：以徐志摩《海滩上种花》为例［J］. 长沙理工大学学报（社科版），2017（04）：86.

黎志敏. 享受《再别康桥》的纯情与音乐美［J］. 粤海风，2017（01）：127.

齐建立，李珊. 新形势下徐志摩诗歌创作艺术风格略论［J］. 北方音乐，2017（10）：244.

安颖. 徐志摩后期美学思想皈依古典的家学渊源初探［J］. 佳木斯职业学院学报，2017（12）：88.

张毅强. 徐志摩生平最长的议论文［J］. 太阳花（徐志摩纪念馆内刊），2017（02）：93.

吴开晋. 徐志摩诗歌的思想艺术成就：兼谈两首有争议的诗［J］. 太阳花（徐志摩纪念馆内刊），2017（02）：40.

石华. 徐志摩诗歌研究：以《再别康桥》为例［J］. 中国培

训，2017（04）：269.

张姗姗.徐志摩诗歌意象初探［J］.北方文学（下旬），2017（03）：78.

吴顺，江琴，姜宜圣.徐志摩诗歌主题变换的艺术魅力［J］.名作欣赏，2017（35）：96.

蒋海霞.徐志摩英诗汉译中的"陌生化"倾向研究［J］.才智，2017（18）：233.

何宝民.杨丙辰与《文学评论》及其他［J］.河南教育（高教），2017（03）：60.

徐新民.云：诗性的生命：徐志摩诗中"云"意象的美学意蕴［J］.徐志摩研究（海宁市徐志摩研究会内刊），2017（04）：20.

肖伊绯.怎样做艺术家——以《清华周刊》所载徐志摩讲演整理稿为中心［J］.现代中文学刊，2017（01）：67.

闫红.父亲的爱，是女孩人生中的第一桶金［J］.幸福家庭，2017（09）：56.

冯丽.把美带入课堂，以文学气息感染学生——《再别康桥》课堂记录［J］.中学语文教学参考，2017（19）：25.

赵丽敏，王柱.英汉诗歌爱情隐喻对比研究——以叶芝与徐志摩诗作为例［J］.黑龙江教育学院学报，2017（01）：124.

石华.徐志摩诗歌研究——以《再别康桥》为例［J］.中国培训，2017（04）.

刘禹彤.《再别康桥》主题浅析［J］.课外语文，2017（01）：187.

何栩祯.论《再别康桥》的审美意蕴与抒情的融合［J］.北方文学，2017（32）：54.

尹书琪.明星闪烁,雪花飞扬——济慈《灿烂的星》和徐志摩《雪花的快乐》比较赏析[J].湖北经济学院学报(人科版),2017(05):97.

龚刚.中国现代诗学中的性灵派:论徐志摩的诗学思想与诗论风格[J].现代中文学刊,2017(01):45.

余秋兰.朱湘与徐志摩诗歌翻译比较研究[J].赤峰学院学报(哲社汉文版),2017(07):124.

艾伦·麦克法兰.2017剑桥徐志摩诗歌艺术节"银柳叶"诗歌终身成就奖颁奖词[J].诗选刊,2017(10):2.

何蔚.解读徐志摩作品《再别康桥》的画面美[J].青年文学家,2017(12):42.

吉狄马加.总有人因为诗歌而幸福——在剑桥大学国王学院徐志摩诗歌节"银柳叶"诗歌终身成就奖颁奖仪式上的致答辞[J].诗选刊,2017(10):129.

段增勇.语词拿捏关乎心灵——谈《荷塘月色》的悄悄与《再别康桥》的轻轻[J].语文学习,2017(03):20.

杨慧,朱明侠.浅析《再别康桥》俄文译本中的翻译方法与技巧[J].长江丛刊,2017(18):88.

徐志摩致舒新城函[J].中国出版史研究,2017(02):193.

秦枫瑶.爱与痛的边缘——徐志摩偶然漫谈[J].广东蚕业,2017(07):84.

张传刚.再别康桥:现代诗歌代言体经典[J].语文建设,2017(04):46.

孔德俭.朗读中发现美意象,吟咏中触摸真性情——《再别康桥》教学设计[J].中学课程辅导(教师通讯),2017

(05): 38.

徐铖. 徐志摩的"偶然"之美——徐志摩小诗偶然赏析[J]. 学园, 2017 (20): 82.

李勇, 孙思邈. 徐志摩诗学思想的中国底蕴——兼论中西文论跨文化融合的基本方式 [J]. 苏州大学学报(哲社版), 2017 (06): 132.

韩刚. 用"四步十二法"学习名家名篇——以《再别康桥》为例 [J]. 语数外学习(高中版中旬), 2017 (02): 22.

郑锦航.《再别康桥》的文学价值与艺术特色 [J]. 文学教育(下), 2018 (03): 116.

孙育. 志摩的散文 [J]. 青年文学家, 2018 (05): 18.

高研, 黄德志. 月皎松醒不眠人 爱深情厚了无痕——读徐志摩诗歌《山中》[J]. 名作欣赏, 2018 (14): 13.

童志国.《再别康桥》教学设计 [J]. 学语文, 2018 (02): 29.

许永宁. 概念的含混与争论的错位——1920年代"二徐之争"的一种再考察 [J]. 绵阳师范学院学报, 2018 (06): 22.

仇玉丹, 黄德志. 最美的梦境留心头至深——从山中浅窥徐志摩的前世今生 [J]. 名作欣赏, 2018 (14): 16.

朱慧妍, 黄德志. 绵而不尽的柔情——试析徐志摩诗歌《山中》[J]. 名作欣赏, 2018 (14): 19.

崔玖琪, 黄德志. 暧昧的悲剧与悲剧的暧昧——徐志摩与林徽因的《山中》对话 [J]. 名作欣赏, 2018 (14): 23.

张敬珏, 吴爽. 才子如斯——文外文中徐志摩 [J]. 华文文学, 2018 (02): 11.

徐新慧, 黄德志. 唯有相思似春色——论徐志摩《山中》

的意象［J］. 名作欣赏，2018（14）：11.

梁晓波，张银歌. 《再别康桥》解读［J］. 辽宁师专学报（社科版），2018（04）：18.

谈燕婷，黄德志. 情感的寄托与理性的节制——试析《山中》松树审美意蕴的古韵与新味［J］. 名作欣赏，2018（14）：9.

梁玥. 《再别康桥》意象的魅力［J］. 文学教育（上），2018（04）：38.

肖玉玥. 对比赏析徐志摩和哈代的诗歌里的悲观主义——以私语和插曲的尾声为例［J］. 2018（23）：47.

佟羽佳，何涛. 传统文化视域下的《再别康桥》［J］. 语文建设，2018（06）：78.

李菁菁. 试析《再别康桥》的情感变化［J］. 语文教学与研究，2018（19）：36.

《再别康桥》：绘画美，音乐美，建筑美［J］. 万象，2018（33）：11.

王凯浩. 从"二徐之争"看徐志摩支持现代派绘画之根源及其现代性［J］. 青春岁月，2018（15）：34.

马晓兰. 物与我融合的抒情——徐志摩诗歌浅谈［J］. 青年文学家，2018（18）：47.

王凤琴. 从闻一多的诗歌"三美"理论解读《再别康桥》［J］. 太阳花（徐志摩纪念馆内刊），2018（01）：41.

武学怡. 世间曾有徐志摩［J］. 散文百家，2018（01）：64.

孔晓宇. 论《再别康桥》诗歌意境美［J］. 中国文艺家，2018（01）：117.

曹雪萌. 震盲的痴心之朵——徐志摩《我等候你》漫谈

[J]. 长江丛刊, 2018（15）：6.

翁长松. 屐痕处处春常在：民国沪版文人游记五种叙录[J]. 书屋, 2018（04）：55.

李品廉. 李素伯对徐志摩散文的评述[J]. 太阳花（徐志摩纪念馆内刊）, 2018（02）：20.

陆德金. 用"三维度"来引导学生学习《再别康桥》[J]. 教育艺术, 2018（06）：73.

谢文献. 论徐志摩诗歌对古典诗歌的传承[J]. 名作欣赏, 2018（23）：140.

姜东. 论徐志摩诗歌对旧体诗词的吸收借鉴[J]. 长春教育学院学报, 2018（12）：40.

朱慧妍, 黄德志. 绵而不尽的柔情：试析徐志摩诗歌《山中》[J]. 名作欣赏, 2018（14）：19.

加藤阿幸. 日本徐志摩研究三十年（下）[J]. 太阳花（徐志摩纪念馆内刊）, 2018（01）：12.

柯国淳. 又见康桥——寻找徐志摩[J]. 诗林, 2018（03）：71.

高庆友. 再别康桥中的"金柳"情意探微[J]. 中学语文, 2018（30）：64.

刘涛. 三名家笔下的泰山[J]. 博览群书, 2018（01）：101.

翔征. 诗写的故事, 情浓的小说：读徐志摩小说《春痕》[J]. 太阳花（徐志摩纪念馆内刊）, 2018（01）：55.

刘翠莹. 图形背景理论视域下徐志摩爱情诗歌的认知诗学阐析[J]. 兰州教育学院学报, 2018（03）：29.

张利荣. 新月般的诗人情怀：读《徐志摩诗选》[J]. 太阳花（徐志摩纪念馆内刊）, 2018（04）：58.

唐小祥. 徐志摩：歌唱星月的光辉与人类的希望［J］. 民主，2018（08）：45.

王元涛. 徐志摩：与创业良机擦身而过［J］. 同舟共进，2018（07）：84.

苏勇强. 徐志摩"水莲花"文化审美研究［J］. 名作欣赏，2018（24）：23.

宋晓寒. 徐志摩的《再别康桥》中的别离意蕴分析［J］. 才智，2018（06）：174.

田莉莉. 徐志摩的康桥心路［J］. 中学语文教学参考，2018（18）：64.

陈子善. 徐志摩墨迹的刊布［J］. 新文学史料，2018（02）：100.

陶复元. 徐志摩散文鉴赏［J］. 太阳花（徐志摩纪念馆内刊），2018（01）：86.

高妤. 徐志摩诗歌中的植物王国［J］. 牡丹，2018（24）：26.

薄胜男. 徐志摩诗风生成论［J］. 汉字文化，2018（22）：37.

陈历明，马双. 徐志摩诗歌创作与翻译的互动生成［J］. 上海外国语大学学报（外国语），2018（03）：86.

钟怡雯. 徐志摩诗歌的经典化与再诠释［J］. 江汉学术，2018（03）：56.

彭捷. 徐志摩诗歌想象之美［J］. 文学教育（上），2018（05）：28.

李莉. 新诗语言的音乐性——以徐志摩、戴望舒的创作为例［J］. 戏剧之家，2018（18）：229.

张文悦，黄德志. 徐志摩与林徽因《山中》同题诗歌比较

[J].名作欣赏,2018(14):21.

龚明德.徐志摩作品后的"巧日"[J].太阳花(徐志摩纪念馆内刊),2018(02):113.

阵雨.清凉已不再,清韵仿犹存——访雪池斋[J].北京纪事,2018(01):56.

余树财.离歌的面影 至真的情歌——《再别康桥》重读[J].中学语文,2018(31):39.

一亩田.一本舍不得放下的书[J].太阳花(徐志摩纪念馆内刊),2018(02):106.

王凯浩.以"二徐之争"作为切入点对20世纪西方现代绘画在中国的传播发展进行叙述研究[J].散文百家(新语文活页),2018(05):73.

陈历明.音乐化:徐志摩的诗歌美学[J].文艺理论研究,2018(06):56.

向润颖.浅谈再别康桥的三个意向层面[J].青年文学家,2018(36):55.

洪迪.中国新诗成熟期的采收者[J].台州学院学报,2018(04):25.

王正.这交会时互放的光亮——徐志摩三首名诗新解[J].名作欣赏,2018(35):31.

仇玉丹,黄德志.最美的梦境留心头至深:从《山中》浅窥徐志摩的前世今生[J].名作欣赏,2018(14):16.

吴广辉.由徐志摩的诗歌特点谈现代新诗的艺术美[J].高考,2019(21):146.

余荣虎.人生自是有情痴——徐志摩《再别康桥》艺术魅

力新探[J].语文学刊,2005(10):99.

房加洲.徐志摩诗歌的艺术造诣之美[J].唐山文学,2019(06):54.

保徐都.徐志摩诗歌独特的空灵意境美分析[J].北方文学,2019(18):24.

陈子善.说徐志摩·自序[J].太阳花(徐志摩纪念馆内刊),2019(06):113.

陈子善.《新月》中的徐志摩佚文[J].新文学史料,2019(03):143.

陈建强.《再别康桥》的主题探究[J].中学语文,2019(03):94.

韩石山.《徐志摩全集》的前世与今生[J].太阳花(徐志摩纪念馆内刊),2020(01):5.

虞坤林.关于徐志摩的两封信[J].《徐志摩研究》海宁市徐志摩研究会内刊,2019(05):100.

张毅强.浪漫潮韵[J].《徐志摩研究》海宁市徐志摩研究会内刊,2019(05):112.

赵丁慧.我想成为阿根廷的徐志摩[J].神州学人,2019(08):22.

徐贞.试论歌剧《再别康桥》中的"双清重聚"一幕[J].牡丹,2019(32):88.

王超奇.论徐志摩诗歌的艺术特色[J].大众文艺,2019(11):37.

唐东堰.略说沈从文三篇佚文的背景与意义[J].中国现代文学研究丛刊,2019(03):39.

壮子. 民国诗人与当代学者的对话——从《再别康桥》到《漫步康桥》[J]. 中国图书评论, 2019（05）：117.

田曲平. 浅析徐志摩译诗的水文化情结 [J]. 佳木斯职业学院学报, 2019（02）：163.

张珏. 诗意的缘份 [J]. 太阳花（徐志摩纪念馆内刊）, 2019（05）：106.

包子馒头. 谈谈晨光版《志摩日记》[J]. 太阳花（徐志摩纪念馆内刊）, 2019（02）：41.

王木青. 现代文学对话式教学方法探索：以志摩的诗为例 [J]. 合肥工业大学学报（社科版）, 2019（05）：79.

罗皓. 徐志摩《雪花的快乐》随想 [J]. 戏剧之家, 2019（02）：244.

朱俊苗. 浅析《再别康桥》的艺术特色 [J]. 语数外学习（高中版中旬）, 2019（10）：25.

张传敏. 徐志摩《再别康桥》中的几种名物 [J]. 名作欣赏, 2019（23）：85.

李泽銮. 探究《再别康桥》的意象美 [J]. 散文百家（新语文活页）, 2019（02）：107.

施沿沿. 论《再别康桥》的古典诗歌特质 [J]. 中华活页文选（教师版）, 2019（01）：38.

李徽昭. 徐志摩美术思想论 [J]. 淮阴师范学院学报（哲社版）, 2019（04）：393.

陈铭怡. 爱、自由、美的理想追求——以《再别康桥》为例 [J]. 中华辞赋, 2019（09）：252.

加藤阿幸. 徐志摩诗文的比喻性 [J]. 南京晓庄学院学报,

2019（01）：53.

任诗铭，袁丽芬. 徐志摩诗文中的英文语汇分析［J］. 长治学院学报，2019（03）：71.

王立群，张怡馨. 雪莱与徐志摩诗学思想比较研究［J］. 北京科技大学学报（社科版），2019（02）：73.

田曲平. 浙西文化关照下徐志摩译诗的儒家文化情结及其在少数民族的传播研究［J］. 海外英语，2019（16）：223.

杨铁梅. 徐志摩与闻一多新诗意象浅析［J］. 汉字文化，2019（23）：39.

谢克强.《再别康桥》的诗意美［J］. 星星，2019（08）：34.

聂菁菁."你的康桥，我的雨巷，看'新诗'美的真谛"主题单元设计［J］. 课外语文，2019（07）：178.

蔡东. 志摩的诗义：从《赠给她》到《天神似的英雄》［J］. 太阳花（徐志摩纪念馆内刊），2019（05）：55.

韩石山.《徐志摩全集》书前赘语［J］. 太阳花（徐志摩纪念馆内刊），2020（01）：26.

周佳乐.《再别康桥》小解［J］. 青年文学家，2020（08）：53.

王建华. 淡淡的离愁 洒脱地挥袖——浅析《再别康桥》的感情色彩［J］. 中学语文，2020（30）：47.

孙烨.《再别康桥》的情感变化和诗心［J］. 中学语文教学参考，2020（27）：52.

施发笔.《再别康桥》中的"新娘"妙喻别解［J］. 学语文，2020（05）：96.

子张. 韩著《徐志摩传》［J］. 太阳花（徐志摩纪念馆内刊），2020（02）：113.

张维舟. 用爱、自由、美编制的花环：读邹吉玲的《徐志摩情传》[J]. 太阳花（徐志摩纪念馆内刊），2020（01）：109.

王璐，王泽龙. 新世纪以来徐志摩诗歌研究回顾与思考[J].《湖北理工学院学报》（人社版），2020（02）：59.

傅建安，李辉辉. 庞德对徐志摩诗学的影响[J]. 宁波教育学院学报，2020（02）.

尹越. 投影在你波心的一片云——徐志摩《偶然》赏析[J]. 初中生，2020（02）.

王张应. 飞翔的徐志摩[J]. 鸭绿江，2020（05）.

若梦. 行走翡冷翠[J]. 资源与人居环境，2020（12）：64.

杨慧莹. 徐志摩："不粘着"的背面[J]. 书屋，2020（04）：85.

袁利. 空际云游 复调交响——《再别康桥》的三重意蕴[J]. 中学语文教学参考，2020（30）：31.

李萌洁. 林徽因与陆小曼的迥异人生及教育启示[J]. 开封文化艺术职业学院学报，2020（08）：159.

王一川. 徐志摩与雪莱的爱情诗比较研究[J]. 名作欣赏，2020（03）：109.

缪惠莲，张强. 徐志摩诗歌音乐性构成的显性与隐性因素[J]. 江汉学术，2020（02）：54.

吕德春. 满载离愁回——再读徐志摩名作《再别康桥》[J]. 中学语文，2020（15）期.

宋翔. 徐志摩"未刊日记"传世真相与日本的关系新考[J]. 浙江档案，2020（01）：54.

赵彩燕. 徐志摩诗歌的美学研究——基于音乐化视角[J].

齐齐哈尔师范高等专科学校学报，2020（05）：46.

彭诗绚.《再别康桥》的文学美与艺术美［J］.北方文学，2020（27）：15.

张碧伦.论徐志摩游记散文中的异域形象——以自然风物为例［J］.青年文学家，2020（09）：32.

陈义海.徐志摩和蒂斯黛尔在雪中相遇［J］.名作欣赏，2021（04）：73.

丁墅.执笔一幅情画——浅谈徐志摩爱情诗中的意象［J］.语文教学与研究，2021（05）：76.

耿靖.与天体或造物主对话——徐志摩与哈代的"天问诗"［J］.重庆三峡学院学报，2021（01）：93.

路小曼.先生，我是小曼（外一首）——致徐志摩先生［J］.鸭绿江，2021（06）：102.

耿靖.徐志摩阅读哈代诗的范围之调查［J］.名作欣赏，2021（12）：39.

韩石山.越陷越深：我的传记写作［J］.文学自由谈，2021（01）：27.

人物研究

凡尼. 徐志摩简论［J］. 诗探，1980（01）：147.

沈松泉. 诗人徐志摩轶事［J］. 新文学史料，1981（04）：114.

朱自清. 徐志摩死之情形［J］. 新文学史料，1981（04）：113.

顾炯. 论徐志摩的创作道路［J］. 南京师大学报（社科版），1982（04）：71.

史本成. 一个杰出的资产阶级诗人——谈谈徐志摩的评价问题［J］. 山东师大学报（哲社版），1985（06）：47.

胡炳光. 徐志摩——一个资产阶级自由主义诗人［J］. 天津师大学报，1985（01）：63.

王建军. "末代诗人"的灵光——试论徐志摩爱情诗创作的基本动因［J］. 平顶山师专学报，1994（04）：19.

一兵.《小脚与西服》一书——披露徐志摩与元配的婚变故事［J］. 出版参考，1997（09）：12.

（印）苏丹喜. 徐志摩和他的"单纯的信仰"［J］. 毕节师专学报，1996（03）：8.

陈伟华. 缘情而生　因情而灭——试析徐志摩文学创作发生、衰竭之因［J］. 宁夏大学学报（人科版），2001（05）：42.

蒋有红. 生命的歌吟——徐志摩无法割舍的康桥情结［J］. 名作欣赏，2009（17）：101.

陆长明. "争论"的导演与现代批评的引用——徐志摩与

1929年"全国美术展览会"期间"二徐之争"[J].艺术探索,2009(04):31.

蒋成德.张君劢好心的意外结果——关于徐志摩与张幼仪离婚的新一种解释[J].南阳师范学院学报,2010(08):55.

赵晓航.哈代的悲观主义与徐志摩的忧郁情绪——以哈代的诗歌Hap与徐志摩诗歌《偶然》为例[J].河北师范大学学报(哲社版),2011(05):118.

方爱武.心灵相契,浪漫共生——论华兹华斯对徐志摩康桥时期诗歌创作的影响[J].浙江工业大学学报(社科版),2011(02).

吴思敬.风雨过后见彩虹——徐志摩的历史定位及其诗歌的经典化问题[J].廊坊师范学院学报(社科版),2013(02):5.

方亦圆.徐志摩与志摩·徐——浅析徐志摩融会中西文化的独特人生观[J].黑河学刊,2014(02):34.

安琪.现代诗歌史视域下的徐志摩——以陆耀东中国新诗史第一卷(1916—1949)为例[J].厦门文学,2015(07):26.

蔡朦,子沐.中国现代著名诗人:徐志摩[J].中学生,2015(27):26.

刘洪涛.被徐志摩辜负的女人[J].东北师大学报(哲社版),2015(05):155.

熊辉.徐志摩与鲁迅的文坛恩怨[J].读书文摘,2015(09):68.

刘洪涛.被忽略的友谊——梅兰芳与徐志摩[J].东北师大学报(哲社版),2015(05):102.

陈星.语文教材中徐志摩作品的教学分析［J］.唐山文学，2018（12）.

高文翔.相逢在黑夜的海上——徐志摩涉林徽因情事诗作探析［J］.哈尔滨师范大学社会科学学报，2019（02）.

孙策.浅析小剧场歌剧《再别康桥》中徐志摩的形象塑造与唱段分析［J］.黄河之声，2019（02）.

王斌.徐志摩和史沫特莱绯闻疑云［J］.世纪，2021（02）.

施建伟.徐志摩研究的"冷"和"热"［J］.文汇报，1984.

蒋复璁.追怀徐志摩［J］.浙江月刊（中国台湾），1984，16（09）：17.

丁国兴.也谈徐志摩思想［J］.赣南师范学院学报，1984（02）：28.

冯昇.从"徐志摩热"说起［J］.当代文坛，1984（03）：58.

白云.关于近几年的"徐志摩热"［J］.文艺界通讯，1984（02）：14.

刘海粟.拭目待天葩［J］.美术，1984（10）：4.

顾炯.徐志摩在剑桥［J］.中国现代文学研究丛刊，1984（02）：374.

杨乃济.曹雪芹、徐志摩与石虎胡同［J］.紫禁城，1984（03）：18.

钱荫愉.一个追求的灵魂——"新月"诗人徐志摩［J］.贵州大学学报（社科版），1985（04）：15.

赵家璧.回忆郁达夫与我有关的十件事［J］.新文学史料，1985（03）：32.

盛佩玉.我和邵洵美［J］.湖州师专学报，1985（02）：10.

许凤才. 郁达夫与徐志摩 [J]. 百花洲, 1985 (04): 232.

黎风. 徐志摩平议 [J]. 青海师范大学学报 (哲社版), 1985 (01): 52.

尹在勤. 徐志摩与陆小曼 [J]. 青年作家, 1985 (02): 78.

梁实秋谈徐志摩 [J]. 中国青年报：港台国外谈中国现代作家, 1986.

张映波. 陈毅与徐志摩的一次论争 [J]. 扬州师院学报 (社科版), 1986 (01): 38.

张惠衣. 徐志摩 [J]. 上海师范大学学报 (哲社版), 1986 (01): 127.

刘海粟. 徐志摩与陆小曼 [J]. 文化娱乐, 1986 (01): 2.

魏凤娥. 试论徐志摩思想的复杂性及其根源 [J]. 徐州教育学院·文史论坛, 1986.

秦弓. "向青草更青处漫溯"：评陆耀东著《徐志摩评传》[J]. 中国文学研究, 1987 (03): 142.

陈从周.《徐志摩年谱》谈往 [J]. 出版史料, 1987 (03): 59.

展家祺. 徐志摩与泰戈尔 [J]. 奔流, 1987 (10): 47.

王强. 徐志摩论 [J]. 徐州师范学院学报 (哲社版), 1987 (03): 64.

王梓民. 徐志摩招待胡适等赴海宁观潮掌故 [J]. 海宁同乡会讯, 1987 (03): 82.

展家祺. 徐志摩的初恋 [J]. 奔流, 1988 (03): 13.

孙琴安. 徐志摩最后的日子 [J]. 名人传记, 1987 (03): 63.

黄清华. 梁任公集联宋词赠志摩 [J]. 文史杂志, 1987 (06): 11.

陈信元. 徐志摩的读书方法［J］. 幼狮文艺（中国台湾），1988，63（03）：48.

陈信元. 徐志摩的教育不同一般［J］. 幼狮文艺（中国台湾），1988，63（03）：118.

毛迅. 诗人闻一多、徐志摩的历史比较［J］. 四川大学学报（哲社版），1988（01）：54.

蒋复璁. 徐志摩先生轶事［J］. 传记文学（中国台湾），1989，54（06）：54.

顾永棣. 中国现代史上第一桩离婚案［J］. 联合晚报（中国台湾），1989.

韩宇波. 试评徐志摩［J］. 山西师大学报（社科版），1989（01）：50.

赵毅衡. 徐志摩创造了剑桥［J］. 中央日报，1997.

赵稀方. 徐志摩思想新论［J］. 安徽师大学报（哲社版），1989（01）：29.

王保生. 浪漫诗人徐志摩的爱情纠葛［J］. 民国春秋，1989（06）：53.

张永延. 慧眼独具的精论评论艺术的珍品：读茅盾的《徐志摩论》［J］. 内蒙古师大学报（哲社版），1989（04）：104.

靖一民. 陆小曼与王赓、徐志摩、翁端午［J］. 传记文学（中国台湾），1990，57（05）：39.

蒋复璁. 我与徐志摩［J］. 大成（中国台湾），1990（194）：7.

骆志伊. 徐志摩、陆小曼的婚姻［J］. 书和人（中国台湾），1990（642）：1.

江山. 徐志摩三角爱：他与张幼仪、林徽因、陆小曼［J］.

中外杂志（中国台湾），1990（03）：45.

刘炎生. 试论徐志摩的政治倾向［J］. 华南师范大学学报（社科版），1990（01）：44.

刘炎生. 试论徐志摩的婚恋及其悲剧［J］. 南昌大学学报（人社版），1990（02）：34.

赵稀方. 徐志摩与梁启超［J］. 阜阳师范学院学报（社科版），1990（04）：28.

赵家名. 从蒋复璁之逝谈到徐志摩的感情世界［J］. 传记文学，1990.

李晓峰. 徐志摩艺术追求的得与失［J］. 承德师专学报（社科版），1990（02）：7.

张良志. 徐志摩诗中的三个女性［J］. 自贡师专学报，1990（02）：56.

郭晓春. 徐志摩浪漫气质的形成与文化氛围［J］. 广西师院学报（哲社版），1990（03）：51.

杨乃济. 蒋慰堂遥话好春轩：《曹雪芹、徐志摩与石虎胡同》补遗［J］. 紫禁城，1990（05）：36.

赵稀方. 新时期徐志摩研究概评［J］. 哲学社会科学动态，1990（09）：20.

曾沁雅. 自古多情伤离别——从《再别康桥》看徐志摩［J］. 阅读与作文（高中版），2009（12）：48.

武志伟. 复制徐志摩［J］. 课堂内外创新作文（高中版），2009（05）：32.

许知远. 林忆莲的眼睛和徐志摩的鼻子［J］. 半月选读，2009（14）：20.

戴前伦. 文化碰撞与心灵对话——徐志摩"康桥情结"与泰戈尔"人类第三期世界"比较研究［J］. 江西社会科学, 2009（04）：133.

贺永芳. 雪泥鸿爪中的痛苦与欢乐——读徐志摩的诗路与人生［J］. 飞天, 2010（12）：9.

郭宝书. 新旧诗歌视野下的历史差异——吴芳吉与徐志摩比较［J］. 重庆文理学院学报（社科版）, 2010（03）：27.

（日）伊藤德也. 与耽美派相对立的颓废派——1923年的周作人和徐志摩、陈源［J］. 现代中文学刊, 2013（03）：60.

刘杨. 自然的随笔——论塞尚与徐志摩的精神契合［J］. 青年文学家, 2013（05）：35.

灵岩放歌. 爱绝不是偶然——纪念徐志摩［J］. 参花, 2013（06）：83.

肖伊绯. 周瘦鹃与徐志摩——以上海画报相关报道为中心［J］. 书屋, 2019（07）：66.

李铣. 访剑桥兼怀徐志摩［J］. 星星, 2019（05）：69.

陈宇开. 民国"二徐之争"评述［J］. 明日风尚, 2020（06）：163.

耿夫, 叶禾. 论徐志摩对灵性自由的追求［J］. 湖州师专学报, 1991（04）：63.

云. 陈毅和徐志摩的交锋［J］. 福建党史月刊, 1991（08）：47.

任远. 诗人徐志摩遇难地点考［J］. 烟台师范学院学报（哲社版）, 1991（02）：55.

金莹. 徐志摩［J］. 浙江档案, 1991（11）：49.

狄介先. 徐志摩一生韵事［J］. 海宁同乡会讯（中国台湾），1992（16）：50.

刘心皇. 徐志摩传略［J］. 海宁同乡会讯（中国台湾），1992（16）：32.

苏凤竹. 徐志摩婚恋家庭二三事［J］. 海宁同乡会讯（中国台湾），1992（16）：66.

李昭醇. 论诗人徐志摩的心路历程［J］. 学术研究，1992（05）：113.

马明. 话剧史家不应忽略徐志摩［J］. 剧影月报，1992（10）：46.

傅关兴. 徐志摩思想发展述评［J］. 浙江师大学报（社科版），1992（02）：18.

王桂波，程荣华. 略论徐志摩理想悲剧之归因［J］. 松辽学刊（社科版），1992（03）：89.

卜庆华. 对郭沫若和梁实秋、徐志摩、周作人关系的一点辩白［J］. 零陵师专学报，1993（02）：50.

王卫平. 论徐志摩对青年读者的魅力［J］. 锦州师院学报（哲社版），1993（03）：90.

刘炎生. 评徐志摩的戏剧活动［J］. 中国现代文学研究丛刊，1993（01）：272.

丁福昌. 西山永驻——徐志摩［J］. 风景名胜，1994（05）：27.

顾永棣.《风流诗人徐志摩》（台湾版）序［J］. 海宁同乡会讯（中国台湾），1994（26）：37.

王凡西. 白话诗人徐志摩［J］. 炎黄春秋，1994（09）：45.

杨建民. 1994年再见志摩：读《朋友心中的徐志摩》[J]. 中国图书评论, 1994（02）：46.

董玉英. 此事只可成追忆：《爱情自由的历程》阅读杂记[J]. 中国图书评论, 1994（06）：55.

康启昌. 读你千遍：写给志摩[J]. 1994（04）：50.

林杉. 悠悠硖石未了情[J]. 人民文学, 1994（08）：112.

龙人. 梁启超佳联赠志摩[J]. 语文教学通讯, 1994（02）：48.

蒋成德. "毕生行迳都是诗"：徐志摩的编辑话动——从《诗镌》到《诗刊》[J]. 南通教育学院学报, 1995（01）：83.

李庆西. 从徐志摩与郑孝胥说到徐申如[J]. 读书, 1995（10）：133.

娜仁. 试论徐志摩的人生哲学与思想倾向[J]. 昭乌达蒙族师专学报（汉文哲社版）, 1995（03）：15.

刘世楚. 徐志摩思想发展评议[J]. 湖北师范学院学报（哲社版）, 1995（02）：78.

赵友斌. 曼斯菲尔德与徐志摩[J]. 四川师范学院学报（哲社版）, 1995（01）：97.

于东新. 梁实秋眼中的徐志摩[J]. 内蒙古民族师院学报（哲社汉文版）, 1995（04）：64.

邓帅萍. "文化大使"：徐志摩[J]. 中外文化交流, 1996（03）：47.

杨牧. 下回东风带来的—徐志摩诞辰百年[J]. 联合报, 1996（37）.

孙光萱.《追悼志摩》三题[J]. 中文自修, 1996（07）：2.

张默. 关于诗人徐志摩的生年［J］. 创世纪诗杂志（中国台湾），1996（108）：117.

袁亚伦，杨伟. 闻一多徐志摩"三美"艺术追求比较［J］. 贵州教育学院学报（社科版），1996（04）：35.

徐敏子. 徐志摩发妻是我的姑奶奶［J］. 海内与海外，1996（12）：49.

王伟. 徐志摩论［J］. 安徽教育学院学报（哲社版），1996（02）：40.

刘炎生. 鲁迅与徐志摩论辩述评［J］. 鲁迅研究月刊，1996（08）：55.

西村. 赛珍珠的两次婚姻和一段隐情［J］. 现代妇女，1996（12）：21.

（韩）具洸范. 徐志摩的生平和思想简论. 1996.

罗叶. 徐志摩：百年冥诞纪念［J］. 现代诗（中国台湾），1997（26）：6.

周星平. 从乐观主义者到悲观主义者——从诗歌创作看徐志摩的精神变化［J］. 昆明师专学报，1997（01）：40.

周英. 一个偷情文本后面的悲情故事［J］. 上海戏剧，1997（01）：50.

陈伯良. 小论徐申如［J］. 海宁徐志摩研究会所编《徐志摩研究》，1997：115.

许逸云. 乡前辈王凡西谈徐志摩［J］. 海宁徐志摩研究会所编《徐志摩研究》，1997：120.

高健行. 乡情口碑再论徐志摩［J］. 海宁徐志摩研究会所编《徐志摩研究》，1997：98.

倪鑫龙. 中国的济慈：诗人徐志摩［J］. 海宁徐志摩研究会所编《徐志摩研究》，1997：59.

王晓华. 从徐志摩研究检讨当代的思维模式［J］. 浙江社会科学，1997（02）：104.

任少云. 风流两名士：徐志摩、胡适爱情观之比较［J］. 海宁徐志摩研究会所编《徐志摩研究》，1997：124.

马君松. 忆诗人趣谈［J］. 海宁政协文史资料委员会编《纪念诗人徐志摩诞辰一百周年专辑》，1997：40.

史沫特莱与徐志摩［J］. 海宁徐志摩研究会所编《徐志摩研究》，1997：179.

张劭能. 白水泉畔吊诗魂［J］. 海宁政协文史资料委员会编《纪念诗人徐志摩诞辰一百周年专辑》，1997：38.

陆克昌. 他在人们记忆中顽强地存在着［J］. 海宁政协文史资料委员会编《纪念诗人徐志摩诞辰一百周年专辑》，1997：9.

余杰. 记几位文人的死［J］. 黄河，1997（06）：176.

高健行. 百年诗魂故里情深［J］. 海宁政协文史资料委员会编《纪念诗人徐志摩诞辰一百周年专辑》，1997：22.

罗叶等. 徐志摩一百年冥诞纪念［J］. 现代诗，1997（29）.

朱明尧. 关于"附录"文章的撰写情况和再认识（附《"徐志摩热"该冷下来了》）［J］. 海宁徐志摩研究会所编《徐志摩研究》，1997：26.

李晓红. 论徐志摩之轻［J］. 博览群书，1997（08）：22.

梁景峰. 再见徐志摩［J］. 中国时报，1997.

（韩）具洸范. 论徐志摩思想形成的社会背景［J］. 华东师范大学学报（哲社版），1997（06）：85.

王敬三. 访陈老忆志摩［J］. 海宁政协文史资料委员会编《纪念诗人徐志摩诞辰一百周年专辑》, 1997：42.

高健行. 寻觅徐志摩失落三晋的谜梦［J］. 海宁徐志摩研究会所编《徐志摩研究》, 1997：136.

王铮. 志摩的正义感与爱国主义情怀［J］. 海宁政协文史资料委员会编《纪念诗人徐志摩诞辰一百周年专辑》, 1997：59.

王学海. 时代和他的徐志摩［J］. 海宁徐志摩研究会所编《徐志摩研究》, 1997：14.

何灵琰. 我义父母徐志摩和陆小曼［J］. 海宁徐志摩研究会所编《徐志摩研究》, 1997：180.

章克标. 君子之交：志摩［J］. 海宁政协文史资料委员会编《纪念诗人徐志摩诞辰一百周年专辑》, 1997：6.

许逸云. 凭吊诗人徐志摩［J］. 海宁徐志摩研究会所编《徐志摩研究》, 1997：144.

李永和. 浅谈徐志摩其人［J］. 海宁徐志摩研究会所编《徐志摩研究》, 1997：128.

沈云汉. 试说徐志摩的婚姻悲剧［J］. 海宁徐志摩研究会所编《徐志摩研究》, 1997：121.

陈笑渔. 诗人徐志摩生前两三事记述［J］. 海宁徐志摩研究会所编《徐志摩研究》, 1997：130.

李文哉. 诗人徐志摩墓重建始末［J］. 海宁徐志摩研究会所编《徐志摩研究》, 1997：95.

章克标. 诗仙徐志摩［J］. 海宁政协文史资料委员会编《纪念诗人徐志摩诞辰一百周年专辑》, 1997：1.

高健行. 诗情浓人情亦浓［J］. 海宁徐志摩研究会所编《徐

志摩研究》，1997：134.

刘作忠. 泰戈尔的中国情：中印友好佳话［J］. 党史纵横，1997（01）：8.

蒋启霆. 徐申如与海宁［J］. 海宁政协文史资料委员会编《纪念诗人徐志摩诞辰一百周年专辑》，1997：63.

王铮. 徐志摩人生思想的美学追求［J］. 海宁徐志摩研究会所编《徐志摩研究》，1997：68.

高健行. 徐志摩的不了情［J］. 海宁徐志摩研究会所编《徐志摩研究》，1997：112.

吴汉明. 徐志摩的父亲徐申如［J］. 海宁政协文史资料委员会编《纪念诗人徐志摩诞辰一百周年专辑》，1997：66.

王敬三. 徐志摩研究资料索引［J］. 海宁政协文史资料委员会编《纪念诗人徐志摩诞辰一百周年专辑》，1997：72.

许逸云. 徐志摩墓碑寻获始末［J］. 海宁徐志摩研究会所编《徐志摩研究》，1997：117.

沈云汉. 徐志摩邀友来海宁观潮辨正［J］. 海宁政协文史资料委员会编《纪念诗人徐志摩诞辰一百周年专辑》，1997：69.

顾永棣. 谈徐志摩［J］. 海宁徐志摩研究会所编《徐志摩研究》，1997：87.

沈珉. 简析徐志摩的"康桥情结"［J］. 海宁徐志摩研究会所编《徐志摩研究》，1997：54.

张利荣. 新月般的诗人情怀［J］. 海宁徐志摩研究会所编《徐志摩研究》，1997：82.

武淑莲. 飘逸的志摩［J］. 固原师专学报，1997（02）：18.

李春. 徐志摩和三个女人：浪漫晦暗共一生［J］. 汉家杂志

（中国台湾），1998（59）：76.

徐公超. 徐志摩"'数大'便是美"之说探源［J］. 中国语文（中国台湾），1998（82）：46.

王少元. 生命女人诗及其他：徐志摩［J］. 青年思想家，1998（04）：66.

花无缺. 当我们问及什么是爱情时［J］. 中国民族博览，1998（03）：22.

刘海粟. 回忆老友徐志摩和陆小曼［J］. 文史精华，1998（02）：32.

张放. 徐志摩身后余话［J］. 联合报，1998.

许世旭. 论徐志摩的性灵自由［J］. 中国现代文学研究丛刊，1998（04）：217.

余云腾. 何来"日本女郎"?［J］. 咬文嚼字，1998（05）：22.

王蓉. 密集阅读徐志摩相关书信［J］. 中国时报（中国台北版），1998.

刘作忠. 说"我前世一定是中国人"的泰戈尔［J］. 炎黄春秋，1998（07）：52.

刘作忠. 泰戈尔中国行［J］. 贵州文史天地，1998（01）：22.

马少华. 泰戈尔风波［J］. 书屋，1998（05）：35.

黄宇. 徐志摩与英国文化之缘［J］. 长沙电力学院学报（社科版），1998（04）：100.

张惠国. 徐志摩与京剧［J］. 中国京剧，1998（02）：37.

陆宗麟. 徐志摩夫人陆小曼的晚年生活［J］. 文史精华，1998（05）：45.

朱延庆. 谒徐志摩墓［J］. 江苏政协，1998（03）：38.

骆志伊. 才子佳人的故事：徐志摩情牵林徽因（上）[J]. 中外杂志（中国台湾），1998（65卷5期）：21.

骆志伊. 才子佳人的故事：徐志摩情牵林徽因（下）[J]. 中外杂志（中国台湾），1998（65卷6期）：147.

柴伟良. 沪上访寻徐志摩有关的人与事[J]. 大公报（香港），1999.

柴伟梁. 张幼仪、陆小曼、林徽因与硖石之缘[J]. 海宁日报，1999.

张镇西. 人去楼依旧睹物更相思[J]. 海宁徐志摩研究会编《徐志摩研究会会讯》，1999（01）.

吴汉明. 我所知道的张幼仪女士[J]. 海宁徐志摩研究会编《徐志摩研究会会讯》，1999（01）.

吴汉明. 诗人与书画[J]. 海宁徐志摩研究会编《徐志摩研究会会讯》，1999（01）.

庄月江. 故乡的诗魂[J]. 海宁徐志摩研究会编《徐志摩研究会会讯》，1999（01）.

韩石山. 徐志摩的一则日记[J]. 海宁徐志摩研究会编《徐志摩研究会会讯》，1999（01）.

韩石山. 徐志摩家的猫[J]. 海宁徐志摩研究会编《徐志摩研究会会讯》，1999（01）.

柴伟梁. 徐志摩的爱国情怀[J]. 文汇报（香港），1999.

孙宜学，郭洪涛. 中印文化交流史上的一次误会：泰戈尔来华引起的风波[J]. 同济大学学报（社科版），1999（03）：72.

陆耀东. 在中外文化交流桥上的徐志摩[J]. 外国文学研究，1999（01）：116.

高玉峰. 吴宓与中国的雪莱：徐志摩 [J]. 山东矿业学院学报（社科版），1999（02）：120.

刘海粟. 我所认知的徐志摩和陆小曼 [J]. 英才，1999（02）：53.

赵清阁. 陆小曼幽怨难泯 [J]. 新文学史料，1999（02）：36.

刘根勤. 徐志摩与秦戈尔的忘年交 [J]. 民国春秋，1999（04）：51.

顾永棣. 保存和修复徐志摩老宅之我见 [J]. 海宁徐志摩研究会编《徐志摩研究会会讯》，1999（02）.

张继平，宋波龙. 徐志摩究竟魂归济南何处鼓春风 [J]. 海宁徐志摩研究会编《徐志摩研究会会讯》，2000（02）.

王远舟. 凌空去看一个明白 [J]. 海宁徐志摩研究会编《徐志摩研究会会讯》，2000（02）.

吴汉明. 家学家德和徐志摩诗 [J]. 海宁徐志摩研究会编《徐志摩研究会会讯》，2000（02）.

陈淑美. 回首"人间四月天"：徐志摩永远的"追寻" [J]. 光华（中国台湾），2000，25（03）：42.

郭银星. 五百年风流冤孽债：徐志摩爱情生活的一些问题 [J]. 历史月刊（中国台湾），2000（147）：36.

杨立. 徐志摩的"八宝箱"公案 [J]. 传记文学（中国台湾），2000，76（04）：60.

马森. 徐志摩的爱与死 [J]. 纯文学（香港）复刊，2000（24）：17.

许耘. 探访徐志摩的真情指数 [J]. 小作家月刊（中国台湾），2000（6卷12期）：9.

宋芳绮. 情苦与无常：谈《人间四月天》，徐志摩的爱情故事［J］．普门（中国台湾），2000（247）：65.

新好男人看徐志摩［J］．康健杂志（中国台湾），2000（18）：210.

蔡登山口述，陈佩筠整理．自在飞花轻似梦：徐志摩的如戏人生［J］．国文天地（中国台湾），2000，15（12）：5.

韩廷．诗人·情人·中国的拜伦：徐志摩访问记［J］．国文天地（中国台湾），2000，15（12）：31.

马森．情圣难为：在徐志摩与胡适之间［J］．文讯（中国台湾），2000（175）：6.

章景曙．我是天空里的一片云——浪漫诗人徐志摩［J］．中文自修，2000（04）：44.

罗秀华．2E世代徐志摩非常登场［J］．讲义杂志（中国台湾），2000，27（03）：38.

吴铭能．《小脚与西服：张幼仪与徐志摩的家变》读后［J］．全国新书资讯月刊（中国台湾），2000（20）：27.

秦楚．我也徐志摩［J］．香港文学（香港），2000.

方美芬．重读蔡登山《许我一个未来：徐志摩爱情纪实》［J］．全国新书资讯月刊（中国台湾），2000（20）：31.

孙佳颖．他只求灵魂的救度：志摩怀想［J］．语文天地，2000（07）：36.

谈瀛洲．在美求学期间的徐志摩［J］．书城，2000（12）：40.

秦林芳．泰戈尔哲学思想与中国现代作家［J］．山东师大学报（社科版），2000（02）：34.

尹莉．致徐志摩［J］．山东文学，2000（11）：36.

陆芸.徐志摩:在新旧冲突与东西方文化碰撞中[J].浙江广播电视高等专科学校学报,2000(01):38.

索斌,黄杨.徐志摩与林徽因的情感历程及其关系[J].南通职业大学学报(综合版),2000(02):44.

沈庆利,王亚梅.徐志摩的理想悲剧之成因[J].济宁师专学报,2000(05):83.

肖杉.徐志摩的惊世之情[J].学问,2000(11):42.

凌其成.徐志摩轶闻[J].世纪,2000(06):58.

胡建军.梦想与追求:徐志摩思想源流简论[J].哈尔滨师专学报,2000(05):72.

康乃尔大学(上)[J].华人时刊,2000(09).

傅红."纯粹的自动的教育"——徐志摩教育思想简论[J].四川行政学院学报,2000(04):92.

庄月江.情系满觉陇[J].风景名胜,2000(12):33.

林妮."志摩"名字的由来[J].咬文嚼字,2000(07):20.

黎月."悄悄的我走了":诗人徐志摩罹难党家庄[J].党史纵横,2001(11):18.

表迪.一个鲜活的徐志摩[J].文艺报,2001.

网路.浪漫新诗人:徐志摩[J].世界(中国台湾),2001(10):54.

柴伟梁.画家陆小曼[J].大公报(香港),2001.

王文莉.义大利两大爱情名城之前世今生:情人节推藏城市2:佛罗伦斯:徐志摩与陆小曼的爱恋情思[J].博览家杂志(中国台湾),2001(108):22.

柴伟梁.徐志摩搞过地方志[J].大公报(香港),2001.

杨士朋. 徐志摩与胡适的婚外债［J］. 传记文学（中国台湾），2001（78卷5期）：35.

顾永棣. 开山无顶难作坟［J］. 海宁徐志摩研究会编《徐志摩研究会会讯》，2001（03）.

霍秀全. 从文艺观念到政治理念的对立：关于鲁迅与徐志摩的论争［J］. 北方工业大学学报，2001（04）：77.

陈学勇. 文坛画家凌叔华［J］. 世纪，2001（06）：32.

朱小平. 由"徐志摩热"谈起［J］. 中国检验检疫，2001（01）：63.

苗雪原. 伤感的旅途：徐志摩情爱剖析［J］. 书屋，2001（11）：51.

李牲. 江南水乡访名人故居［J］. 北京观察，2001（08）：49.

孟坤. 论老庄美学对徐志摩的影响［J］. 昌潍师专学报（04）：43.

张幼仪，张邦梅，谭家喻. 我和徐志摩分手的经过［J］. 湖南文史，2001（01）：47.

韩石山. 闲话事件与一个漂亮女子的苦衷［J］. 人民文学，2001（06）：70.

甄化，阿棣. 林徽因与徐志摩［J］. 家庭与科学，2001（01）：40.

蒋增福. 郁达夫与徐志摩［J］. 江淮文史，2001（01）：71.

郁嘉玲. 郁达夫与徐志摩［J］. 海宁徐志摩研究会编《徐志摩研究会会讯》，2001（03）.

韩石山. 看戏看出的麻烦：徐志摩、陈西滢与新剧界的一场纷争［J］. 新文学史料，2001（01）：148.

风雨. 重新认识徐志摩［J］. 四川省政法管理干部学院学报, 2001（03）: 57.

苏单. 信仰只一细柱香: 徐志摩［J］. 读书, 2001（04）: 47.

王干. 追忆早逝的诗人［J］. 青年文学, 2001（03）: 110.

尹锡南, 宇文疆. 泰戈尔1924年访华在中国知识界的反响［J］. 南亚研究季刊, 2001（04）: 52.

辛实. 徐志摩主编时期的《晨报副刊》:"自由主义热"中的冷思考［J］. 文艺理论与批评, 2001（02）: 125.

王学海. 徐志摩老宅被拆毁的社会分析［J］. 探索与争鸣, 2001（06）: 20.

王晓林. 徐志摩后期没有流入"怀疑的颓废"［J］. 重庆大学学报（社科版）, 2001（03）: 56.

马斌. 徐志摩的海外岁月［J］. 神州学人, 2001（08）: 34.

吴树德. 推心置腹: 徐志摩和吴经熊的友谊［J］. 华康英语语言文学杂志（中国台湾）, 2001（07）: 127.

刘介民. 新月下的夜莺: 徐志摩与济慈［J］. 广州大学学报（综合版）, 2001（09）: 23.

胡建军. 云游的精灵: 徐志摩论. 2002.

宋玉华.《再别康桥》的感情世界与社会意义［J］. 保定师范专科学校学报, 2002（01）: 43.

黄曼君.《作家轶事》之八: 徐志摩的浪漫之爱［J］. 语文教学与研究, 2002（16）: 6.

程洁. 天教歌唱的鸟［J］. 海宁徐志摩研究会编《徐志摩研究会会讯》, 2002.

林伟民. 我是一个生命的信仰者: 徐志摩人格之断想［J］.

海宁徐志摩研究会编《徐志摩研究会会讯》，2002.

任少云. 徐志摩：潇洒人生的隐痛［J］. 海宁徐志摩研究会编《徐志摩研究会会讯》，2002.

向明. 徐志摩在台湾［J］. 海宁徐志摩研究会编《徐志摩研究会会讯》，2002.

渡边新一. 徐志摩研究在日本［J］. 海宁徐志摩研究会编《徐志摩研究会会讯》，2002.

苏心斋. 爱之歌者爱之孤者［J］. 海宁徐志摩研究会编《徐志摩研究会会讯》，2002.

柴伟梁. 徐志摩和陆小曼该合葬了［J］. 新民晚报，2002.

吴文尚. 当李欧梵遇上徐志摩［J］. 书评，2002.

余芳珍. "五·四"女权论述下的阴影与重生：从张幼仪与徐志摩离婚事件中谈起［J］. 近代中国（中国台湾），2002（150）：88.

傅光明. 灵动的徐志摩［J］. 中国邮政报，2002.

邹琦新. 不道德的"浪漫爱情"——评《人间四月天》等传记文艺［J］. 邵阳学院学，2002（05）：98.

虞坤林. 从一帧照片说起［J］. 山西文学，2002（12）.

朱凌云. 从诗歌个性刍议新文学初期的六位诗人［J］. 湖南商学院学报，2002（03）：109.

高虹飞，高恩显. 从查找徐志摩的论文说起［J］. 中华医学图书情报杂志，2002（04）：65.

黄玉鑫. 文人学者笔名絮谈［J］. 学语文，2002（06）：47.

范钦林. 心灵的告白与忏悔：论"五·四"自剖文学的别样形态［J］. 江苏教育学院学报（社科版），2002（03）：71.

徐新民，徐梦. 让乡邦文化走向世界［J］. 浙江传媒学院学报，2002（04）：24.

韩石山. 在复旦中文系的演讲［J］. 文学自由谈，2002（03）：14.

陆耀东，邓智柏. 回眸与前瞻：徐志摩研究［J］. 培训与研究（湖北教育学院学报），2002（01）：15.

胡瀛. 自由灵性美：徐志摩［J］. 北方文学，2002（10）：79.

龙志坚，熊哲琰. 论徐志摩之思想境界［J］. 南华大学学报（社科版），2002（03）：73.

刘香吉，戚德志. 纪念诗人徐志摩国际学术研讨会综述［J］. 学术月刊，2002（03）：110.

刘克敌. 吴宓评茅盾和徐志摩［J］. 泰安师专学报，2002（01）：59.

刘介民. 从"一出戏"到"人生趣剧"——徐志摩与哈代［J］. 广州大学学报（社科版），2002（01）：33.

渔歌子. 余光中说徐志摩《偶然》［J］. 名作欣赏，2002（03）：1.

陈学勇. 这个看法欠斟酌［J］. 山西文学，2002（08）.

魏家骏. 沈从文与几位文化名人的交往［J］. 炎黄春秋，2002（10）：70.

韦涵. 怀念长发［J］. 作文世界（初中），2002（05）.

胡明. 陈独秀与泰戈尔：一个有关"东方文化"的沉重话题［J］. 文艺争鸣，2002（05）：10.

朱正. 林长民，岂是"政客"二字了得？［J］. 领导文萃，2002（12）：119.

翟永明. 林徽因在李庄［J］. 天涯，2002（01）：134.

夏寅. 说志摩 [J]. 校园文苑, 2002 (23): 21.

陈学勇, 王一. 林徽因徐志摩"恋情"考辨 [J]. 上海大学学报 (社科版), 2002 (05): 32.

伊甸. 诗人徐志摩之墓 [J]. 诗刊, 2002 (06): 59.

韩石山. 胡适的败笔 [J]. 人民文学, 2002 (06): 119.

葛胜华. 点击"邵洵美" [J]. 阅读与写作, 2002 (08): 1.

郝清菊. 泰戈尔泛爱思想对徐志摩的影响 [J]. 濮阳教育学院学报, 2002 (04): 23.

周湘辉. 换个角度构思 [J]. 语文学习, 2002 (11): 32.

王圣杰. 徐志摩人生哲学思想探析 [J]. 黑龙江农垦师专学报, 2002 (01): 54.

李迅. 徐志摩与陈独秀的初次会面 [J]. 湖南文史, 2002 (05): 61.

彭玉斌. 徐志摩的"康桥情结"透视 [J]. 宜宾学院学报, 2002 (01): 44.

黄卉. 徐志摩思想形成的原因 [J]. 焦作工学院学报 (社科版), 2002 (01): 49.

廖钟庆. 谁是人间的四月天: 与梁从诫先生商榷兼论徐志摩与林徽音的关系 [J]. 鹅湖月刊 (中国台湾), 2002 (322): 16.

张敏. 理想诗人与爱国诗人 [J]. 滁州师专学报, 2002 (04): 60.

梁昊. 偶然而必然的悲剧: 寄徐志摩与陆小曼 [J]. 全国优秀作文选 (高中), 2002 (01): 29.

伊能静. "陆小曼"站在徐志摩墓前 [J]. 小作家选刊, 2003 (03): 46.

林亚斐. "雪花"的意象:徐志摩:激情、浪漫背后的宿命[J]. 江西科技师范学院学报,2003(01):37.

龚明德.《辞海》中的徐志摩[J]. 博览群书,2003(02):60.

杨志芳. 永远的徐志摩[J]. 法制日报,2003.

龚明德. 徐志摩为编校发脾气[J]. 中国编辑,2003(01):60.

杨涛. 潇洒志摩[J]. 中国教师报,2003.

韩石山. 从女人这边看徐志摩[J]. 海燕,2003(06):11.

崔霆钧. 父亲记忆中的泰戈尔来并讲学[J]. 文史月刊,2003(03):59.

王勇. 华兹华斯和徐志摩比较研究[J]. 许昌学院学报,2003(03):70.

陈学勇. 如何看待徐志摩的情爱问题:与苗雪原先生商榷[J]. 南通师范学院学报(哲社版),2003(01):50.

刘云. 人间自是有情痴——读徐志摩的《我等候你》[J]. 宿州师专学报,2003(01):50.

曹忆雯. 英国·剑桥走访徐志摩的康桥世界[J]. 行遍天下(中国台湾),2003(139):100.

王兆胜. 林语堂与徐志摩[J]. 南京师范大学文学院学报,2003(03):119.

阎开振,孙月冬. 林徽因的文学观和她作品中的徐志摩[J]. 山东理工大学学报(社科版),2003(01):50.

刘燕. 泰戈尔:在中国现代文化中的误读:以《吉檀迦利》为个案研究[J]. 新疆大学学报(哲社版),2003(02):123.

叶兴艺. 泰戈尔:相信我的前世一定是中国人[J]. 21世纪,2003(10):46.

刘福春. 泰戈尔访华 [J]. 诗刊, 2003 (04): 58.

孙闻浪. 泰戈尔来访中国纪事 [J]. 文史春秋, 2003 (11): 25.

牛水莲. 泰戈尔作品在中国的流传及影响 [J]. 商丘师范学院学报, 2003 (01): 33.

孙闻浪. 泰戈尔的中国情结 [J]. 湖北档案, 2003 (08): 46.

刘欢. 原典性文本批评:《类同研究的再发现:徐志摩在中西文化之间》[J]. 中国图书评论, 2003 (12): 19.

虞坤林. 徐志摩上府中的时间确证 [J]. 山西文学, 2003 (06).

陈子善. 徐志摩日记种种 [J]. 长城, 2003 (05): 219.

黄宇. 徐志摩的人生哲学观与英国文化之关系 [J]. 中国文学研究, 2003 (02): 92.

高燕. 徐志摩的心理世界探寻 [J]. 绥化师专学报, 2003 (02): 54.

黄宇. 徐志摩的自然观探析 [J]. 理论与创作, 2003 (03): 53.

陈学勇. 徐志摩情爱不能这般剖析:时下学风一例 [J]. 书屋, 2003 (03): 36.

熊文莉. 雪莱对鲁迅、郭沫若与徐志摩的影响研究 [J]. 中国农业大学学报 (社科版), 2003 (04): 83.

黄宇. 老舍和徐志摩的幽默风格之比较 [J]. 长沙理工大学学报 (社科版), 2004 (04): 105.

殷奕. 走近徐志摩 [J]. 中学生阅读 (初中版), 2004 (11): 44.

晓梅. 我在剑桥过中秋 [J]. 21世纪, 2004 (05): 40.

田金长，李谪博．试论徐志摩思想的多重性［J］．西安联合大学学报，2004（04）：64．

汤礼春．胡适当红娘［J］．文史春秋，2004（07）：61．

丁言昭．徐志摩元配夫人张幼仪［J］．世纪，2004（02）：25．

一道．徐志摩的读书方法［J］．出版史料，2004（01）：52．

杨居让．徐志摩婚恋悲剧浅析［J］．唐都学刊，2004（05）：140．

雷月梅．曼斯菲尔德与徐志摩之比较［J］．山西农业大学学报（社科版），2004（02）：158．

韩石山．做徐志摩易，做翁瑞午难［J］．山西文学，2004（09）．

林春美．欲望朱古律：解读徐志摩与张资平的南洋［J］．柳州师专学报，2004（04）：15．

冯守富，霍春玉．梁启超证婚出笑话［J］．现代语文（初中读写版），2004（06）：43．

周利雄．尴尬志摩［J］．云南教育，2004（08）．

韩石山．新文化人物的情怀和气度：徐志摩［J］．人物，2004（05）：50．

孙瑜．1929年的全国美展：就进化史观、进步观念的个案研究［J］．新美术，2005（03）：51．

王戈．八十年的过往［J］．华夏人文地理，2005（10）：54．

寒晓．飞翔的徐志摩［J］．中文自修，2005（03）：22．

著名诗人徐志摩［J］．中文自修，2005（03）：2．

王玉宝．一座永远无法再次进入的城堡——论徐志摩的"康桥情结"［J］．名作欣赏，2005（18）：8．

戈禹．走近徐志摩［J］．新作文（初中版），2005（05）：45．

维一. 两处康桥的回忆［J］. 出版参考, 2005（29）: 46.

戴子薇. 怀念志摩［J］. 青海教育, 2005（11）: 33.

吴跃忠. 故乡: 尘埃里的天堂——论徐志摩与海宁［J］. 继续教育研究, 2005（03）: 104.

佃国华. 徐志摩: "康桥情结"的殉道者［J］. 牡丹江师范学院学报（哲社版）, 2005（06）: 32.

蒋成德. 诗人徐志摩的另一只手［J］. 徐州教育学院学报, 2005（01）: 94.

马彧. 徐志摩: 由政治自觉到文学自觉［J］. 南京晓庄学院学报, 2005（03）: 45.

徐积锴. 徐志摩儿子的来信［J］. 山西文学, 2005（03）: 91.

周维强. 逝水人生——从两部日记看徐志摩在杭州的踪影［J］. 西湖, 2005（03）: 71.

陈宇. 徐志摩儿子的慰母信源自何方［J］. 山西文学, 2005（03）: 91.

沈学强. 徐志摩与陆小曼［J］. 戏文, 2005（03）: 107.

张雪飞. 徐志摩与彭斯之比较［J］. 聊城大学学报（社科版）, 2005（03）: 229.

马祥. 徐志摩生年标注有误［J］. 中学语文教学, 2005（02）: 41.

俞兆平. 徐志摩论科学与人文［J］. 福建论坛（人社版）, 2005（04）: 78.

孙宜学. 徐志摩如何"捧杀"了泰戈尔［J］. 书屋, 2005（09）: 36.

黄宇. 徐志摩的政治观社会观与英国文化之关系［J］. 长沙

理工大学学报（社科版），2005（04）：107.

来新交. 徐志摩鲜为人知的另一面［J］. 北京日报，2005.

嘉兴名人［J］. 嘉兴学院学报，2005（05）：1.

孙碧飞. 从浪漫到古典：论徐志摩的人文抉择. 2006.

红茶."诗人"的新衣［J］. 科技创业，2006（11）：72.

金富军. 1924年泰戈尔在清华活动考证［J］. 南亚研究季刊，2006（04）：60.

顾永棣. 对徐志摩的再认识——试论茅盾的徐志摩论［J］. 嘉兴学院学报，2006（02）：45.

石江明. 一帘幽梦两样离情［J］. 中学语文园地（高中版），2006（09）：15.

敬亚平. 八十年前的一桩诗坛公案：关于朱湘退出《晨报副刊·诗镌》的原因［J］. 重庆社会科学，2006（02）：55.

汤凌云. 八十年前的诗坛盛事：新诗历史上的重要刊物《晨报副刊·诗镌》［J］. 文史杂志，2006（05）：40.

胡志金. 与徐志摩对话［J］. 高中生之友，2006（Z4）：75.

杨锦鸿. 也谈徐志摩与林徽因［J］. 黄山学院学报，2006（06）：116.

安丽霞，祝坤. 女性在婚姻中获得幸福的可能：对陆小曼婚姻观念的个案描述［J］. 长春师范学院学报，2006（09）：94.

牛汉先生在徐志摩纪念公园奠基仪式上的讲话［J］. 诗刊，2006（18）：23.

郭小聪. 徐志摩新论［J］. 新诗评论第2辑（总第四辑），2006.

肖国敏. 文化视阈下的徐志摩再研究. 2006.

智效民. 火烧晨报馆事件［J］. 中国新闻周刊，2006（29）：87.

丁言昭. 写《陆小曼传》少不了翁端午：访翁端午长女翁香光女士 [J]. 新文学史料, 2006 (04): 4.

顾永棣. 对徐志摩的再认识：试论茅盾的《徐志摩论》[J]. 嘉兴学院学报, 2006 (02): 45.

陈益民. 好编辑徐志摩的故事 [J]. 青年记者, 2006 (18): 61.

张红萍. 红颜"祸水"陆小曼的真实人生 [J]. 晚报文萃, 2006 (06).

徐欣. 我的堂叔祖父徐志摩——纪念徐志摩济南遇难75周年 [J]. 春秋, 2006 (03): 21.

王家新. 徐志摩与哈代 [J]. 新诗评论, 2006.

韩石山. 沪上文脉自不同 [J]. 上海采风, 2006 (11): 12.

张婕妤. 怀志摩 [J]. 散文百家, 2006 (12): 24.

贺伟. 现代文化名人与庐山 [J]. 党史文苑, 2006 (21): 31.

金承佳. 参观徐志摩故居 [J]. 新课程（小学版）, 2006 (03): 55.

多纳巫. 剑桥, 徐志摩, 遥远的美丽 [J]. 留学生, 2006 (01): 48.

蒋燕. 说徐志摩的婚姻 [J]. 海内与海外, 2006 (05): 74.

杨萌芽. 泰戈尔访华与20世纪20年代中国文坛 [J]. 中州学刊, 2006 (03): 212.

卡玛尔·都塔, 阿蒂提·贾李会学. 泰戈尔潮在中国 [J]. 长江学术, 2006 (03): 24.

夏霖. 徐志摩：永恒的诗魂 [J]. 中学生百科, 2006 (35): 18.

张宗光. 徐志摩：毕生行径都是诗 [J]. 青年科学, 2006

(02): 20.

刘洪涛. 徐志摩与罗素的交游及其所受影响 [J]. 浙江大学学报（人社版），2006（06）：154.

苏文. 徐志摩与金庸是一对表兄弟 [J]. 历史教学，2006（11）：43.

刘洪涛. 徐志摩与剑桥大学 [J]. 楚雄师范学院学报，2006（07）：3.

刘洪涛. 徐志摩的剑桥交游及其在中英现代文学交流中的意义 [J]. 中国现代文学研究丛刊，2006（06）：63.

刘洪涛. 徐志摩剑桥交游考 [J]. 新文学史料，2006（02）：111.

留白. 谁的泰戈尔？——读《泰戈尔与中国》[J]. 社会观察，2006（06）：63.

毛梦溪. 难忘心底默默盛开的百合：徐志摩的康桥情结 [J]. 嘉兴学院学报，2006（02）：52.

傅国涌. 寄一袋西湖边的桃花给徐志摩 [J]. 西湖，2006（05）：62.

黄红丽. 想起志摩 [J]. 出版广角，2006（04）：34.

江莎，天教歌唱的痴鸟：论徐志摩的"单纯信仰". 2007.

陈学勇. "八宝箱"悬案与"太太客厅" [J]. 新文学史料，2007（04）：109.

刘佳，李璇."别处之爱"的理想与悲剧：对徐志摩悲剧的思考 [J]. 时代教育，2007（14）：155.

刘为民. 相对论与徐志摩的"飞" [J]. 科学时报，2007.

夏智定. 亦有可闻徐志摩墓前断想 [J]. 香港文学（香

港），2007：3.

王学海. 徐志摩对两性和谐的追求［J］. 文艺报，2007.

蔡登山. 重审爱情的潘多拉：凌叔华与林徽音的《夺宝记》［J］. 传记文学（中国台湾），2007，90（3）：4.

新月般的诗人徐志摩［J］. 青年与社会，2007（Z2）：82.

戴鹏. 三十年代文人的美丽与哀愁：汇聚三十年代文学灵魂［J］. 中国研究生，2007（05）：62.

陈慧敏. 我眼中的徐志摩［J］. 青少年日记，2007（01）：45.

陈世强. 玉颜空自惜冷意无人识：陆小曼及其清逸云山中的人文底蕴［J］. 南京艺术学院学报（美术与设计版），2007（02）：57.

徐百柯. 民国那些人［J］. 读书文摘，2007（11）：26.

魏颖. 在"性别回归"背景下反思女性学教育：从徐志摩与陆小曼的婚恋悲剧谈起［J］. 湖南医科大学学报（社科版），2007（04）：79.

陈学勇. 刘半农悼念徐志摩［J］. 山西文学，2007（09）：95.

崔桂英. 论徐志摩的自然观［J］. 延边大学学报（社科版），2007（05）：87.

鲁倩. 走近徐志摩［J］. 广西教育，2007（09）：25.

五明子. 志摩小书送君劢［J］. 读书，2007（11）：107.

李娟. 沈从文与《晨报副刊》［J］. 四川文理学院学报，2007（06）：105.

徐志东. 陆小曼的一封求助信［J］. 山西文学，2007（07）.

沈鹏年. 陈从周情系徐志摩［J］. 山西文学，2007（08）：92.

杨建民. 陈毅与徐志摩关于列宁主义的争论［J］. 百年潮，

2007（08）：43.

邵阳. 邵洵美徐志摩相貌相似[J]. 世纪，2007（04）：66.

罗昌智. 性灵放牧：海宁徐志摩的思想皈依与艺术自觉[J]. 文艺争鸣，2007（05）：140.

刘胜华. 笑解烦恼结[J]. 思维与智慧，2007（02）：54.

许淇. 徐志摩[J]. 少年文艺（阅读前线），2007（03）：35.

王正. 徐志摩、林徽因恋情新证[J]. 浙江社会科学，2007（02）：178.

阿牛. 徐志摩与陆小曼被迫情定"北海"[J]. 名人传记（上半月），2007（12）：81.

方慧. 徐志摩与泰戈尔的忘年交[J]. 世界中学生文摘，2007（04）：50.

田媛. 徐志摩专题[J].阅读与鉴赏（高中版），2007（09）：14.

柴草. 徐志摩去世后的陆小曼[J]. 人民文摘，2007（10）：61.

罗尔纲. 徐志摩在胡适家[J]. 读书文摘，2007（04）：82.

Victor. 徐志摩身后一个尚未解开的谜[J]. 大家故事（天下事），2007（09）：23.

韩石山. 徐志摩和郁达夫：中国现代文学史上的一对宝贝[J]. 山西文学，2007（12）：4.

兰言. 徐志摩的理智与疯狂[J].中国铁路文艺，2007（01）:73.

孔祥宇. 徐志摩政治思想论[J]. 北京理工大学学报（社科版），2007（02）：84.

邵阳. 徐志摩趣事[J]. 世纪，2007（01）：43.

洪烛. 海宁：徐志摩的故乡（二题）[J]. 中国文联出版社海燕，2007（01）：52.

林柳生，黄瑶妮. 欢快浪漫背后的深沉悲观——试论徐志摩诗歌的悲观主义气息［J］. 南昌教育学院学报，2007（04）：19.

睦楠. 追求自由与理想的堂吉诃德——论徐志摩与英国文学的关系［J］. 湘潮（下半月）（理论），2007（12）：61.

桑农. 道是无情却有情：凌叔华与徐志摩［J］. 书屋，2007（04）：65.

孙圣勇. 徐志摩的翻译理论与实践［J］. 作家，2008（24）：204.

杨建民. 徐志摩与托玛斯·哈代［J］. 中华读书报，2008.

黄仲鸣. 康桥是一座桥？［J］. 香港文学（文港），2008.

叶辉. 朱湘与徐志摩［J］. 香港文学（文港），2008.

王海珍，黄修志. 窥探老房子的记忆［J］. 财经时报，2008.

张迎雪. 中国之行的泰戈尔与他的忘年交徐志摩［J］. 名人传记（上半月），2008（09）.

王国华. 在徐志摩和郁达夫之间［J］. 四川文学，2008（03）：51.

倪正芳. 光荣的独舞：重返文研会"拜伦百年祭"现场［J］. 湖南人文科技学院学报，2008（01）：95.

王兴龙. 那一抹典雅的紫：佛罗伦萨［J］. 当代体育，2008（33）：51.

刘正忠. 坟墓，尸体，毒药：新月诗人的魔怪意象——以徐志摩、闻一多、朱湘为主［J］. 清华中文学报，2008（02）119.

朱朱. 志摩与小曼［J］. 东方艺术，2008（03）：102.

崔银河. 陈毅与《晨报副刊》［J］. 大连大学学报，2008

(01): 49.

蔡雪琴. 青荇与水草: 徐志摩情感探微 [J]. 中学语文, 2008 (10): 53.

岳凯华, 程凯华. 茅盾论徐志摩 [J]. 邵阳学院学报 (社科版), 2008 (02): 110.

苏明. 质疑与消解: 从《欧游漫录》看徐志摩苏俄观之转变 [J]. 南京大学学报 (哲社版), 2008 (05): 106.

碧儿. 浅论徐志摩对个性解放的追求与幻灭 [J]. 思想战线, 2008 (S3): 53.

姚璐璐. 哈代与徐志摩: 倔强的疑问 [J]. 四川外语学院学报, 2008 (03): 51.

蔡振念. 美的追寻与失落: 徐志摩的悲剧 [J]. 幼狮文艺 (中国台湾), 2008 (656): 36.

韩石山. 徐志摩: 精心打造的天才 [J]. 档案天地, 2008 (06): 62.

方继孝. 徐志摩与松坡图书馆 [J]. 纵横, 2008 (03): 46.

赵峻. 徐志摩与哈代的文学因缘 [J]. 学海, 2008 (03): 175.

秦贤次. 徐志摩生平史事考订 [J]. 新文学史料, 2008 (02): 97.

高海芬, 范文彬. 徐志摩和四位女性 [J]. 语文天地, 2008 (12): 23.

王蕾. 徐志摩的哈代情结 [J]. 河北理工大学学报 (社科版), 2008 (04): 223.

张宏生. 徐志摩就读美国克拉克大学行实钩沉 [J]. 中国现代文学研究丛刊, 2008 (01): 170.

杨锦鸿. 郭沫若与徐志摩：不一样的浪漫［J］. 滁州学院学报，2008（06）：7.

林怡晖. 读徐志摩［J］. 优秀作文选评（高中版），2008（03）：46.

菱花错照徐志摩［J］. 青年教师，2008（01）：48.

李秀清. 从结拜兄弟到法科同窗——吴经熊与徐志摩早期交谊之解读［J］. 比较法研究，2008（06）：131.

张惠苑. 性灵的黄鹂啼唱灰色的人生——从诗歌创作看徐志摩的人生惆怅［J］. 牡丹江师范学院学报（哲社版），2008（06）：19.

曹松. "云"之恋——也谈徐志摩个性及创作风格［J］. 安徽文学（下半月），2008（03）：88.

黄湘金. 梁启超与《晨报》事件［J］. 云梦学刊，2008（05）：33.

杨国良，钟术学. 性灵·自由·美与爱——诗人徐志摩性灵浅析［J］. 中文自学指导，2008（02）：66.

陶家俊，张中载. 论英中跨文化转化场中的哈代与徐志摩［J］. 外国文学研究，2009（05）：158.

宋秀玲. 论徐志摩的文学气质［J］. 大众文艺（理论），2009（10）：59.

陈家萍. 张幼仪：说不定，我最爱他［J］. 走向世界，2009（12）：93.

陈家萍. 陆小曼：偏不按牌理出牌［J］. 走向世界，2009（09）：94.

孔瑛. 浅析徐志摩其人其诗［J］. 文学教育，2009（10）：66.

蓝师俊. 浅析徐志摩的夸父精神 [J]. 科教文汇（上旬刊），2009（01）：193.

孙翀. 思想、自由与宗教——徐志摩宗教思想试论 [J]. 中共济南市委党校学报，2009（03）：60.

王鸣剑. 俞珊：民国才子迷恋的佳人 [J]. 文史博览，2009（05）：38.

王鸣剑. 俞珊与新月才子的情感纠葛 [J]. 文史天地，2009（08）：45.

谢泳. 钱锺书与徐志摩 [J]. 书城，2009（03）：18.

朱洪文. 徐志摩：开启中国的哈代研究之风 [J]. 求索，2009（05）：167.

李兆忠. 徐志摩与郭沫若的一次碰撞 [J]. 广东社会科学，2009（05）：152.

张凤香，高速平. 徐志摩与曼斯菲尔德 [J]. 时代文学（双月上半月），2009（01）：105.

韩石山. 徐志摩传记的社会空间 [J]. 名作欣赏（文学研究版），2009（10）67.

蒋连根. 徐志摩逸事二则 [J]. 档案春秋，2009（12）：39.

徐艳萍，谢娟. 谈泰戈尔对中国现代文学的贡献 [J]. 唐都学刊，2009（03）：118.

龚书绵. 唱徐志摩的诗 [J]. 泉州文学，2009（07）：19.

葛琦. "浓得化不开"的浪漫风——浅析徐志摩散文的浪漫主义特色 [J]. 新乡教育学院学报，2009（03）：56.

秦立彦. 棘手的悖论 [J]. 读书，2009（10）：93.

汪旭娟. "洋场才子"徐志摩 [J]. 兰台世界，2009（07）：33.

邱云. "不逢其时"的戏剧悲歌：对"国剧运动"的再认识[J]. 戏剧, 2009（02）18.

孟庆锴. 在性灵中游走的云——论徐志摩诗歌中的"云"意象[J]. 黄石理工学院学报（人文社科版），2010（02）：23.

陈学勇. 不能这样抨击徐志摩[J]. 博览群书，2010（08）：55.

宋俊忠. 北大山上觅诗魂：徐志摩济南罹难78周年祭[J]. 山东文学，2010（04）89.

程向兰. 论闻一多、徐志摩诗歌的音乐美[J]. 邵阳学院学报（社科版），2010（04）：91.

孙伟. 吴经熊与徐志摩[J]. 九江学院学报（哲社版），2010（02）：84.

蒋连根. 我对几位"名人之后"的采访[J]. 中国记者，2010（11）：54.

傅国涌. 追求自由的徐志摩[J]. 全国新书目，2010（13）：47.

王艳玲. 泰戈尔与徐志摩：中印两颗诗心的碰撞与融合[J]. 兰台世界，2010（15）：34.

雷文学. 徐志摩：自然哲学哺育出的自然诗人[J]. 菏泽学院学报，2010（06）：28.

高力克. 徐志摩与胡适的苏俄之争[J]. 浙江大学学报（人社版），2010（05）：192.

叶细细. 徐志摩养不活陆小曼[J]. 文史博览，2010（09）：62.

张会玲. 一个信仰感情的人——解读徐志摩的爱情[J]. 安徽文学（下半月），2010（11）：258.

刘瑞瑞，王广华. 徐志摩笔下的英国形象[J]. 安徽广播电视大学学报，2010（01）：97.

何爱英. 高山流水遇知音：托马斯·哈代与徐志摩［J］. 世界文化，2010（06）：13.

林倩霓. 阔的海徐志摩［J］. 音乐创作，2010（02）：24.

徐田梅. 在死亡下重生. 关于徐志摩死后其形象塑造问题的探讨，2011.

褚汉江. 中国现代诗林中的两棵参天大树：徐志摩与穆旦［J］. 嘉兴学院编《浙西作家与新中国文学发生和流变》学术研讨会论文集，2011：58.

王心文. 1924 年：泰戈尔的中国之行［J］. 湖北档案，2011（10）：39.

萨苏. 徐志摩缘何与林徽因擦肩［J］. 山西青年，2011（Z1）：59.

金博雅. 一代大家徐志摩生活经历初探［J］. 群文天地，2011（08）：33.

侯晓晨. 翩翩云游访古都 轻轻挥手别京华［J］. 北京青年报，2011.

吴铭能. 梁任公与徐志摩的交谊［J］. 读书文摘，2011（06）：34.

斯波林，张秀旭，靳秀莲. "诺贝尔文学奖"得主赛珍珠曾经爱上徐志摩？［J］. 爱情婚姻家庭（风云人物），2011（05）：40.

郑万鹏. 徐志摩：对人文主义的坚守与追求［J］. 海南广播电视大学学报，2011（03）：1.

田丰. 徐志摩与后印象派绘画［J］. 安庆师范学院学报（社科版），2011（10）：77.

冯铁, 史建国. 作为文学园地的报纸副刊——以《晨报副刊》(1921—1928) 为例 [J]. 江苏教育学院学报（社会科学）, 2011 (06): 1.

黄立安, 肖百容. 徐志摩生年亟待明确 [J]. 中国文学研究, 2011 (01): 109.

戴文葆, 张放. 徐志摩自作多情"跪的文化逆言之耳" [J]. 新地文学（中国台湾）, 2011 (16): 121.

诸荣会. 徐志摩的1921 [J]. 名作欣赏, 2011 (10): 38.

郦千明. 徐志摩的一桩名誉权官司 [J]. 检察风云, 2011 (02): 79.

王傲. 徐志摩的美术世界 [J]. 数位时尚（新视觉艺术）, 2011 (01): 30.

郦千明. 徐志摩的富商父亲徐申如 [J]. 文史天地, 2011 (03): 30.

李冰. 徐志摩的编辑身份 [J]. 青年记者, 2011 (30): 79.

俞晓红. 谁是你的人间四月天 [J]. 学语文, 2011 (05): 48.

冯靖茹. 徐志摩：飞天的"伊卡洛斯" [J]. 新语文学习（高中版）, 2011 (04): 26.

段秋月. 问世间情为何物 直叫人生死相许——徐志摩的我不知道风是在哪一个方向吹解读 [J]. 作家, 2011 (10): 37.

李云龙. 健康与尊严——读徐志摩新月的态度 [J]. 当代小说（下）, 2011 (03): 51.

李晓疆. 徐志摩与《晨报副刊》：以1920年代两次社会大论战为例. 2011.

魏建宽. 四种视角下的徐志摩（上）[J]. 高中生之友,

2012（08）：31.

魏建宽. 四种视角下的徐志摩（下）［J］. 高中生之友，2012（10）：28.

高文翔. 林徽因与徐志摩的爱情经历及爱情诗写作考［J］. 山花，2012（12）：121.

刘栖君. 论徐志摩的浪漫人生［J］. 神州，2012（17）：15.

侯晓晨. 翩翩云游访古都 轻轻挥手别京华——徐志摩北京往事［J］. 参花（文化视界），2012（10）：30.

英国剑桥大学为徐志摩立诗碑［J］. 语文教学与研究，2012（31）：3.

王吴军. 与茶壶茶杯有关的趣闻［J］. 农家之友，2012（11）：26.

戴前伦. 生命律动的整体呈现与梵爱思想的主题观照：泰戈尔梵爱和谐思想对我国早期新诗主题生态的影响［J］. 当代文坛，2012（04）：96.

刘锴. 旷古绝今的"证婚词"［J］. 上海企业，2012（04）：88.

赵子云. 金陵大学中赛珍珠与徐志摩的一桩"悬案"［J］. 钟山风雨，2012（04）：56.

曹鹏. 浅谈徐志摩的康桥情结［J］. 卫生职业教育，2012（04）：16.

葛明伊. 诗坛三杰：生的绚烂，死的不凡［J］. 博览群书，2012（08）：107.

田丹. 徐志摩二十年代任教北大的一点史料［J］. 新文学史料，2012（01）：51.

李慧娟. 徐志摩与英国唯美主义文学家阿瑟·西蒙斯［J］.

楚雄师范学院学报，2012（08）：55.

党洁. 徐志摩在京足迹［J］. 北京档案，2012（02）：40.

管冠生. 徐志摩的诗与事［J］. 鲁迅研究月刊，2012（09）：53.

王立群. 一见倾心 一世钟情——徐志摩哀曼殊斐儿对精神之恋的完美演绎［J］. 名作欣赏，2012（27）：129.

赵琦. 轻柔飘逸之外的独特风格——徐志摩、闻一多、邵洵美、沈从文审美个性之比较［J］. 新西部（理论版），2012（11）：98.

黄立安. 徐志摩论. 2012.

卢韫. 徐志摩唯美主义实践考察. 2012.

刘盼姣. 追求"爱、自由、美"——论徐志摩的创作与情感的关系［J］. 剑南文学（经典教苑），2012（10）：103.

王福基. 辽远的旧痕——徐志摩与鲁迅［J］. 青春，2013（01）：68.

蒋进国. 当理性秩序遭遇"荒歉"年头：30年代徐志摩的政治叙事［J］. 海宁文联编《"多维视野中的海宁文学现象"学术研讨会论文集》，2013：183.

徐新民. 徐志摩与禅［J］. 海宁文联编《"多维视野中的海宁文学现象"学术研讨会论文集》，2013：156.

许嘉瑜. 徐志摩与赛珍珠的异国情缘［J］. 晚报文萃，2013（10）：14.

熊辉. 四位女性与徐志摩全集的编撰［J］. 博览群书，2013（06）：101.

吴禹星. 沪江大学档案中的徐志摩印迹［J］. 中国档案，

2013（04）：75.

李佳蔓. 徐志摩与劳伦斯比较研究［J］. 文学教育（上），2013（10）：48.

章华明，吴禹星. 徐志摩与沪江大学［J］. 新文学史料，2013（01）：146.

冯晓蔚. 徐志摩与林徽因［J］. 文史天地，2013（08）：65.

王莎莎. 徐志摩对中西文化交流的贡献［J］. 兰台世界，2013（16）：53.

郭炳宏. 徐志摩婚姻观念的变化［J］. 神州，2013（32）：22.

章华明. 徐志摩在沪江大学的"天籁"岁月［J］. 档案春秋，2013（07）：25.

晓雪. 徐志摩的诗论——在第二届中国（海宁）徐志摩诗歌节学术研讨会上的发言［J］. 大理学院学报，2013（01）：1.

吴禹星，刘子侠. 徐志摩名号考［J］. 中国现代文学研究丛刊，2013（12）：90.

蔡汶捷 Bruce Milner. 徐志摩和张幼仪在剑桥沙士顿的故居考证［J］. 新文学史料，2013（04）：98.

徐志摩提携沈从文［J］. 国学，2013（03）：41.

程经奎. 爱的灵感爱的历程［J］. 时代文学（下半月），2013（05）：217.

田菊. "一个戏剧嫡亲外行"的国剧情徐志摩与国剧运动之缘［J］. 上海戏剧，2014（10）：53.

王学海. 从身体哲学看徐志摩与徐申如［J］. 嘉兴学院学报，2014（05）：21.

熊辉. 从侨易学的角度审视徐志摩人生志向的转变［J］. 江苏师范大学学报（哲社版），2014（04）：16.

柴伟梁. 从徐志摩的几个侧面观其人生态度和社会影响［J］. 嘉兴学院学报，2014（05）：28.

马少华. 民国文人范儿：陪你坐牢［J］. 文史博览，2014（07）：20.

谢泳. 钱锺书看徐志摩、郭沫若、陈寅恪［J］. 读书文摘，2014（21）：48.

金庸鄙视表哥徐志摩？［J］. 妇女生活，2014（06）：32.

赵家耀. 烟雨迷离的那天，他来到祖父的旧居——徐志摩长孙故乡寻梦［J］. 剧作家，2014（05）：159.

王鹤. 最爱徐志摩的女人［J］. 传奇·传记（文学选刊），2014（11）：73.

吴越. 福楼拜"约会"徐志摩：沙龙里的艺术公民［J］. 齐鲁周刊，2014（Z1）：21.

莫永强. 徐志摩的时代追求与文学精神［J］. 文化月刊，2014（17）：118.

韩石山. 徐志摩与刘海粟［J］. 芒种，2014（09）：46.

靳书刚. 吴宓与徐志摩［J］. 兰台世界，2014（13）：123.

周松芳. 重审云裳公案［J］. 档案春秋，2014（04）：55.

陈渔. 溥仪与徐志摩［J］. 作家，2014（01）：135.

陆杨. 诗感人生　化鹤而去　寻徐志摩北京旧迹［J］. 时尚北京，2014（02）：224.

王从仁，邵华强. 徐志摩名字号通考［J］. 嘉兴学院学报，2014（05）：34.

俞晓霞. 徐志摩的布鲁姆斯伯里交游［J］. 文艺争鸣，2014（03）：80.

余亮. 徐志摩错过的世纪朋友圈［J］. 商周刊，2014（06）：94.

赵玉君. 略论徐志摩的编辑思想及其价值［J］. 兰台世界，2014（16）：49.

赵家耀. 深街雨巷，邂逅徐志摩长孙［J］. 档案春秋，2014（03）：47.

刘纪新，王玲珍. 震惊徐志摩的苏俄"自由行"［J］. 文史博览，2014（03）：19.

"文人"陈毅与徐志摩的交锋［J］. 农家之友，2015（01）：39.

冯磊. 1924年的时髦［J］. 杭州，2015（04）：29.

刘容天，商昌宝. 1925："联俄仇俄"论争中的徐志摩［J］. 鲁迅研究月刊，2015（02）：72.

刘培良. 一个应该被铭记的乡贤：徐申如［J］. 海宁市徐志摩研究会编《徐志摩研究》，2015（02）：61.

曾丽. 比翼双飞的精灵——雪莱与徐志摩比较［J］. 长江师范学院学报，2015（02）：102.

殷明华. 月魄在天总不悔［J］. 海宁市徐志摩研究会编《徐志摩研究》，2015（02）：98.

徐新民. 电视片《诗人徐志摩》访谈拾遗［J］. 海宁市徐志摩研究会编《徐志摩研究》，2015（02）：32.

虞坤林. 有关徐志摩早年学业史料［J］. 海宁市徐志摩研究会编《徐志摩研究》，2015（02）：8.

胡小凤. 行走在唯美追求与残酷现实之间的徐志摩［J］. 现代语文（学术综合版），2015（02）：29.

胡涂. 访徐志摩故居［J］. 海宁市徐志摩研究会编《徐志摩研究》，2015（02）：122.

王德江. 志摩与康桥［J］. 海宁市徐志摩研究会编《徐志摩研究》，2015（02）：90.

颜东岳. 陈毅与徐志摩的"笔墨交锋"［J］. 文史博览，2015（12）：25.

汤秀云. 陈毅义助陆小曼［J］. 领导文萃，2015（19）：125.

黄恽. 徐志摩留美日记中的杨荫榆［J］. 苏州杂志，2015（01）：63.

徐国华. 胡适日记中有关徐志摩内容［J］. 海宁市徐志摩研究会编《徐志摩研究》，2015（02）：14.

刘海粟. 徐志摩与陆小曼爱情故事［J］. 工会信息，2015（11）：28.

孙玉芳. 徐志摩与国立北洋大学［J］. 现代中文学刊，2015（06）：97.

章景曙. 徐志摩与剑桥［J］. 海宁市徐志摩研究会编《徐志摩研究》，2015（02）：78.

虞坤林. 徐志摩早年日记回归始末［J］. 海宁市徐志摩研究会编《徐志摩研究》，2015（02）：11.

沈建平. 徐志摩的幼儿教育思想［J］. 海宁市徐志摩研究会编《徐志摩研究》，2015（02）：93.

耿宝强. 徐志摩章士钊关于信念的论争述评［J］. 石家庄铁道大学学报（社科版），2015（02）：55.

孙乐中. 徐志摩漫像［J］. 百家评论, 2015（06）: 2.

卢志娟. 从洒脱的"云"到卑微的"水"——对徐志摩偶然、云游的症候式分析［J］. 青年文学家, 2015（15）: 20.

日月. 故居之徐志摩旧居［J］. 初中生世界, 2015（19）: 2.

李小红. 被忽略的友谊：梅兰芳与徐志摩［J］. 文艺研究, 2015（11）: 102.

刘钊, 安琪. 眺望剑桥, 并致徐志摩［J］. 探索与争鸣, 2015（03）: 98.

散夫. 陈毅和徐志摩的"交锋"［J］. 人生与伴侣（月末版）, 2015（05）: 36.

杨婕. 从自然观看作为浪漫主义者的徐志摩［J］. 剑南文学（下半月）, 2015（03）: 76.

冯骥才. 缘何为徐志摩立像［J］. 海宁市徐志摩研究会编《徐志摩研究》, 2015（02）: 1.

郭黛晶. 徐志摩报刊编辑活动研究. 2015.

吴刚. 为诗人济南立碑［J］. 海宁市徐志摩研究会编《徐志摩研究》, 2016（03）: 46.

段金玲. 作为编辑的徐志摩研究. 2016.

徐国华. 南京号邮轮一二事［J］. 海宁市徐志摩研究会编《徐志摩研究》, 2016（03）: 1.

徐志东. 眉轩风物志：无尽江山入混茫［J］. 海宁市徐志摩研究会编《徐志摩研究》, 2016（03）: 15.

易永谊. 温源宁与徐志摩交游考［J］. 新文学史料, 2016（04）: 75.

魏邦良. 张幼仪："我要为离婚感谢徐志摩"［J］. 同舟共

进，2016（09）：61.

张坤. 文化界永远的热点和迷——品读徐志摩［J］. 中学语文，2016（17）：19.

高明勇. 徐志摩：新月态度，独立立场［J］. 青年记者，2016（34）：94.

李云浩. 从徐志摩的心理方面认识再别康桥［J］. 课外语文，2016（02）：156.

徐志摩：一位受学生欢迎的老师［J］. 记者观察，2016（12）：40.

筱曦. 追求自由与自然之美的徐志摩［J］. 初中生学习，2016（05）：31.

张云鹏. 徐志摩与章士钊的交往［J］. 海宁市徐志摩研究会编《徐志摩研究》，2016（03）：20.

陈子善. 徐志摩纪念馆附徐志摩纪念馆今在杭州正式迎客海宁元素大放异彩感动全国摩友［J］. 海宁市徐志摩研究会编《徐志摩研究》，2016（03）：23.

张云鹏. 徐志摩的故乡情怀［J］. 海宁市徐志摩研究会编《徐志摩研究》，2016（03）：36.

徐新民. 徐志摩的重阳节［J］. 海宁市徐志摩研究会编《徐志摩研究》，2016（03）：43.

肖辉，黄晓东. 论关键性诗人在新诗史上的意义——以徐志摩、艾青、顾城等人为例［J］. 扬子江评论，2016（03）：66.

徐志东. 徐志摩被忽略的一段教学生涯［J］.《海宁市徐志摩研究会编《徐志摩研究》，2016（03）：12.

熊辉. 鲁迅与徐志摩的"恩怨情仇"［J］. 开心老年，2017

(05): 20.

散木. "松坡图书馆"小记 [J]. 书屋, 2017 (09): 12.

郑心仪. 徐志摩被遗忘的政治人生 [J]. 东西南北, 2017 (17): 76.

李冰洋. 施蛰存梅雨之夕与徐志摩偶然比较分析 [J]. 青年文学家, 2017 (06): 22.

侯翠平. 徐志摩的翻译理论——以翻译家徐志摩研究为视角 [J]. 青年文学家, 2017 (02): 189.

龚明德. "海与先生争送花"考实 [J]. 徐志摩纪念馆编《太阳花》, 2017 (02): 106.

《落叶》: 预示了徐志摩的命运 [J]. 徐志摩纪念馆编《太阳花》, 2017 (01): 50.

郝银. 女神林徽因和她生命中的三个男人 [J]. 人才资源开发, 2017 (21): 87.

陈忠. 王统照与徐志摩 [J]. 徐志摩纪念馆编《太阳花》, 2017 (01): 56.

罗烈洪. 丙申祭徐志摩先生文 [J]. 徐志摩纪念馆编《太阳花》, 2017 (01): 7.

徐善曾. 他同在他所处的时代一样复杂 [J]. 海宁市徐志摩研究会编《徐志摩研究》, 2017 (04): 1.

章景曙. 对徐志摩的新认识 [J]. 徐志摩纪念馆编《太阳花》, 2017 (01): 61.

高明昌. 在徐志摩的故居 [J]. 海宁市徐志摩研究会编《徐志摩研究》, 2017 (04): 61.

徐国华. 那些年那些人这些年这些人 [J]. 徐志摩纪念馆编

《太阳花》，2017（01）.

陈莹. 红尘自有痴情者［J］. 徐志摩纪念馆编《太阳花》，2017（01）：76.

许利冲. 找寻西湖之"摩曼爱的身影"［J］. 徐志摩纪念馆编《太阳花》，2017（01）：123.

子仪. 志摩的风采［J］. 徐志摩纪念馆编《太阳花》，2017（02）：55.

子张. 近志摩就是近爱近美［J］. 徐志摩纪念馆编《太阳花》，2017（01）：10.

庸子. 制造一种新的颤栗：徐志摩与波德莱尔［J］. 海宁市徐志摩研究会编《徐志摩研究》，2017（04）：28.

商昌宝. 政论家：徐志摩被忽视的另一面［J］. 同舟共进，2017（12）：74.

徐志东. 胡山源管窥徐志摩［J］. 徐志摩纪念馆编《太阳花》，2017（01）：44.

李炳锋. 济南应有"志摩山"［J］. 徐志摩纪念馆编《太阳花》，2017（02）：98.

韦泱. 说说徐志摩［J］. 徐志摩纪念馆编《太阳花》，2017（01）：76.

明安. 顾盼中的风流，念摩［J］. 徐志摩纪念馆编《太阳花》，2017（01）：98.

加藤纮捷. 徐志摩纪录片的发现和在中国的首播［J］. 徐志摩纪念馆编《太阳花》，2017（02）：4.

肖伊绯. 徐志摩：怎样做艺术家［J］. 徐志摩纪念馆编《太阳花》，2017（01）：13.

罗烈洪. 徐志摩与天津二三事 [J]. 海宁市徐志摩研究会编《徐志摩研究》, 2017 (04): 10.

王志城. 徐志摩与徐悲鸿的艺术观和教育观 [J]. 艺术教育, 2017 (15): 37.

王从仁, 邵华强. 徐志摩之父徐申如行事交游考辨 [J]. 现代中文学刊, 2017 (01): 72.

王纯磊. 徐志摩在美国的留学岁月 [J]. 档案与建设, 2017 (11): 62.

韩石山. 徐志摩的学历与见识 (附道歉函) [J]. 徐志摩纪念馆编《太阳花》, 2017 (01): 146.

张云鹏. 徐志摩的学生时代 [J]. 海宁市徐志摩研究会编《徐志摩研究》, 2017 (04): 32.

徐国华. 徐志摩府中同学名单 [J]. 海宁市. 徐志摩研究会编《徐志摩研究》, 2017 (04): 7.

陈志明. 徐善曾博士"祭祖寻踪"之旅全纪录 [J]. 徐志摩纪念馆编《太阳花》, 2017 (02): 23.

张秀英. 留在旧楼的诗魂: 参观海宁徐志摩旧居 [J]. 海宁市徐志摩研究会编《徐志摩研究》, 2017 (04): 65.

李炳锋. 海宁, 文化的花朵 [J]. 徐志摩纪念馆编《太阳花》, 2017 (01):.

张利荣. 喜欢志摩 [J]. 徐志摩纪念馆编《太阳花》, 2017 (01): 90.

王志华, 罗萍. 简析婚姻关系对徐志摩事业成就的影响 [J]. 汉江师范学院学报, 2017 (03): 44.

赵国忠. 新诗人徐志摩拍摄的埃及风景照 [J]. 现代中文学

刊，2017（06）：2.

鲁滨. 满载一船星辉：新发现徐志摩致奥格登书信再探［J］. 徐志摩纪念馆编《太阳花》，2017（01）：27.

罗烈洪. 撕的破照片，又如何撕得碎爱情？［J］. 徐志摩纪念馆编《太阳花》，2017（02）：9.

蓝天野. "安雅堂"考察记［J］. 徐志摩纪念馆编《太阳花》，2018（01）：108.

陈建军.《上海画报》中的徐志摩、陆小曼史料（1）［J］. 徐志摩纪念馆编《太阳花》，2018（02）：5.

李树德.《自剖》的封面：玩笑？噩兆？［J］. 太阳花（徐志摩纪念馆内刊），2018（01）35.

王正.《府中日记》与少年志摩［J］. 浙江社会科学，2018（11）：145.

刘培良. 一九二五年徐志摩人生的巅峰体验［J］. 徐志摩纪念馆《太阳花》，2018（02）：50.

张敬珏，吴爽. 才子如斯：文外文中徐志摩［J］. 华文文学，2018（02）：11.

潘大礼，王迪. 从希望到失望：徐申如与徐志摩父子关系的演变［J］. 三峡大学学报（人社版），2018（03）：107.

黄仕忠. 在京都偶遇徐志摩［J］. 徐志摩纪念馆编《太阳花》，2018（02）：117.

桂清扬. 我的康桥情　源自徐志摩［J］. 徐志摩纪念馆编《太阳花》，2018（02）：67.

周海波. 邵洵美与新月书店的几个问题［J］. 新文学史料，2018（01）：155.

郑心仪. 诗人徐志摩的政治人生［J］. 文史博览, 2018 (04) : 37.

陈志明. 笑解烦恼结: 张幼仪与徐志摩的前世今生: 张幼仪侄孙女张邦梅访问记［J］. 徐志摩纪念馆编《太阳花》, 2018 (04).

裘伟廷. 徐志摩"八宝箱"之谜［J］.钟山风雨, 2018 (03):13.

王正. 徐志摩"从罗素"新考［J］.文化学刊, 2018 (08):230.

陈子善. 徐志摩二题［J］. 书城, 2018 (03) : 57.

朱炜. 徐志摩与俞平伯的诗谊［J］. 徐志摩纪念馆编《太阳花》, 2018 (01) : 90.

吴禹星. 徐志摩的大学成绩单之谜［J］. 徐志摩纪念馆编《太阳花》, 2018 (02) : 47.

徐志东. 徐志摩的失恋与《语丝》的创刊［J］. 徐志摩纪念馆编《太阳花》(, 201801) : 5.

方长安. 读者视野中的徐志摩［J］. 学习与探索, 2018 (03) : 138.

毛小毛. 张幼仪: 无缘徐志摩, 照样活出自己的新天地［J］. 人生与伴侣 (下半月版), 2018 (04) : 44.

莫笑君. 三步走到底, 徐志摩附体［J］. 课堂内外 (高中版), 2018 (09) : 16.

罗烈洪. 情人节访康桥［J］. 徐志摩纪念馆编《太阳花》, 2018 (02) : 94.

刘妍. 浅析徐志摩诗歌的艺术特性［J］. 青年文学家, 2018 (27) : 64.

虞琰. 悼志摩诗人［J］. 徐志摩纪念馆编《太阳花》, 2018

（01）：123.

崔燕，崔银河. 鲁迅与《晨报副刊》始末［J］. 鲁迅研究月刊，2018（05）：57.

李辉. 徐志摩常在沈从文心中［J］. 徐志摩纪念馆编《太阳花》，2019（05）：121.

陈建军.《上海画报》中的徐志摩、陆小曼史料（2）［J］. 徐志摩纪念馆编《太阳花》，2019（05）：5.

《徐志摩个性化邮票》《徐志摩纪念封》首发回顾［J］. 海宁市徐志摩研究会编《徐志摩研究》，2019（05）.

徐国华. 一次成功商演背后的策划［J］. 海宁市徐志摩研究会编《徐志摩研究》，2019（05）：105.

王澄霞. 人生苦乐皆陈迹［J］. 书屋，2019（06）：54.

肖伊绯. 周瘦鹃与徐志摩［J］. 苏州杂志，2019（02）：63.

子张. 入浙随缘录（节选）［J］. 徐志摩纪念馆编《太阳花》，2019（05）：81.

张云鹏. 中日友好群贤毕至的几次见证：对一张徐志摩与日本友人合影的解读［J］. 太阳花（徐志摩纪念馆内刊），2019（02）：66.

野风. 见字如面：《徐志摩墨迹》增补［J］. 海宁市徐志摩研究会编《徐志摩研究》，2019（05）：93.

韩石山. 仍是一座远远的山［J］. 文学自由谈，2019（01）：36.

徐志东. 本是"天上虹"并非"采花贼"［J］. 徐志摩纪念馆编《太阳花》，2019（05）：68.

潘建伟. 旧学新义：后期陈三立诗学的现代观［J］. 中国现代文学研究丛刊，2019（08）：206.

李观珠. 对东山徐志摩墓的一些回忆 [J]. 海宁市徐志摩研究会编《徐志摩研究》, 2019 (05): 88.

徐志东. 在康河的柔波里: 国际视野下的徐志摩 [J]. 徐志摩纪念馆编《太阳花》, 2019 (02): 41.

曹隽平, 曾祥顗. 此情可待成追忆只是当时已惘然——见证徐志摩与陆小曼爱情的山水手卷 [J]. 文艺生活（艺术中国）, 2019 (04): 14.

涌庐. 志摩识小录（上）[J]. 海宁市徐志摩研究会编《徐志摩研究》, 2019 (05): 72.

罗烈洪. 志摩墓道今安在？[J]. 徐志摩纪念馆编《太阳花》, 2019 (06): 5.

王鹤. 张幼仪: 最爱徐志摩的女人 [J]. 书屋, 2019 (05): 35.

罗烈洪. 林徽音《你是人间的四月天》究竟写给谁的？[J]. 徐志摩纪念馆编《太阳花》, 2019 (02): 22.

布谷. 金岳霖徐志摩交谊行止录 [J]. 徐志摩纪念馆编《太阳花》, 2019 (05): 62.

张守涛. 金庸眼中的表哥徐志摩 [J]. 档案春秋, 2019 (01): 35.

肖伊绯. 周瘦鹃与徐志摩: 以《上海画报》相关报道为中心 [J]. 书屋, 2019 (07): 66.

陈宰. 诗人徐志摩的气度和风范 [J]. 徐志摩纪念馆编《太阳花》, 2019 (05): 48.

陈子善. 胡适四题 [J]. 书城, 2019 (05): 49.

张云鹏. 追寻诗人的足迹: 沪江大学访问记 [J]. 徐志摩纪

念馆编《太阳花》，2019（05）：95.

张利荣. 徐志摩与五四时代精神［J］. 海宁市徐志摩研究会编《徐志摩研究》，2019（05）：19.

李树德. 徐志摩与卞之琳的师生情［J］. 徐志摩纪念馆编《太阳花》，2019（02）：77.

潘倩. 徐志摩与徐志摩旧居［J］. 海宁市徐志摩研究会编《徐志摩研究》，2019（05）：33.

金传胜. 徐志摩史料考辨三则［J］. 新文学史料，2019（04）：137.

徐国华. 徐志摩国内求学考［J］. 海宁市徐志摩研究会编《徐志摩研究》，2019（05）：49.

王任. 徐志摩遇难史迹考［J］. 海宁市徐志摩研究会编《徐志摩研究》，2019（05）：39.

刘凯. 梁启超在徐志摩、陆小曼婚礼上的"证婚词"［J］. 文史天地，2019（01）：92.

张云鹏. 愿望［J］. 海宁市徐志摩研究会编《徐志摩研究》，2019（05）：90.

汪剑钊. 二十世纪最纯情的诗人徐志摩［J］. 徐志摩纪念馆编《太阳花》，2020（02）：51.

庄篪. 七巧时节忆亲人：回忆陆小曼与徐志摩的婚姻情结［J］. 徐志摩纪念馆编《太阳花》，2020（02）：56.

张云鹏. 万石窝里耐人寻：寻访东山徐志摩墓后记［J］. 徐志摩纪念馆编《太阳花》，2020（01）：1.

罗烈洪. 也说"鲁迅·徐志摩：呐喊和歌唱的人生"展览［J］. 徐志摩纪念馆编《太阳花》，2020（02）：17.

韦泱.邢鹏举：徐志摩的得意门生［J］.徐志摩纪念馆编《太阳花》，2020（02）：63.

陈子善.再说鲁迅见过徐志摩吗？［J］.徐志摩纪念馆编《太阳花》，2020（02）：8.

李辉.沈从文：徐志摩友情常在心中［J］.徐志摩纪念馆编《太阳花》，2020（01）：28.

张建智.《志摩日记》中的徐志摩［J］.徐志摩纪念馆编《太阳花》，2020（01）：48.

吴文峰.诗魂永存天地间：忆吴开晋先生与徐志摩［J］.徐志摩纪念馆编《太阳花》，2020（02）：27.

陈子善.胡适藏书中的徐志摩［J］.徐志摩纪念馆编《太阳花》，2020（02）：5.

姜书凯.姜丹书与徐志摩的师生情［J］.徐志摩纪念馆编《太阳花》，2020（01）：64.

庄篯.徐志摩与常州［J］.徐志摩纪念馆编《太阳花》，2020（01）：96.

肖伊绯.徐志摩之死：北平追悼活动备忘录：以北平《世界日报》相关报道为中心［J］.徐志摩纪念馆编《太阳花》，2020（02）：35.

陈子善.徐志摩笔下的常玉［J］.徐志摩纪念馆编《太阳花》，2020（02）：11.

陈子善.常玉画徐志摩像［J］.徐志摩纪念馆编《太阳花》，2020（02）：14.

冯晓蔚.徐志摩：陆小曼永远的爱与痛［J］.工会信息，2020（02）：18.

韩石山. 寻找一个徐志摩［J］. 文学自由谈，2020（03）：74.

宋朝军. 邹韬奋与徐志摩旅苏通讯比较研究［J］. 新闻论坛，2020（04）：123.

蒋进国. 论徐志摩在上海的叙事困境［J］. 长春大学学报，2020（11）：77.

陈忠. 徐志摩与济南的不解之缘［J］. 春秋，2020（06）：31.

社团研究

廖子东. 论五四时期新诗的主流 [J]. 华南师院学报（哲社版），1979（03）：23.

李思乐. 闻一多与"新月派" [J]. 齐鲁学刊，1980（06）.

蓝棣之. 论新月派诗歌的思想特征 [J]. 中国现代文学研究丛刊，1982（01）：73.

茅盾独具只眼论志摩 [J]. 文艺理论研究，1982（01）：188.

蓝棣之. 论新月派在新诗史上的地位 [J]. 北京师范大学学报，1982（02）：31.

郑择魁. 试论"新月派" [J]. 文学评论，1988（01）：77.

王强. 新月社四题 [J]. 齐鲁学刊，1983（05）：84.

魏绍馨. 新月社及其新格律诗主张——五四新文学运动之一节 [J]. 齐鲁学刊，1983（01）：76.

尹在勤. "新月"派中有派 [J]. 四川大学学报（哲社版），1984（04）：55.

蓝棣之. "新月派"诗歌研究札记二则 [J]. 西南师范大学学报（人社版），1985（04）：70.

李惠贞.《新月》小说初探 [J]. 暨南学报（哲社版），1985（04）：91.

孙玉石. 闻一多及新月派的诗歌艺术追求 [J]. 北京大学学报，1985（05）.

林瑞明. 日本统治下的台湾新文学运动——文学结社及其精神 [J]. 文讯, 1987 (29).

汪建文. 评《二十年代中国名流派诗人论》和《中国现代诗歌论》[J]. 文学评论, 1987 (04): 165.

王宏志. 新月诗派的形成及历史: 新月诗派研究之一 [J]. 当代文学史料研究丛刊, 1987 (01).

岳洪治.《新月派诗选》审读报告 [J]. 编辑之友, 1988 (01): 56.

张劲. 闻一多与"新月派"辨析 [J]. 贵州社会科学, 1988 (12): 30.

萧心. 新月诗派辩析 [J]. 烟台师范学院学报(哲社版), 1989 (03): 20.

彭耀春. 戏剧, 新月派组合的契机 [J]. 杭州大学学报(哲社版), 1990 (04): 84.

卞之琳等. 月升月落谈新月 [J]. 国文天地, 1990.

王宏志. 新月派综论 [J]. 国文天地, 1990, 6 (01).

吴奔星. 一群诗人的乐窝——新月诗派新评 [J]. 国文天地, 1990, 6 (01).

王孙. 风飘云逸话「新月」[J]. 中国现代当代文学研究, 1990.

许正林. 新时期十年新月诗派研究述略 [J]. 中国现代当代文学研究, 1990.

张玲霞. 早期新月派是纯浪漫主义团体么？英美浪漫主义与新月派之三 [J]. 扬州大学学报(人社版), 1991 (03): 59.

徐越化. 论左翼文艺思潮与茅盾的文艺批评 [J]. 湖州师专学报, 1991 (03): 1.

彭耀春. 试论新月派的国剧理论［J］. 文艺研究, 1991 (02): 76.

黄裔. 追本溯源: 重探现代评论派［J］. 中国文学研究, 1991 (04): 64.

黄维梁. 新月派、现代派和卞之琳［J］. 国文天地, 1991.

吕家乡. 简论闻一多、徐志摩及新月诗派［J］. 临沂师专学报, 1991 (03): 68.

吴奔星. 新月诗派评述［J］. 湖南城市学院学报, 1991 (01): 7.

陈国城. 意境美: 新月派诗歌的刻意追求［J］. 安庆师范学院学报（社科版）, 1991 (04): 53.

李万庆. 论五四新诗浪漫派［J］. 辽宁教育行政学院学报, 1992 (02): 93.

吴福辉. 现代文化移植的困厄及历史命运: 论胡适与《现代评论》《新月》派［J］. 文艺争鸣, 1992 (03): 19.

张玲霞. 新月诗派艺术演变轨迹的考察［J］. 中国现代文学研究丛刊, 1992 (02): 166.

朱寿桐. 绅士气度与新月派的形成［J］. 江苏社会科学, 1993 (04): 110.

许正林. 新月诗派与维多利亚诗［J］. 中国现代文学研究丛刊, 1993 (02): 149.

吴欢章, 张祖健. 新月诗歌艺术精神的历史流变［J］. 上海大学学报（社科版）, 1993 (04): 4.

巫继红. 简论新月派的美学原则及其实践［J］. 韶关大学学报（社科版）, 1994 (03): 23.

张少雄. 新月社翻译小史：文学翻译 [J]. 中国翻译, 1994 (02)：46.

朱寿桐. 以"感美感恋"心态走出名士传统——新月派散文的绅士文化特性考察 [J]. 文学评论, 1994 (01)：18.

黄昌勇. 新月派研究. 指导教师：陈鸣树, 1994.

倪邦文. "现代评论派"的团体构成 [J]. 新文学史料, 1995 (03)：137.

徐荣街. 在梦的轻波里依洄：论后期"新月诗派"的诗歌创作 [J]. 徐州师范学院学报, 1995 (04)：38.

李成宇. 论新月派"三美"主张 [J]. 殷都学刊, 1995 (01) 80.

子张. 新月诗派诗体建设论 [J]. 泰安师专学报, 1995 (03)：257.

黄昌勇. 新月派文学思想论 [J]. 文学评论, 1995 (03)：29.

黄昌勇. 新月派发展轨迹新论 [J]. 武陵学刊, 1995 (01)：19.

许霆. 从新月派的节制情绪到新生代的冷抒情 [J]. 江苏社会科学, 1996 (05)：132.

董大中, 郝亦民. 有关"狂飙社"和高长虹研究的几个问题 [J]. 黄河, 1996 (06)：80.

陈国恩. 论婉约词对"新月"诗人的影响 [J]. 武汉大学学报 (哲社版), 1996 (04)：15.

黄昌勇. 现代主义与新月诗派的发展 [J]. 同济大学学报 (人社版), 1996 (01)：62.

姜德明. 新月的广告 [J]. 中国图书评论, 1996 (02)：42.

刘静. "九叶"派诗意象分析 [J]. 重庆商学院学报, 1997 (02)：63.

俞允尧. 痛责声中的婚礼——徐志摩与陆小曼婚恋记[J]. 江淮文史, 1997 (05): 172.

刘为民. "赛先生"与五四新文学[J]. 学术月刊, 1997 (06): 69.

高健行. 骄阳与新月[J]. 海宁徐志摩研究会所编《徐志摩研究》, 1997: 62.

罗振亚. 浪漫主义向象征主义转换的中介: 新月诗派的巴那斯主义倾向[J]. 北方论丛, 1997 (04): 96.

何啸波. 新月诗派及其主张与创作特色[J]. 四川教育学院学报, 1997 (04): 42.

黄昌勇. 新月诗派论[J]. 文学评论, 1997 (03): 75.

李冯. 纪念[J]. 大家, 1997 (02): 53.

吴中杰. 新月派与沙龙艺术[J]. 阴山学刊, 1997 (01): 1.

宋宝珍. 关于田汉南国戏剧的再思考: 为纪念田汉诞辰一百周年而作[J]. 中国现代文学研究丛刊, 1998 (03): 816.

张耀武. 现代诗坛的一轮"新月"——新月诗派与徐志摩的诗[J]. 荆门职业技术学院学报, 1998 (04): 39.

从闻一多、徐志摩的诗歌看"新月"派的变异[J]. 杭州师范学院学报, 1999 (01): 104.

毛迅. 论徐志摩诗艺的四种内在结构[J]. 江汉论坛, 1999 (05): 55.

姚君伟. 传记要慎重对待名人之恋——以"赛珍珠徐志摩之恋"为例[J]. 镇江师专学报(社科版), 1999 (04): 35.

严滨松. 论新月诗派崛起的必然性及其政治思想倾向[J]. 徐志摩研究会编《徐志摩研究会会讯》, 2000 (02).

龙泉明. 论新月诗派的新诗规范化运动[J]. 求是学刊,

2000（04）：80.

张高杰. 论新月派创作的现代主义倾向［J］. 齐鲁学刊，2000（01）：92.

周晓明. 留学族群视域中的新月派［J］. 华中师范大学学报（人社版），2000（01）：50.

李标晶. 论浪漫主义文学思潮对新月诗派的影响［J］. 浙江树人大学学报，2001（01）：66.

凌燕萍，刘君卫. 沈从文是新月派吗："沈学"文艺思想探究［J］. 中南民族学院学报（人社版），2001（02）：96.

张少雄，冯燕. 新月社翻译思想研究［J］. 翻译学报（中国台湾），2001（06）：1.

王学海. 愚昧的建设性破坏——徐志摩老宅被拆毁的社会分析［J］. 探索与争鸣，2001（06）：20.

黄志雄. 关于新月社［J］. 抚州师专学报，2002（01）：37.

金哲. 试论李陆史对中国现代文学的批评与接受［J］. 当代韩国，2002（04）：79.

杨洪承. 政治文化场的文学社群：20世纪20年代中国文学社团个案解析［J］. 南京师范大学文学院学报，2002（04）：61.

劳天. 徐志摩编《新月》旧事［J］. 出版史料，2002（02）：88.

程国君. 诗美的探寻："新月"诗派诗歌艺术美研究. 2002.

叶嘉新. "志摩专号"与《新月》的灵魂［J］. 山西文学，2003（03）.

倪素平. 后期新月诗派现代主义诗歌的形式美追求［J］. 阴山学刊，2003（04）：61.

郭建蓉. 评《新月》杂志中的书评［J］. 广东行政学院学

报，2003（02）：90.

黄志雄. 诗，应当是艺术的美的：论新月派诗歌的意境美[J]. 抚州师专学报，2003（02）：70.

程国君. 浪漫诗人的古典寻求：新月派审美观念的主要形态及其古典寻求的诗学意义[J]. 天津师范大学学报（社科版），2003（01）：51.

聂志强. 绿波社与20年代新诗坛[J]. 中国现代文学研究丛刊，2003（04）：40.

黄昌勇. 新月派：诗艺探索与文化诉求[J]. 浙江学刊，2003（02）：75.

陈国恩. 新月派诗与婉约派词[J]. 重庆三峡学院学报，2003（06）：15.

商金林. 瞿秋白和文学研究会[J]. 北京大学学报（哲社版），2003（06）：120.

刘均. "新月派"诗人徐志摩[J]. 现代语文，2004（06）：7.

倪平.《新月》月刊若干史实之考证[J]. 编辑学刊，2004（06）：48.

侯群雄. 一份杂志和一个群体：以《新月》为中心[J]. 新文学史料，2004（02）：111.

曾白云. 论新月派的格律诗理论[J]. 安庆师范学院学报（社科版），2004（01）：75.

陈伟华. 论新月派诗论对中国古代文论的承传[J]. 中山大学研究生学刊（社科版），2004（04）：20.

谢南斗. 新月派与立体主义[J]. 中国文学研究，2004（01）：79.

恰切的形式与中国抒情传统的活力——读徐志摩的《再别

康桥》[J]. 诗刊, 2004（20）：74.

胡博. 新月派前期的"文学梦"[J]. 中国现代文学研究丛刊, 2004（02）：67.

高蔚. 新诗的音乐性问题：从"新月"诗人到戴望舒[J]. 新疆师范大学学报（哲社版），2004（04）：140.

程国君. "以生命的眼光看艺术"："新月"诗派的生命诗学[J]. 文学评论, 2005（04）：169.

沈卫威.《大公报·文学副刊》与新文学姻缘[J]. 山东师范大学学报（人社版），2005（02）：50.

杨新刚. 艺术之瓶里的希望之花：新月派戏剧美学观[J]. 中国文学研究, 2005（04）：27.

童晓薇. 创造社与新月派知识群体的比照分析[J]. 广东社会科学, 2005（03）：174.

程国君. 论"新月"诗派的诗歌语言美追求[J]. 陕西师范大学学报（哲社版），2005（05）：40.

朱寿桐. 现代文学社团与传统文人会社比较论[J]. 深圳大学学报（人社版），2005（04）：79.

李芬. 试论新月诗派在中国新诗歌史上的地位[J]. 漳州职业技术学院学报, 2005（01）：26.

殷秀萍. 新月诗派的"音乐"情结[J]. 边疆经济与文化, 2005（08）：72.

汤凌云. 新月诗派的诗歌本质论[J]. 徐州师范大学学报（哲社版），2005（06）.

倪平. 新月派的两个支柱：书店、月刊的起讫[J]. 中国现代文学研究丛刊, 2005（06）：281.

杨茜. 语言的邂逅：新月派的一条原则与一首诗 [J]. 安康师专学报, 2005 (03)：34.

陈小碧.《晨报副刊·诗镌》与新月诗派先行者 [J]. 福建师大福清分校学报, 2006 (03)：79.

季进.《新月》："怀抱着未来的圆满" [J]. 美文（上半月）, 2006 (08)：81.

颜同林. 土白入诗与新月诗派 [J]. 江汉大学学报（人科版）, 2006 (04)：5.

白春超. 古典的体制与法度：新月派的艺术追求 [J]. 山西师大学报（社科版）, 2006 (01)：89.

高昌. 回望新月 [J]. 诗刊, 2006 (13)：60.

程全兵, 昌淑芳. 论新月派戏剧创作 [J]. 钦州学院学报, 2006 (05)：26.

李梅. 留学视域中的创造社与新月社 [J]. 乐山师范学院学报, 2006 (08)：36.

白春超. 理性与秩序：新月派的文学观及其意义 [J]. 中州学刊, 2006 (02)：208.

潘国美. 新月也遮不住的感伤：论新月诗派的感伤气质 [J]. 长春大学学报, 2006 (01)：66.

魏晓耘, 魏绍馨. 新月社作家与民国前期的人权与法治运动 [J]. 齐鲁学刊, 2006 (05).

刘群. 新月社研究. 2006.

汤凌云. 新月诗派的诗歌创作论 [J]. 理论与创作, 2006 (01)：23.

胡博.《晨报副刊》与早期新月派 [J]. 河南大学学报（社

科版），2007（02）：26.

刘群. 关于新月社成立的时间、地点及相关情况的考述[J]. 中国现代文学研究丛刊，2007（03）：299.

魏晓东. 沈从文与新月派[J]. 晋中学院学报，2007（01）：48.

李小白. 梁实秋在《新月》月刊的意义[J]. 文学界（专辑版），2007（03）：66.

彭林祥. 散落的珠玉：论《新月》杂志上的文学广告[J]. 西安外事学院学报，2007（03）：46.

王吉鹏，赵一航. 鲁迅与现代评论派、新月派文学[J]. 宁波职业技术学院学报，2007（03）：62.

付祥喜. 新月社若干史实考辨[J]. 中国现代文学研究丛刊，2007（06）：159.

汤凌云. 新月诗派的诗歌接受论[J]. 东方丛刊，2007（02）：150.

田晓英.《新月》与新月书店[J]. 安徽文学（下半月），2008（12）：360.

朱寿桐. 新月派的绅士文学[J]. 中华活页文选（教师版），2008（04）.

叶辉.《诗镌》与新月派[J]. 香港文学（香港），2008.

叶辉. 新月派的晚期作品[J]. 香港文学（香港），2008.

王艳. 从新月派的理论与实践看新诗的焦虑[J]. 安徽文学（下半月），2008（08）：73.

谢春. 在"新月"与"现代"之间完成艺术的沉潜：谈黄金期之前的卞之琳[J]. 西南农业大学学报（社科版），2008

(05): 125.

刘群. 关于新月书店经理更替的史实考察 [J]. 中国现代文学研究丛刊, 2008 (06): 175.

王荣. 论"新月诗派"的现代叙事诗创作及其理论批评 [J]. 文学评论, 2008 (02): 180.

王耀文. 胡适、《新月》与梁启超纪念专号 [J]. 书屋, 2008 (06): 34.

张洪侠. 新月诗派诗形艺术论 [J]. 安徽文学 (下半月), 2008 (08): 131.

白春超. 新月派文学的古典主义精神 [J]. 长江学术, 2008 (02): 14.

佚名. 大师们留学的日子 [J]. 新闻世界 (社会生活), 2008 (02): 30.

李春香. "五四"时期新派文人离婚现象研究 [J]. 黑龙江史志, 2009 (17): 49.

李春红. "新月派"的形成及理性精神 [J]. 徐州师范大学学报 (哲社版), 2009 (06): 50.

杨莉馨. 论"新月派"作家与伍尔夫的精神契合与文学关联 [J]. 南京师大学报 (社科版), 2009 (02): 141.

张晓云, 杨洪海. 论新月社与南国社戏剧观念及创作之异同 [J]. 江汉论坛, 2009 (05): 109.

胡波莲. 弗吉尼亚·伍尔夫与"新月派"作家 [J]. 湖北经济学院学报 (人社版), 2010 (05): 103.

张宁. 论卞之琳对新月诗派的继承与超越 [J]. 江汉大学学报 (人文版), 2010 (01): 21.

孔令环.适时而生的缪斯：新月诗派形成原因探［J］.信阳师范学院学报（哲社版），2010（04）：111.

刘捷.徐志摩与《新月》月刊［J］.广东海洋大学学报，2010（05）：63.

张建智.新月张开一片风帆［J］.博览群书，2010（10）：47.

徐志摩的康桥情结［J］.幸福（悦读），2010（03）：68.

《徐志摩传》修订版由人民文学出版社出版［J］.新文学史料，2010（04）：34.

韩颖."新月"前后的张嘉铸［J］.中国现代文学研究丛刊，2011（08）：206.

王嘉良.文化转型与当代"浙军"创作的流变：一个典型地域文学现象的解剖［J］.嘉兴学院编《"浙西作家与新中国文学发生和流变"学术研讨会论文集》，2011：1.

马丽.中西合璧的宁馨儿：论新月派诗人对中西文化的传承［J］.现代交际，2011（06）：82.

雷水莲.孙大雨："新月"的别一种韵律［J］.现代中文学刊，2011（04）：56.

郭晓勇.新月社与泰戈尔访华［J］.学理论，2011（25）：78.

李新明，潘瑾.哪一座才是徐志摩的康桥［J］.初中生世界，2011（07）：23.

霍妍."新月"时期梁实秋新人文主义文学观的重构［J］.文教资料，2012（25）：20.

胡梅仙."新月派"格律诗：普遍的自由与形式的完美［J］.社会科学论坛，2012（04）：64.

吴静.《学灯》编辑群在五四新诗传播中的贡献与意义［J］.

出版发行研究, 2012 (03): 75.

叶红. 新月诗人群的跨文化身份 [J]. 学习与探索, 2012 (12): 147.

松月. 张幼仪:"小脚"的现代之路 [J]. 文史参考, 2012 (15): 68.

胡梅仙. 新古典主义与浪漫主义的纠缠:"新月的个体贵族文学话语"之二 [J]. 兰州学刊, 2012 (07): 79.

崔勇. 新月诗人的集合 [J]. 海宁文联编《"多维视野中的海宁文学现象"学术研讨会论文集》, 2013: 158.

王建丰.《新月》"志摩纪念号"出版日期考 [J]. 衡水学院学报, 2014 (05): 98.

俞晓霞. 从布鲁姆斯伯里集团到新月派:民国自由知识分子群体的形态建构 [J]. 学术月刊, 2014 (11): 121.

孙景鹏. 关于"晨报副刊"的史实辨正 [J]. 新文学史料, 2015 (02): 148.

胡博."新月书店"考 [J]. 文学评论, 2015 (06): 160.

费冬梅. 沙龙知识分子的"合辙"与"歧异" [J]. 社会科学论坛, 2015 (11): 88.

叶红. 佩戴"文学徽章"的事物:论新月诗派的生成要素 [J]. 文学与文化, 2015 (04): 123.

孙郁. 月下诗魂:新月派的那些人那些事 [J]. 工会信息, 2017 (02): 21.

再米娜·伊力哈木韩隽. 拉斯基思想传播与《新月》月刊转型——一个历史的考证 [J]. 科学经济社会, 2018 (02): 117.

李兴红. 以《再别康桥》为例感知新月派诗歌 [J]. 中学

语文教学参考，2018（24）：44.

程鸿彬. 新月派与新人文主义的起落［J］. 博览群书，2018（12）：33.

黄焰结. 诗译莎剧滥觞：新月派的新文学试验［J］. 外语与外语教学，2018（03）：88.

徐珺. "国剧运动"理论概评［J］. 艺术教育，2019（06）：435.

耿宝强. 道不同　亦相谋：《诗镌》同人关于新诗格律的论争［J］. 关东学刊，2020（02）：85.

高音. "新月派"与莎士比亚的民国传播［J］. 鲁迅研究月刊，2020（11）：73.

人韦泱. 邢鹏举：坎坷的"新月"诗［J］. 档案春秋，2020（09）：44.

费冬梅. 泰戈尔访华与新月社的戏剧实践［J］. 现代中文学刊，2021（02）：54.

钱红莉. 时间会说画［J］. 红豆，2021（03）：83.

佘开元. 新月派新格律诗的艺术继承与借鉴研究［J］. 今古文创，2021（07）：22.

附 录

于冰. 醇香的小诗：浅谈小诗的艺术［J］. 辽宁师范大学学报（社科版），1983（01）：35.

张良运. 论自由体诗［J］. 文学评论，1984（02）：92.

韩霞. 试论朱湘和他的诗［J］. 西北民族大学学报（哲社版），1984（01）：73.

瞿琮. 关于中国新诗的音乐美及其它——从二十年代中国新诗流派谈起［J］. 诗探索，1985（01）：194.

唐鸿棣. 论闻一多新诗格律［J］. 上海师范大学学报（哲社版），1985（01）：59.

夏爵蓉. 茅盾的现实主义诗学观［J］. 西南民族学院学报（哲社版），1985（02）：69.

张放. 早夭才子的神奇写照——现代散文家梁遇春《吻火》鉴赏［J］. 名作欣赏，1985（05）：64.

皮远长. 陈梦家小传［J］. 武汉大学学报（社科版），1985（06）：116.

沉辛，杜显志. 试论茅盾文学评论的特色［J］. 咸宁师专学报，1986（01）：35.

李广德. 试论邵洵美的诗与诗论［J］. 中国现代文学研究丛刊，1986（04）：58.

江锡铨. 试论新诗的色彩美［J］. 中国现代文学研究丛刊，

1986（03）：112.

陈山. 无花的硕果：读《鲁迅和他的同时代人》[J]. 中国现代文学研究丛刊，1986（03）：233.

闻立鹏. 艺术家闻一多[J]. 美术研究，1986（04）：39.

陆文緼. 中国象征诗派的崛起——法国象征诗对中国象征诗的影响研究之一[J]. 贵州社会科学，1988（04）：21.

段百玲. 介绍《港台·国外谈中国现代文学作家》一书[J]. 中国现代文学研究丛刊，1988（01）：308.

刘铭璋. 朱湘其人其诗[J]. 衡阳师范学院学报，1988（02）：23.

陈山. 陈梦家论[J]. 中国现代文学研究丛刊，1988（03）：87.

李菀. 林徽因和她的诗[J]. 徐州师范学院学报，1989（02）：37.

唐金海. 论茅盾文学批评的特征[J]. 中国文学研究，1989（03）：55.

王继增. 中国现代文学问题解答[J]. 内蒙古电大学刊，1989（09）：20.

陆耀东，龙泉明，唐仁君. 中国新诗研究的历史与现状——访陆耀东[J]. 湖南社会科学，1989（03）：45.

潘颂德. 朱湘的诗论[J]. 河南师范大学学报（哲社版），1989（04）：53.

王伟. 朱湘悲剧初探[J]. 安徽教育学院学报（社科版），1989（04）：87.

张孝军. 刘大白初论[J]. 齐齐哈尔大学学报（哲社版），

1989（02）：57.

廖辅叔. 刘半农与赵元任［J］. 中央音乐学院学报，1989（03）：55.

葛长伟. 茅盾与勃兰兑斯［J］. 东岳论丛，1989（01）：74.

巫宁坤. 剑桥的灵性［J］. 外国文学，1989（03）：90.

洪迪. 笑的莲灯再度辉煌［J］. 读书，1989（Z1）：170.

汪莱茵. 溥仪和泰戈尔［J］. 紫禁城，1989（03）：5.

周良沛. 卞之琳和他的诗［J］. 诗刊，1990（04）：47.

钱大宇. 从《诗二十五首》看邵洵美诗风的转变［J］. 绍兴文理学院学报（社科版），1990（01）：82.

徐志超. 独特的风格 动人的艺术——凌叔华小说思想和艺术浅探［J］. 江西师范大学学报，1990（01）：76.

周良沛. 饶孟侃其人其诗［J］. 四川大学学报（哲社版），1990（02）：57.

杨义.《中国现代小说史》书简录［J］. 新文学史料，1991（01）：190.

治学. 比较文学论文索引（1989—1990）［J］. 湖南科技大学学报（社科版），1991（05）：74.

张北鸿. 林徽因诗歌论［J］. 徐州师范学院学报，1991（01）：60.

骆寒超. 论现代吴越诗人的文化基因及创作格局［J］. 中国现代文学研究丛刊，1991（02）：1.

张民权，万直纯. 现代文学研究中的一项重要学术建设——评新时期现代作家评传的写作［J］. 文学评论，1991（05）：28.

李复兴. 朱湘诗作管窥［J］. 聊城大学学报（社科版），

1991（02）：93.

洪峻峰. 五四文学革命的启蒙意义［J］. 厦门大学学报（哲社版），1991（01）：61.

蓝棣之. 他一生都在爱情故事里折腾［J］. 语文学习，1991（03）：46.

常家树. 五四时期的留学生对新文化运动的贡献［J］. 辽宁大学学报（哲社版），1991（01）：106.

林达祖. 出版家、翻译家、诗人邵洵美［J］. 南通师专学报（社科版），1991（04）：21.

陈宇. 做中西文学结合的"宁馨儿"：林徽因、方令孺创作谈片［J］. 福建师范大学学报（哲社版），1991（01）：57.

李钦业. 初品梁实秋散文［J］. 安康师专学报，1992（Z1）：6.

黄维梁. 雕虫精品——卞之琳诗二首赏析［J］. 名作欣赏，1992（01）：39.

唐湜. 多彩的鉴赏［J］. 读书，1992（05）：17.

李静. 凌叔华小说的审美倾向及其时代局限［J］. 青海师范大学学报（哲社版），1992（03）：98.

李怡. 谜一样的生命如此凄美——读宋益乔的三本文学传记［J］. 山东师大学报（社科版），1992（03）：95.

罗炯光. 现代作家书信一瞥［J］.新文学史料，1992（01）：150.

许霆. 中国戏剧化新诗特征论［J］. 江西师范大学学报，1992（02）：43.

丁言模. 从郭沫若对于泰戈尔"神像"的批判谈到郭沫若早期思想变化［J］. 郭沫若学刊，1992（02）：58.

姜德明. 史料研究的新成果［J］. 读书，1992（02）：95.

陈学勇. 对于《民国人物小传·林徽因》的补正［J］. 南通师专学报（社科版），1992（01）：29.

刘炎生. 评泰戈尔提倡复活"东方文化"及其反响［J］. 江西社会科学院学报，1992（02）：68.

戴慧. 林徽因的感情世界［J］. 中外杂志，1992（52）：5.

李奇志. 凌叔华小说"温婉淡雅"的艺术风格［J］. 中国现代文学研究丛刊，1993（02）：95.

温儒敏. 论茅盾的"作家论"批评文体［J］. 天津社会科学，1993（03）：45.

吴开晋. 中国当代诗歌与东方神秘主义［J］. 社会科学战线，1993（05）：237.

王富仁. 矛盾中蕴含的一种情绪——闻一多与二十年代新诗［J］. 读书，1993（05）：17.

刘思谦. 林徽因：澄明的生命之灯［J］. 中国现代文学研究丛刊，1993（04）：137.

陈学勇. 林徽因年表［J］. 新文学史，1993（01）：181.

宋凤英. 留学日本与留学英美现代作家群之比较［J］. 曲靖师专学报，1993（02）：15.

田禾. 谁最早发表了沈从文的作品？［J］. 淮阴师专学报，1993（02）：27.

姜振昌. 论五四杂文的社会性批判［J］. 山东社会科学，1994（01）：73.

龙泉明. 艾青的诗歌审美价值观论析［J］. 川东学刊（社科版），1994（03）：126.

陶尔夫. 理解·投入·创造——诗词今译是科研的一个分支

[J]. 求是学刊，1994（06）：91.

刘红. 梁实秋的学术生涯和感情世界 [J]. 民国春秋，1994（03）：39.

小岛久代，丁祖威. 梁实秋与人文主义 [J]. 中国现代文学研究丛刊，1994（04）：225.

陈学勇. 陆小曼的小说 [J]. 民国春秋，1994（05）：50.

吴家荣. 论陈梦家的诗美追求 [J]. 江海学刊，1994（06）：180.

沈卫威. 论胡适关于人权与约法的论争 [J]. 民国档案，1994（01）：96.

倪邦文. 论现代评论派的自由主义文艺思想 [J]. 文学评论，1994（05）：68.

秦弓. 略论"五四"文学的文体解放 [J]. 汉中师范学院学报，1994（01）：63.

巴彦. 漫记赵景深散文集《文人印象》 [J].文教资料，1994（03）：52.

闵建国. 浅谈中国现代文学教学中的几个问题 [J]. 开封大学学报，1994（Z1）：7.

谢冕. 诗美的启蒙——二十世纪中国诗潮之一 [J]. 徐州师范学院学报，1994（01）：1.

晁樾. 时光流逝校园梦——读胡山源短篇集《虹》 [J]. 南京师专. 南京教院学报，1994（01）：25.

严易正. 试论二十年代新体诗的发展 [J]. 盐城师范学院学报（哲社版），1994（03）：40.

吴革. 死水下面没有爆发的火山——试论闻一多爱情诗的特

色［J］.北京农业工程大学社会科学学报,1994（Z1）:109.

高秀芹.一位被遗忘的女诗人:林徽因［J］.烟台师范学院学报（哲社版）,1994（03）.

洪烛.一纸之隔的康桥（外一篇）［J］.朔方,1994（07）:33.

申爱萍.充满诗意的人生:林杉与《一代才女林徽因》［J］.理论与创作,1994（06）:50.

沈寂.胡适与曹诚英的婚外恋［J］.江淮文史,1994（05）:143.

闻黎明.闻一多与胡适［J］.历史档案,1994（01）:124.

唐达晖.闻一多在武汉大学事迹的几点考辨［J］.武汉大学学报（人科版）,1994（06）:32.

杨进铨.蒙藏学校石虎胡同校址及其历史沿革考辨:兼考右翼宗学、松坡图书馆遗址［J］.内蒙古大学学报（哲社版）,1994（01）:28.

罗成琰.西方浪漫主义文学思潮与中国现代文学［J］.外国文学评论,1994（03）:116.

倪墨炎.现代文学丛书散记［续二］［J］.新文学史料,1994（01）:207.

李怡.协畅与拗峭:中国现代新诗的音韵特色——民族文化与中国新诗的本文结构之二［J］.中国现代文学研究丛刊,1994（02）:25.

汤国铣.需要的介入——散文创作心理"感知的活跃"［J］.黔南民族师范学院学报,1994（02）:45.

潘颂德.一本有特色的新诗人论——简评李复兴《中国现代新诗人论》［J］.绥化师专学报,1994（01）:36.

郭著章. 译坛大家梁实秋［J］. 中国翻译，1994（04）：49.

姚淑英. 王统照与泰戈尔［J］. 东北师大学报（哲社版），1995（03）：75.

高恒文. "京派"：备忘与断想［J］.文艺理论研究，1995（04）:79.

沈寂. 山腊梅曹诚英［J］. 江淮文史，1995（01）：136.

耿宁，王源章. 曼斯菲尔德和她的中国知音［J］. 菏泽师专学报，1995（03）：49.

曹铁娟. 迟到与斑斓：早期现代叙事诗概述［J］. 昆明师范高等专科学校学报，1995（02）：14.

李怡. 传统心理结构的自我拆解——论闻一多与中国传统诗歌文化［J］. 贵州社会科学，1995（02）：76.

陈学勇. 从《胡适之恋》说传记文学的真实［J］. 南通师专学报（社科版），1995（02）：24.

金宏宇. 读《中国新诗理论研究》［J］.诗探索，1995（02）:181.

赵军峰，胡爱舫. 梁实秋对翻译的贡献［J］. 荆州师范学院学报，1995（03）：70.

秦新春. 梁实秋散文艺术世界的深层结构［J］. 中国人民大学学报，1995（02）：68.

李钦业. 凌叔华小说论［J］. 安康师专学报，1995（01）：29.

倪邦文. 论"现代评论派"的创作［J］. 中国现代文学研究丛刊，1995（03）：254.

安刚强. 论沈从文的"爱情·生命"系列小说［J］. 安庆师范学院学报（社科版），1995（02）：59.

乔以钢. 时代天地的另外一角——凌叔华小说中的女性生活［J］. 河南教育学院学报（哲社版），1995（04）：47.

黄昌勇. 孙大雨与中国现代诗 [J]. 诗探索, 1995 (04): 20.

左建国. 现代散文理论的拓展与贡献 [J]. 怀化师专学报, 1995 (03): 70.

蒋明玳, 陆云江. 心灵的真实坦露: 论瞿秋白的散文创作 [J]. 镇江师专学报 (社科版), 1995 (02): 30.

李夜平. 中国现代新诗审美品格辨析 [J]. 中国现代文学研究丛刊, 1995 (04): 1.

林之亭. 生死不渝的恋情——也谈林徽因的《别丢掉》[J]. 名作欣赏, 1996 (05): 92.

韩石山. 彼此的挚与畏——李健吾与蹇先艾 [J]. 新文学史料, 1996 (03): 10.

苏娟. 淡雅幽丽 悠然意远——论绘画对凌叔华小说风格的影响 [J]. 语文学刊, 1996 (01): 24.

刘为民. 科学与五四文学的思想方法 [J]. 青海师范大学学报 (哲社版), 1996 (3): 77.

王毅. 论新诗戏剧化 [J]. 武汉大学学报 (哲社版), 1996 (04): 19.

邹降. 浅谈每节对称的现代格律诗 [J]. 西南民族学院学报 (哲社版), 1996 (02): 6.

林焕标. 浅谈闻一多与新格律诗 [J]. 广西教育学院学报, 1996 (02): 53.

季金香. 小女儿心态与大作家才情——论萧红的人生与创作 [J]. 温州师范学院学报 (哲社版), 1996 (02): 53.

谭汝为. 新诗韵律论略 [J]. 阅读与写作, 1996 (01): 4.

陈圣生. 也谈现代诗的出路 [J]. 文艺理论研究, 1996

（02）：59.

陆耀东. 再谈华文诗歌的我见［J］. 武汉大学学报（哲社版），1996（04）：3.

王富仁. 中国现代新诗的"芽儿"——冰心诗论［J］. 北京师范大学学报（社科版），1996（05）：105.

李景冰. 中国象征主义诗歌的两极——由戴望舒、梁宗岱想到的［J］. 文艺评论，1996（03）：93.

刘扬烈. 中国新诗的黄金时代：二三十年代世界文化氛围下新诗的多向发展［J］. 海南大学学报（社科版），1996（03）：60.

张润堂. 中国新诗格律化的回顾与前瞻［J］. 阜阳师范学院学报（社科版），1996（01）：36.

王存福. 太平洋那样宽广的胸怀：陈毅关怀党外人士二三事［J］. 四川统一战线，1996（09）：15.

赵顺宏. 中国现代作家对东南亚华文文学的影响论略［J］. 华文文学，1996（01）：41.

周牧. 为中国戏剧奉献一生的余上沅先生［J］. 戏剧，1996（02）：4.

欣直. 陈西滢和凌叔华的婚恋［J］. 海内与海外，1996（02）：36.

王树荣. 林徽因徐志摩的人间真情［J］. 书城，1996（06）：16.

吴纯俭. 贵州道上忆宗师（上）：缅怀蹇先艾［J］. 新文学史料，1996（03）：37.

汤序波. 追怀蹇老［J］. 新文学史料，1996（03）：50.

陈汉民，洪尚之. 雷峰塔兴衰述论［J］. 浙江学刊，1996（01）：97.

松浦恒雄，吴俊. 回旋的诗情——试论林徽因的诗［J］. 中国现代文学研究丛刊，1997（04）：261.

伍立杨. 词人身世雨潇潇：论郁达夫的旧体诗［J］. 当代文坛，1997（03）：46.

席宁山. 从"绛色的沉衰"到"永远不屈服"的灵魂：评析戴望舒诗歌的思想历程［J］. 西北第二民族学院学报（哲社版），1997（03）：49.

骆兰. 从"思潮""社团"角度论臧克家的流派属性［J］. 西南师范大学学报（哲社版），1997（02）：91.

刘钦伟. 二三十年代中国唯美主义思潮的兴衰（上）［J］. 海南师范学院学报（人社版），1997（03）：51.

刘钦伟. 二三十年代中国唯美主义思潮的兴衰（下）［J］. 海南师范学院学报（人社版），1997（04）：46.

韩石山. 放大了的文苑传：且说《中国当代作家面面观》［J］. 出版广角，1997（01）：63.

黄钢. 关于新诗艺术的思考［J］. 喀什师范学院学报，1997（04）：54.

高恒文. 林徽因的小说《窘》［J］. 书城，1997（05）：40.

吴家荣. 论陈梦家诗歌理论的历史地位［J］. 安徽大学学报（哲社版），1997（01）：15.

王鸿儒. 论蹇先艾早年的新诗创作［J］. 常州工学院学报，1997（03）：86.

周海波. 论三十年代不同范式的作家论［J］. 山东社会科学，1997（02）：75.

沈义贞. 论绅士视角与绅士散文［J］. 福建论坛（文史哲版），1997（02）：18.

石凤珍. 人生的歌者: 从与兰姆的比较看梁遇春的散文[J]. 雁北师范学院学报, 1997 (06): 33.

张建雄. 散文之为散文现代散文美学特征略论[J]. 大理学院学报 (社科版), 1997 (03): 26.

蓝棣之. 文学思潮研究的一个重要成果: 刘钦伟选编《中国现代唯美主义文学作品选》[J]. 中国现代文学研究丛刊, 1997 (01): 305.

赵凌河. 新文学现代主义的浪漫情愫[J]. 文艺理论研究, 1997 (02): 61.

汪亚明, 陈顺宣. 郁达夫对中国现代传记文学的独特贡献[J]. 浙江师大学报 (社科版), 1997 (05): 40.

李怡. 中西交融的理想与现实——论卞之琳诗歌的文化特征[J]. 江海学刊, 1997 (05): 182.

钟纪新. 林徽因诗歌情感历程浅析[J]. 河池学院学报, 1998 (04): 27.

张彩霞. 梁实秋小品散文的艺术特色[J]. 青岛远洋船员学院学报, 1998 (03): 82.

孙学海. 论茅盾文学批评的艺术性标准[J]. 南都学坛, 1998 (05): 53.

彭艳. 论新格律诗派的形成、贡献与影响[J]. 重庆三峡学院学报, 1998 (01): 43.

李怀亮, 钱振文. 现代文学批评中的古典主义倾向[J]. 人文杂志, 1998 (02): 135.

陈玲玲. 新诗第二纪元的杰出女诗人——记林徽因[J]. 枣庄师专学报, 1998 (04): 39.

颜廷颂. 艺术家的态度与评论家的口气——1929年关于西方现代艺术的一场论争［J］. 艺术百家, 1998（04）: 114.

刘为民. 五四作家的科学意识［J］. 科学, 1998（03）: 12.

孙子谋. 永恒的剑桥［J］. 神州学人, 1998（02）: 36.

王小彦. 朱湘在清华前后［J］. 新文学史料, 1998（02）: 183.

乔以钢. 两位"新月"女诗人及其创作［J］. 理论与创作, 1998（05）: 19.

智效民. 沈从文与杨振声［J］. 书屋, 1998（01）: 19.

余力文. 金岳霖的旷世奇恋［J］. 贵州文史天地, 1998（03）: 49.

周新建. 徐志摩余光中诗歌意象比较［J］. 淡蓝为美·蓝星诗学（中国台湾）, 1998（02）: 12.

葛红兵. "五四"文学审美心理研究［J］. 求是学刊, 1999（05）: 83.

陈学勇.《林徽因年表》补［J］. 新文学史料, 1999（02）: 161.

郑娟. 充满诗意的人生: 试论林徽因和她的诗歌［J］. 徐州教育学院学报, 1999（03）: 98.

陈学勇. 凌叔华年表［J］. 南通师范学院学报（哲社版）, 1999（03）: 42.

常江虹. 论人是否知己？——评茅盾左翼思潮时期的八篇"作家论"［J］. 惠州大学学报（社科版）, 1999（01）: 53.

王继志. 论沈从文的新诗创作［J］. 南京大学学报（哲社版）, 1999（02）: 92.

罗振亚. 燃烧的圣火: 中国现代爱情诗特色论［J］. 佳木斯大学社会科学学报, 1999（04）: 49.

索斌. 试论林徽因的情诗心迹及其意象对象 [J]. 延边大学学报（哲社版），1999（03）：107.

孑人. 醒世丹心韵侠 惊史碧血文雄——纪念闻一多专栏序篇 [J]. 新文化史料，1999（04）：3.

（韩）具洸范. 中国现代诗歌中的传统意象 [J]. 求是学刊，1999（06）：96.

陈汉波. 最是人间留不住：读林徽因的文化之美 [J]. 中共浙江省委党校学报，1999（06）：81.

卢海鸣. 一座沟通东西方文明的人桥：赛珍珠及其故居 [J]. 南京史志，1999（03）：9.

余力文. 一颗殒落的将星：王赓 [J]. 文史春秋，1999（02）：66.

李骏虎. 文人做编辑 [J]. 新闻出版交流，1999（04）：18.

何宁. 哈代与中国 [J]. 外国文学评论，1999（01）：100.

余虹. 20年代新文学自主论及其与革命文学理论的冲突 [J]. 新疆大学学报（哲社版），2000（01）：1.

邓永泉. 20世纪初爱因斯坦学说在我国的传播 [J]. 文史杂志，2000（05）：56.

刘燕. T·S·艾略特与中国现代诗学 [J]. 外国文学研究，2000（02）：101.

王远舟. 徐志摩年表简编 [J]. 海宁徐志摩研究会编《徐志摩研究会会讯》，2000（02）.

张洁宇. 你是人间四月天：林徽因爱与被爱的故事 [J]. 历史月刊（中国台湾），2000（147）：42.

杨昌年. 四月述情 [J]. 国文天地（中国台湾），2000（15

卷12期):13.

一生半累烟云中:陆小曼传[J].文汇报(香港),2000.

朱延庆.忆念陈从周教授[J].江苏政协,2000(11):46.

孟文涛.史事匡正三题[J].人民音乐,2000(07):32.

李青松.对面坐的是梁从诫[J].中国林业,2000(06):41.

常风.回忆凌叔华[J].黄河,2000(06):84.

陈月.传记还是应该"写真"[J].当代电视,2000(10):28.

陈毅关怀陆小曼[J].党史博采,2000(06):24.

孙琴安.多才多艺的陈从周[J].世纪,2000(04):85.

马殿超.论戴望舒诗歌创作的独特性[J].辽宁税务高等专科学校学报,2001(03):25.

徐学.沙田学者与中国现代文学研究[J].厦门大学台湾研究中心.厦门大学学报(哲社版),2001(03):104.

黄钢.闻一多与新诗[J].乌鲁木齐职业大学学报,2001(03):38.

丁晓林.心系志摩[J].中学语文,2001(10):34.

周良沛.永远的寂寞:痛悼诗人卞之琳[J].新文学史料,2001(03):85.

费慰梅.回忆林徽因[J].语文世界,2001(04):4.

韩石山.朱自清和他眼里的女人[J].人民文学,2001(08):104.

谢菊.论林徽因创作的文化内涵及其现实意义[J].兰州大学学报,2001(06):18.

李美皆.诗人的爱情:在功利和唯美之间[J].文学自由谈,2001(05):104.

孙宜学. 胡适与泰戈尔［J］. 书屋, 2001 (03): 36.

周承恩. 追忆老同学梁从诫及其父母［J］. 百年潮, 2001 (10): 65.

哈迎飞. 逃禅易, 逃世难: 论二十年代作家的两种不同的逃禅倾向［J］. 海南师范学院学报 (人社版), 2001 (04): 71.

郭汾阳. 蹇先艾、李健吾在北京师大附中［J］. 贵州文史丛刊, 2001 (04): 79.

吴锡民. "意识流"流入中国现代文坛论［J］. 外国文学研究, 2002 (04): 110.

肖南. 20世纪中国新诗长短论［J］. 中山大学学报论丛, 2002 (02): 144.

徐广尧. 关于新诗的语言问题［J］. 郑州铁路职业技术学院学报, 2002 (01): 13.

王克非. 近代翻译对汉语的影响［J］. 外语教学与研究, 2002 (06): 458.

孙绍. 浪漫主义和象征主义的互相渗透: 新诗的第一个十年研究之一［J］. 东南学术, 2002 (03): 124.

王先霈. 林徽因的才气与真情:《掌故新谈》之六［J］. 语文教学与研究, 2002 (12): 6.

张玉秀. 林徽因作品的思想内容及诗化的情绪美［J］. 重庆广播电视大学学报, 2002 (04): 38.

傅德岷. 论梁实秋散文的文化意蕴［J］. 云南师范大学学报 (哲社版), 2002 (06): 92.

逄增玉. 论中国现代文学中的质疑现代性主题与叙事［J］. 江汉论坛, 2002 (02): 81.

张清平.生命的夏季——《林徽因》摘录［J］.全国新书目，2002（01）：26.

陈清.谈谈如何鉴赏诗歌［J］.语文学刊，2002（02）：77.

张传刚.谈谈新诗的欣赏［J］.师范教育，2002（11）：19.

曾庆雨.晚唐诗·新月诗·朦胧诗：试论中国诗语"意""象"的非一致性特征［J］.思想战线，2002（04）：84.

刘福春.新诗史上的九月［J］.诗刊，2002（18）：4.

黄曼君.郁达夫交友佳话：《作家轶事》之七［J］.语文教学与研究，2002（14）：8.

黄科安.中国现代艺术性散文的选择与重构［J］.福建师范大学学报（哲社版），2002（01）：62.

洪桦.自然造成"五四"文学［J］.贵州民族学院学报（哲社版），2002（02）：47.

朱正."政客"这顶帽子［J］.鲁迅研究月刊，2002（10）：76.

赵树军.又是红霞映满天［J］.内蒙古林业，2002（12）：36.

王开林.风华绝代［J］.书屋，2002（04）：22.

王炳根.冰心、梁实秋友情之定位［J］.文学自由谈，2002（02）：68.

陈子善.还她一个公道《陆小曼传》序［J］.博览群书，2002（07）：46.

秦弓.鲁迅与泰戈尔［J］.鲁迅研究月刊，2002（05）：24.

董洪川."荒原"之风：T.S.艾略特在中国的传播与影响［J］.重庆师范大学学报（哲社版），2003（03）：30.

黄桂元."全集"的泛滥与尴尬［J］.文学自由谈，2003（06）：76.

马少刚，樊亚平.《晨报》副刊办刊特色探析：兼论其对当今报纸副刊的启示［J］.西北第二民族学院学报（哲社版），2003（04）：102.

颜浩.《现代评论》的两个专栏："时事短评"与"闲话"［J］.北京社会科学，2003（03）：141.

柴伟梁.陆小曼佚文两篇［J］.《文汇读书周报》，2003.

王文彬.卞之琳的贡献：《卞之琳文集》的阅读和思考［J］.中国现代文学研究丛刊，2003（03）：139.

彭松乔.从林徽因诗歌的解读看中国传统解读方法的局限［J］.江汉大学学报（人科版），2003（03）：38.

吴慧.带回来一个剑桥［J］.博览群书，2003（07）：89.

刘骥鹏.对现代诗歌"飞升"意象的原型分析［J］.临沂师范学院学报，2003（05）：80.

李黎.翡冷翠的情人［J］.名作欣赏，2003（09）：36.

韩石山.何时读经典？［J］.中学语文，2003（22）：16.

张桃洲.沪杭道上［J］.读书，2003（02）：34.

孟显智.艰苦探索　锐意求新：评《中国新诗发展史》［J］.涪陵师范学院学报，2003（05）：14.

丁晓原.论"五四"人生派散文［J］.文学评论，2003（01）：53.

黄献文.论沈从文的艺术感觉［J］.武汉大学学报（人科版），2003（03）：346.

朱寿桐.论中国现代浪漫主义作家的平民化姿态［J］.天津社会科学，2003（03）：93.

丁晓原.论周作人与郁达夫五四散文观的差异［J］.江苏社会科学，2003（01）：119.

倪筱荣.浅析诗词中"否定"的美学意味［J］.职教论坛，

2003 (02): 58.

田慧霞. 如诗的神秘的格律派三诗人 [J]. 华北水利水电学院学报（社科版），2003（02）：34.

张华. 山谷中的回声：林徽因诗歌特色 [J]. 保定师范专科学校学报，2003（01）：31.

木桃. 谁人雨巷抒情 [J]. 咬文嚼字，2003（06）：24.

康志宏. 思索与战斗：现代文学论争中的鲁迅 [J]. 吕梁高等专科学校学报，2003（04）：34.

李征宙. 闻一多文体论 [J]. 哈尔滨学院学报，2003（05）：91.

钟建军. 西方现代派诗歌与中国现代新诗 [J]. 语文教学与研究，2003（23）：58.

任震钧. 由诗乐合一展望诗歌的大众化 [J]. 艺术广角，2003（02）：11.

张秀成. 中国编辑与中国精神 [J]. 攀枝花学院学报，2003（05）：26.

李文军. 中国诗歌与全球语境 [J]. 内蒙古师范大学学报（哲社版），2003（01）：70.

朱寿桐. 中国现代浪漫主义作家的自恋情态 [J]. 盐城师范学院学报（人社版），2003（02）：47.

王富仁. 中国现代诗歌的发展（上篇）[J]. 江苏社会科学，2003（01）：107.

王富仁. 中国现代诗歌的发展（下篇）[J]. 江苏社会科学，2003（02）：53.

毛海莹. 中西合璧的"宁馨儿"：从闻一多格律诗的后续影

响谈起［J］.贵州教育学院学报，2003（03）：1.

薛德银.抓住重要词语，把握诗歌的思想和情感特征［J］.文教资料（初中版），2003（06）：76.

闵抗生.大言欺世与自欺欺人［J］.文学自由谈，2003（02）：152.

陈宛茵.与陆小曼分手后的王赓［J］.世纪，2003（06）：56.

张放.中国现代文人的教书［J］.教师博览，2003（08）：34.

朱寿桐.中国现代作家对哈佛的发现［J］.中国比较文学，2003（02）：116.

潘正文.中国现代审美批评论对于审美形式的探讨［J］.阜阳师范学院学报（社科版），2003（05）：10.

张楚.牛津剑桥的育才奥秘［J］.国际人才交流，2003（08）：48.

黄宇.从《二马》看英国文化对老舍的影响［J］.湖南社会科学，2003（02）：178.

黄伟经.书比人长寿——怀念赵家璧先生［J］.文史天地，2003（10）：8.

韩石山.自省、调适与其它［J］.文学自由谈，2003（01）：33.

陈学勇.纪念赵清阁先生［J］.新文学史料，2003（03）：105.

杨美梅.别让爱情在你转身后哭泣［J］.伴侣，2003（5）：46.

俞璐.我所知道的康桥［J］.中文自修，2003（06）：32.

杨小佛.我家有张泰戈尔相片［J］.世纪，2003（05）：58.

苏玲琳.你所不知道的康桥［J］.中文自修，2003（06）：33.

陈启文.金庸的故乡情结［J］.百年潮，2003（09）：64.

张绍光.佛罗伦萨巡礼［J］.新材料新装饰，2003（06）：54.

黄艳琴.灿烂下的孤寂：试探林徽因的孤独本质［J］.郴州师范高等专科学校学报，2003（01）：59.

方鸣. 英伦雨中的剑桥［J］. 中国对外贸易, 2003（06）: 88.

阎开振. 林徽因: "徘徊在理智和情感的边沿"［J］. 新乡师范高等专科学校学报, 2003（01）: 80.

杨健民. 胡风、许杰、苏雪林和穆木天的作家论［J］. 福建论坛（人社版）, 2003（06）: 35.

杨家润, 程晓苹. 胡适与中国最早的农学女教授曹诚英的恋情［J］. 档案时空, 2003（09）: 32.

孔祥丽, 何颖. 俊才灵逸篇体光华: 试论《新文坛全传》的人物和语言［J］. 语文学刊, 2003（06）: 30.

黄建华. 笑看生活的诗人: 梁宗岱先生二三事［J］. 广东史志, 2003（03）: 58.

许培光. 徐悲鸿与现代美术教育［J］. 美与时代, 2003（07）: 53.

张彦林. 清流笛韵翠阁花香: 赵清阁其人其事［J］. 新文学史料, 2003（03）: 109.

姜涛. "标准"的争议与新诗内涵的歧义［J］. 江汉大学学报（人科版）, 2004（05）: 19.

张智中. "形断意连"与翻译［J］. 山东外语教学, 2004（04）: 48.

柴伟梁. 徐志摩诗赞陆小曼［J］.《青年文摘》（人物版）, 2004: 21.

柴伟梁. 陆小曼佚文《中秋夜感》［J］.《文汇读书周报》, 2004.

邓宁辛. 不尽文采风流: 读《发现的愉悦》［J］. 出版科学, 2004（06）: 79.

乔琦, 邓艮. 从《三叶集》看诗人郭沫若的性情人生［J］. 郭沫若学刊, 2004（03）: 62.

曾绍义. 读梁遇春散文《KISSING THE FIRE》(吻火) [J]. 名作欣赏, 2004 (12): 76.

翡冷翠命运与偏执 [J]. 当代体育, 2004 (29): 24.

王践. 佛罗伦萨的阳光 [J]. 华商, 2004 (Z4): 59.

黄诗怡. 关于浪漫的话题 [J]. 语文教学与研究, 2004 (19):62.

汪东发. 郭沫若时代及其诗美觉悟 [J]. 长沙电力学院学报 (社科版), 2004 (02): 96.

廖七一. 胡适译诗与经典构建 [J]. 中国比较文学, 2004 (02): 103.

董晓烨. 基督教对中美现代文学观的影响及比较分析 [J]. 齐齐哈尔大学学报 (哲社版), 2004 (01): 69.

叶琼琼. 激情与理智的较量: 胡适情诗论 [J]. 南京师范大学文学院学报, 2004 (03): 49.

陈学勇. 林徽因的文学成就与人格魅力 [J]. 南通师范学院学报 (哲社版), 2004 (03): 76.

朱玲. 林徽因诗文中的宗教情结 [J]. 贵州教育学院学报, 2004 (01): 63.

崔涛. 凌叔华小说叙事视角透视 [J]. 常州工学院学报, 2004 (03): 51.

袁靖华. 论浪漫主义文学思潮对创造诗派、新月诗派的影响 [J]. 嘉应学院学报, 2004 (02): 54.

谢昭新. 论林徽因小说"现代性"审美特征 [J]. 江淮论坛, 2004 (06): 117.

岳晓英. 论林徽因小说创作中的"出走"模式 [J]. 株洲师范高等专科学校学报, 2004 (01): 70.

张霞. 论茅盾的审美批评 [J]. 西华师范学院学报（哲社版），2004（01）：87.

许霆. 论现代诗学演进中的梁宗岱诗论 [J]. 文艺理论研究，（02）：75.

陈敢. 论中国现代格律诗 [J]. 北京大学学报（哲社版），2004（S1）：101.

卢红敏. 漫步在古典与现代之间：简论林徽因的诗作 [J]. 中南大学学报（社科版），2004（04）：533.

伍杰. 沈从文与书评 [J]. 中国图书评论，2004（11）：13.

龚渤. 生命中不能承受之轻：浅析林徽因诗歌轻盈型意象的营造 [J]. 首都师范大学学报（社科版），2004（S2）：118.

章永林. 新诗创作的首度理性自觉 [J]. 大连民族学院学报，2004（06）：52.

陈国恩，王一珂. 游走于多重文学思潮之间：论林徽因的诗歌道路 [J]. 创作评谭，2004（04）：39.

王晓静. 中西合璧 雅致闲适——论梁实秋散文的文化品位 [J]. 贵州文史丛刊，2004（03）：48.

王元中. 朱湘诗中的死亡表现 [J]. 天水师范学院学报，2004（04）：50.

方族文. 朱湘研究中的几个疑点问题 [J]. 安庆师范学院学报（社科版），2004（06）：78.

杨景龙. 主情、主知与主趣：试论新诗发展史上的唐诗、宋诗和元曲路径 [J]. 文学评论，2004（06）：23.

谢维强. 自由主义精神的深沉辩护：胡适散文《追悼志摩》赏析 [J]. 名作欣赏，2004（06）：6.

陈建华. "历史的幽魂" [J]. 当代作家评论, 2004（06）：137.

华凝. "世人皆欲杀"的罗隆基 [J]. 出版参考, 2004（32）:55.

张红萍. 一个亲历者眼中的陆小曼 [J]. 山西文学, 2004（09）.

傅书华. 二十一世纪的胡适：读《胡适周围》 [J]. 社会科学论坛, 2004（05）：85.

宁珍志. 十二个诗人·林徽因 [J]. 文学少年（中学）, 2004（09）：32.

古远清. 从"新月"作家到外交家的叶公超 [J]. 湖北经济学院学报（人社版）, 2004（06）：125.

张德沛. 忆林徽因先生 [J]. 建筑创作, 2004（05）：109.

刘海粟. 忆梁启超先生 [J]. 全国新书目, 2004（12）：58.

董淑婷. 他比烟花寂寞：我眼中的朱自清 [J]. 中学生（作文版）, 2004（Z1）：14.

丁冬. 寻梦：到英国留学去（上）[J]. 同学少年, 2004（05）:5.

顾力. 陆小曼：万般风情终孤寂 [J].（中文海外版）, 2004（02）：32.

任洁. 雨中康桥 [J]. 三月风, 2004（04）：60.

杨建华. 国学大师梁启超 [J]. 中学历史教学参考, 2004（12）：33.

田茜, 张学军. 胡适为什么不敢离婚 [J]. 小学教学参考, 2004（27）：24.

田茜, 张学军. 胡适的婚与爱 [J]. 报刊荟萃, 2004（01）：34.

雨菡. 美丽才女林徽因 [J]. 中国老区建设, 2004（10）：67.

金纳. 漫步欧洲 [J]. 民族文学, 2004（01）：71.

卞毓方. 二十世纪的绝唱［J］. 海燕, 2005（06）: 40.

刘嵛. "陌生"的艺术——用"陌生化"手法解读《再别康桥》［J］. 牡丹江教育学院学报, 2005（02）: 16.

韩石山. "青年必读书"中的暗斗［J］. 山西文学, 2005: 46.

周兴华. "我"与"我们": 茅盾作家论的意义标志［J］. 文学评论, 2005（04）: 153.

丰虹. 飞翔在诗歌的浪漫天堂［J］. 新作文（初中版）, 2005（15）: 46.

钱果长, 余红梅. 互动与共振: 林徽因小说理论与小说创作［J］. 宜宾学院学报, 2005（09）: 80.

艾光辉. 回望爱的歌潮: 论"五四"时代爱情诗的勃兴［J］. 新疆大学学报（哲人社版）, 2005（06）: 116.

伍杰. 梁实秋与书评［J］. 中国图书评论, 2005（01）: 21.

陈学勇. 林长民二题［J］. 出版广角, 2005（09）: 32.

肖振宇, 邵斐. 鲁迅与欧美文学的关系之我见: 兼论鲁迅与英美派知识分子的不同［J］. 白城师范学院学报, 2005（01）: 84.

陈辽. 略论留学生对中国文学发展的贡献［J］. 徐州师范大学学报（哲社版）, 2005（02）: 15.

周兴华. 茅盾作家论的盲视之域［J］. 南方文坛, 2005（01）: 41.

陈学勇. 难以置信的林徽因佚简［J］. 出版参考, 2005（11）: 23.

卢红敏. 生命的体悟 智性的思考: 林徽因诗歌试探［J］. 番禺职业技术学院学报, 2005（03）: 24.

郭彩云. 唯美的叙事: 林徽因小说《钟绿》解读［J］. 忻州

师范学院学报，2005（01）：10.

王嘉良. 引领新潮：浙江作家群领衔新文学流派的意义[J]. 浙江社会科学，2005（06）：213.

蓝棣之. 作为修辞的抒情：林徽因的文学成就与文学史地位[J]. 清华大学学报（哲社版），2005（02）：44.

韩石山. 还鲁迅一个公道［J］. 中国文化报，2005.

陈宇. 且让"林徽因"更像林徽因[J]. 山西文学，2005（07）：63.

丁言昭. 民国金融家张嘉璈［J］. 世纪，2005（01）：74.

眉睫. 再谈诗人朱湘及其身后事［J］. 书屋，2005（10）：78.

连召波. 朱湘的死［J］. 散文百家，2005（06）：46.

李庆国. 找寻小曼［J］. 中国书画，2005（07）：153.

罗小军. 走近泰戈尔［J］. 中学课程辅导，2005（01）：11.

陈学勇. 闲话陆小曼［J］. 中国图书评论，2005（02）：46.

杨君康. 陆小曼的晚年［J］. 翠苑，2005（04）：38.

朱勉. 林徽因与她生命中的三个男人［J］. 福建乡土，2005（02）：24.

陈静. 痴恋冰心［J］. 中文自修，2005（10）：8.

范钦林. "五四"自剖文学的艺术特征［J］. 南通大学学报（社科版），2006（05）：64.

唐敏，肖开莲. 从混沌到明晰：论"五四"至三十年代中国女性主义批评基本框架的形成［J］. 温州师范学院学报（哲社版），2006（06）：40.

曹允亮. 从天上到人间：现代诗人的超越情怀［J］. 山东文学，2006（10）：47.

吕澎. 关于徐悲鸿、写实主义及其论争［J］. 文艺研究，

2006（08）：111.

徐江清. 国内哈代诗歌研究综述［J］. 衡阳师范学院学报，2006（02）：81.

蔡莉莉. 基督教文化与中国现代诗歌新维度［J］. 中山大学学报（社科版），2006（02）：34.

罗执廷. 林徽因《别丢掉》的解读与鉴赏［J］. 名作欣赏，2006（23）：77.

魏风华. 林徽因的麻烦［J］. 黄河文学，2006（06）：115.

王元中. 林徽因诗歌的题材类型和诗艺表现［J］. 天水师范学院学报，2006（03）：79.

刘海军. 另类批评的风采：论沈从文的情感性批评［J］. 理论与创作，2006（01）：47.

吴彩云，吴彩棉. 留学欧美的诗人群及闻一多浅析［J］. 文教资料，2006（20）：87.

黎娜. 鲁迅与罗曼·罗兰、戈宝权与相浦杲［J］. 鲁迅研究月刊，2006（03）：82.

姜华. 陆小曼传奇［J］. 当代人，2006（09）：66.

王玉珠. 论"五四"文学的感伤情调. 2006.

伍明春. 论翻译对早期新诗的影响［J］. 华侨大学学报（哲社版），2006（04）：109.

王本朝. 论中国二十世纪文学悲剧意识的价值内涵［J］. 人物，1991（03）：115.

黄飞. 论中国现代抒情散文的境界［J］. 宁波大学学报（人科版），2006（02）：22.

方开瑞. 曼斯斐尔德小说在20世纪中国的译介［J］. 广东

外语外贸大学学报，2006（04）：19.

王秀娟. 浅谈《沙扬娜拉》中蕴含的人生韵味［J］. 语文天地，2006（02）：4.

雷巧旋. 浅析徐志摩诗歌的艺术魅力［J］. 天津市经理学院学报，2006（04）：71.

田孟芳. 赏论徐志摩的《偶然》［J］. 安顺师范高等专科学校学报（综合版），2006（04）：16.

郑宝瑞. 诗人向缪斯女神祈祷：关于诗歌的写作［J］. 阅读与鉴赏（高中版），2006（Z2）.

程德强. 五四散文的话语方式［J］. 阿坝师范高等专科学校学报，2006（01）：90.

阎开振，孙月冬. 纤手绘图画　伤情忆美人：读林徽因的小说《钟绿》［J］. 名作欣赏，2006（23）：67.

陈庆泓. 在解构中重构新的格律［J］. 黄山学院学报，2006（01）：105.

刘晓云. 中国二十世纪初诗歌翻译理论的发展［J］. 安徽工业大学学报（社科版），2006（05）：81.

汪亚明. 中国现代名人眼中的雷峰塔［J］. 浙江旅游职业学院学报，2006（04）：51.

王本朝. 中国现代诗歌中的上帝意象［J］. 文学评论，2006（06）：181.

薛爱芳. 中国新诗的现状及发展初探［J］. 西安航空技术高等专科学校学报，2006（02）：14.

姜莉莉. 朱湘诗歌的东方色彩［J］. 辽宁行政学院学报，2006（08）：177.

赵玉. 走向文艺美学的文本阐释［J］. 阅读与写作，2006（10）：46.

杨慧. "高门巨族"中说话的女人们：凌叔华与曼斯菲尔德小说的比较［J］. 辽宁大学学报（哲社版），2006：29.

陈建军. 一个"半"残破的梦：余上沅与"国剧运动"［J］. 戏剧文学，2006（12）：25.

郜元宝. 又一种破坏文化的逻辑：评《少不读鲁迅老不读胡适》并论近年"崇胡贬鲁"之风［J］. 南方文坛，2006（04）：34.

邵绡红，李菁. 他就是文坛"孟尝君"：忆我的父亲邵洵美［J］. 文史博览，2006（09）：18.

陈学勇. 关于才女的种种说法：林徽因传记述评［J］. 新文学史料，2006（02）：132.

散木. 关于金岳霖的七个话题：再说金岳霖［J］. 博览群书，2006（03）：66.

汪文. 花开的城市：翡冷翠［J］. 河北企业，2006（10）：75.

于继增. 旷世才女林徽因［J］. 文史精华，2006（08）：52.

杨莹. 又是人间四月天［J］. 山西文学，2006（12）：12.

刘建辉. 希望的呐喊者：析哈代式悲观主义［J］. 内蒙古民族大学学报（社科版），2006（02）：113.

郭宇明. 泛舟康河说剑桥［J］. 中关村，2006（12）：86.

王京芳. 邵洵美年表［J］. 新文学史料，2006（01）：27.

李保民. 林下美人陆小曼［J］. 食品与生活，2006（07）：20.

翟广顺. 国立青岛大学时期的闻一多：纪念闻一多殉难60周年［J］. 青岛大学师范学院学报，2006（01）：123.

傅国涌. 胡适：烟霞洞中日月短［J］. 西湖，2006（08）：66.

佚名. 一代佳人——陆小曼［J］. 伴侣，2006（01）：34.

陈钟梁. 将爱情进行到底："爱情单元"带给我的思考［J］. 现代语文（文学研究版），2006（06）：109.

李凌. 闻一多与梁实秋的交往［J］. 纵横，2006（07）：50.

郭华. 康河与康桥：剑桥游记（下）［J］. 英语自学，2006（08）：15.

栀子. 商界奇女张幼仪［J］. 商界（城乡致富），2006（01）：74.

淮南子. 梁实秋韩菁清之恋：踏过人生第二秋［J］. 今日南国，2006（09）：48.

高夙胜. 编辑家赵家璧忆鲁迅、丁玲、陆小曼［J］. 春秋，2006（03）：18.

莫染. 意大利系列之弗兰奇"翡冷翠"的见证［J］. 全明星，2006（10）：56.

韩林飞，赵喜伦. "艺术之城"佛罗伦萨 意大利文艺复兴的摇篮［J］. 城乡建设，2007（04）：66.

赵国忠. 散落在画报上的凌叔华［J］. 山西文学，2007（04）：93.

孙柏. 百年中国文化语境（1907~2006）中的易卜生［J］. 博览群书，2007（02）：4.

吉咸乐. 卞之琳诗歌解读［J］. 南京师范大学文学院学报，2007（03）：94.

陈太胜. 从"唱"到"说"：戴望舒的1927年及其诗学意义［J］. 天津社会科学，2007（01）：104.

廖七一.从政治到艺术翻译模式的演变：论清末民初的诗歌翻译［J］.四川外语学院学报，2007（01）：107.

滕斌.林徽因《那一晚》的内蕴辨析［J］.文学教育（上），2007（01）：142.

陆耀东.论林徽因、沈从文的诗［J］.徐州师范大学学报（哲社版），2007（06）：23.

龙永干.论陆小曼的文学创作［J］.湖南第一师范学报，2007（02）：102.

谭桂林.论现代诗学中十四行体式的理论建构［J］.广东社会科学，2007（05）：161.

方涛.论新诗关于解放的抒情及视点转换与延伸［J］.海南师范大学学报（社科版），2007（02）：72.

蒋建梅.母亲书写的生命赞歌：论林徽因《你是人间的四月天》的写作意图［J］.名作欣赏，2007（10）：59.

余光中.诗与散文：创作与教学［J］.湖南文理学院学报（社科版），2007（06）：1.

刘霞云.是真情流露，抑或其他——比较研究凌叔华和丁西林的两种《酒后》文本［J］.郑州航空工业管理学院学报（社科版），2007（06）：25.

侯传文.泰戈尔与中国现代诗学［J］.文学评论，2007（01）：104.

程立初.天籁之声，心灵之声：中西方诗歌中有关天籁的美学共识［J］.外国语言文学，2007（02）：134.

邓庆周.外国诗歌译介对中国新诗发生的影响研究.2007.

陈中平.文艺复兴之都佛罗伦萨［J］.世界，2007（03）：40.

辛丰年.五四风流歌《海韵》［J］.北方音乐，2007（01）：12.

于阿丽. 小说之境　文字之美：论沈从文的文学批评 [J]. 西华大学学报（哲社版），2007（03）：27.

刘海军. 心理批评视阈下的沈从文文学批评 [J]. 民族文学研究，2007（03）：104.

骆寒超. 新诗成长期对域外资源的译介及其意义 [J]. 中国现代文学研究丛刊，2007（03）：261.

魏旭莉. 与落花一同飘去　留炽情永驻人间：论朱湘与其诗祝晓耘 [J]. 乐山师范学院学报，2007（01）：21.

孙明英. 在文体中徜徉：论沈从文的形式批评之二 [J]. 沧桑，2007（05）：233.

姬学友. 怎一个"闲"字了得：陈西滢杂文创作述要 [J]. 文教资料，2007（29）：20.

陈宇. 四个名人的五座墓 [J]. 山西文学，2007（08）：4.

孙霞. 中国现当代诗歌的审美阅读 [J]. 阅读与鉴赏（教研版），2007（08）：44.

刘绪源. 也给韩石山写封公开信 [J]. 山西文学，2007（06）：66.

萨苏. 气高骨硬：蒋百里将军侧记 [J]. 读书文摘，2007（10）：44.

王利云. 本色的文字赏评：作为批评家的沈从文 [J]. 萍乡高等专科学校学报，2007（02）：78.

胡一峰. 在名家视界里慢慢行走 [J]. 全国新书目，2007（16）：5.

芒刺. 在坚定中前行的哥伦比亚大学 [J]. 教育与职业，2007（13）：98.

陈子善. 朱湘、周瘦鹃情事二则［J］. 西湖，2007（09）：61.

钟晓毅，费勇. 江南少年：现当代名人传记之金庸传奇［J］. 语文世界（初中版），2007（03）：4.

王惠芬. 寻找沈从文先生的足迹［J］. 青年教师，2007（06）：53.

饶蓁蓁. 走近剑桥［J］. 小溪流（成长校园），2007（04）：34.

刘淑玲. 吴宓与方玮德［J］. 社会科学论坛（学术评论卷），2007（12）：140.

河西. 陈从周的价值［J］. 读书，2007（10）：133.

张长根. 范园20号的名人身影［J］. 档案春秋，2007（05）：54.

黄艾禾. 林徽因　永生在四月天［J］. 中国新闻周刊，2007（10）：77.

林徽因. 百年见幽兰［J］. 报林，2007（07）：54.

常慧. 林徽因：绚烂人间四月天［J］. Women of China（中文海外版），2007（01）：38.

岳南. 林徽因与冰心：是朋友还是仇敌［J］. 读书文摘，2007（11）：64.

岳南. 林徽因送给冰心一坛醋［J］. 晚报文萃，2007（21）：18.

彭丽. 试从古建筑学和新文学来解读林徽因［J］. 乐山师范学院学报，2007（08）：38.

吕小麦. 胡适的"红娘"之好［J］. 杉乡文学，2007（21）：58.

张亚婷. 威塞克斯之风：哈代在中国［J］. 辽宁师范大学学报（社科版），2007（06）：86.

高信. 谁持彩练当空舞（之四）［J］. 出版史料，2007（01）：61.

李兆忠. 眼泪引发的"战争"［J］. 世界知识，2007（19）：62.

王鸣剑. 情感革命与现代作家［J］. 重庆工商大学学报（社

科版），2007（06）：111.

李兆忠. 鲁迅与"假洋鬼子"［J］. 博览群书，2007（10）：71.

艾林. 雾与文学——伦敦：从雾都到清城节选［J］. 世界中学生文摘，2007（07）：25.

党宁. 漫步剑桥：追寻人类文明前进的身影［J］. 教育与职业，2007（19）：94.

罗屿. 在布鲁姆斯伯里，流言也有价值［J］. 新世纪周刊，2008（30）：115.

管兴平. 《独立评论》中的文艺作品［J］. 黄冈师范学院学报，2008（01）：44.

孙玉石. 1920年代中国新诗发展述略［J］. 北京大学学报（哲社版），2008（02）：89.

葛南楠. 八十年代以来闻一多诗歌创作研究述评［J］. 文教资料，2008（28）：186.

吴浪平，刘海军. 从鲁迅学习抒情：简析沈从文"鲁迅论"的独特角度及意义［J］. 名作欣赏，2008（08）：129.

龚慧枫. 从诗歌小说试论林徽因作品的文化内涵［J］. 太原城市职业技术学院学报，2008（10）：174.

熊国太. 当代新诗：朝圣或媚俗的独角戏——对中国诗人精神走向的一种观察和描述［J］. 创作评谭，2008（01）：10.

解志熙. 孤鸿遗韵再拾：刘梦苇另一些诗作失而复得记［J］. 理论与创作，2008（01）：112.

蔡登山. 郭沫若亲吻胡适的前后：从"旧友"到"论敌"［J］. 书屋，2008（02）：70.

阿滢. 胡山源和《文坛管窥》［J］. 出版史料，2008（02）：56.

娜木西. 金岳霖与林徽因 万古人间四月天［J］. 西部广播电视, 2008（03）: 152.

陈邑华. 林徽因散文的诗性美［J］. 闽江学院学报, 2008（03）: 38.

吕新梅. 林徽因诗歌审美品格探寻［J］. 作家, 2008（04）: 44.

张高杰. 论陈梦家的抒情诗创作［J］. 重庆工商大学学报（社科版）, 2008（02）: 119.

奚密, 宋炳辉. 论现代汉诗的环形结构［J］. 当代作家评论, 2008（03）: 135.

谭桂林. 论现代中国神秘主义诗学［J］. 文学评论, 2008（01）: 22.

吴晓燕. 论意识形态对哈代诗歌译介的操纵［J］. 安徽文学（下半月）, 2008（12）: 352.

孙江永. 论中国现代讽刺诗的边缘化［J］. 语文学刊, 2008（13）: 59.

王凌皓, 周媛, 杨子江. 论中国现代学者的教学风格［J］. 社会科学战线, 2008（05）: 211.

戴玉群, 李静. 欧化问题的再思考［J］. 江苏科技大学学报（社科版）, 2008（02）: 71.

王欣. 欧洲浪漫派与中国现代诗创作［J］. 文艺争鸣, 2008（10）: 163.

陈晓兰. 徘徊于理论与现实之间: 20世纪20年代中国旅苏游记中的苏联形象［J］. 兰州大学学报（社科版）, 2008（03）: 65.

陈日亮. 平实地导向"元读"［J］. 语文建设, 2008（10）: 24.

朱洪文. 评《哈代评传》［J］. 求索, 2008（05）: 229.

张妍, 王海红. 浅谈诗歌中的原型意象和隐喻［J］. 安徽文学, 2008（下半月）（09）: 79.

杨冬冬. 浅议现代诗歌的发展［J］. 文学教育（上）, 2008（04）: 151.

李清泉. 世界诗歌: 自由体诗发展过程中的一次精神倒退: 从北岛的海外诗歌创作说开去［J］. 牡丹, 2008（02）: 103.

王志勇. 张幼仪: 当爱已成往事［J］. 中国女性（中文海外版）, 2008（01）: 44.

万海洋. 谈情境教学法在文学课上的运用［J］. 时代文学（双月上半）, 2008（02）: 198.

三联文. 听济慈最后的歌唱［J］. 科学大观园, 2008（14）: 30.

金立群. 文学欣赏的核心是欣赏人［J］. 文学教育（上）, 2008（11）: 34.

吴竟红. 现代散文家对语言艺术的探求与创新［J］. 山东社会科学, 2008（06）: 64.

颜同林. 新诗版本与汉语方言［J］. 江汉大学学报（人科版）, 2008（02）: 12.

潘颂德. 新诗九十年的回顾与思考［J］. 诗刊, 2008（15）: 49.

陈芝国. 寻美话语的现代建构: 沈从文新诗批评探析［J］. 福建论坛（人社版）, 2008（06）: 102.

武立峰, 曹长发. 意象, 诗人心灵的家: 谈诗歌意象的鉴赏方法［J］. 语文教学之友, 2008（02）: 18.

孙喜玲. 远去了, 那清澈的河水［J］. 黄河, 2008（04）: 161.

蔡明明. 中国新诗的精神家园建构［J］. 楚雄师范学院学报, 2008（10）: 12.

佚名."东方第一军事家"蒋百里轶事［J］.爱情婚姻家庭(冷暖人生),2008(03):20.

依风."雅舍主人"梁实秋［J］.中学生阅读(高中版),2008(Z1):76.

贾丽娜.80年代中期以来林徽因研究述评［J］.资料,2008(28):192.

吕倩倩.弗吉尼亚·伍尔夫对中国现代文学的影响［J］.安徽文学(下半月),2008(08):71.

许丹成.传统与反传统之间——冰心的恋爱、婚姻与家庭［J］.名作欣赏,2008(14):110.

黄小艳.至情至性凌叔华［J］.名人传记(上半月),2008(03):68.

赵毅衡.当年文坛巨子们是怎样留学的［J］.晚报文萃,2008(19):16.

忽如远行客.冰心与张爱玲的斤两［J］.新世纪周刊,2008(16):156.

郑丽园.如梦如歌:英伦八访文坛耆宿凌叔华［J］.文学界(专辑版),2008(12):21.

吴浪平,刘海军.沈从文印象批评探析［J］.电影文学,2008(10):85.

陈建华.陆小曼的"风景"内外［J］.书城,2008(09):16.

翟广顺.苦吟并求索教育自由王国的胡适和泰戈尔［J］.天津市教科院学报,2008(01):26.

刘俊.英伦之旅(之二):剑桥印象［J］.化石,2008(02):42.

青鸟.林徽因:有着说不出美丽的女人［J］.乡音,2008

(03)：39.

陈学勇. 画家的凌叔华［J］.文学界（专辑版），2008（12）：16.

蔡登山. 罗家伦与张幼仪的爱情"插曲"［J］. 书城，2008（10）：50.

蔡登山. 罗隆基生命中的几位女性［J］. 读书文摘，2008（05）：45.

汤礼春. 胡适三点"鸳鸯"［J］. 湖北档案，2008（06）：36.

王志勇. 凌叔华：丹青妙笔两相宜［J］. 中国女性（中文海外版），2008（07）.

高信. 谁持彩练当空舞（之十一）［J］. 出版史料，2008（04）：60.

琳子. 做需要做的事［J］. 公民导刊，2008（08）：48.

史建国. 梁实秋"怀人"创作中的两处疑点［J］. 社会科学评论，2008（03）：39.

孙永久. 痴言怨语：缠绵叙事的两大元素［J］. 新课程研究（教师教育），2008（02）：179.

方何荣. 赛珍珠与鲁迅［J］. 宿州学院学报，2008（01）：103.

袁国兴. "音节"和诗艺的探究：对1920年代中期开始的一种新诗发展动向的考察［J］. 福建论坛（人社版），2009（01）：92.

罗秉利.《莲花微光里的梦：林徽因的一生》读后［J］. 图书馆杂志，2009（11）：92.

付祥喜.《中国现代文学三十年》（1998年版）的瑕疵及补订［J］. 中国现代文学研究丛刊，2009（06）：137.

王秋生，郭瑞. 1949年前的哈代诗歌翻译史［J］. 安徽文学（下半月），2009（09）：29.

刘创. 和身缓缓寻梦去［J］. 中学生阅读（高中版），2009（09）：17.

梁亮. 茶壶与茶杯［J］. 金山，2009（03）：46.

张建智. 静处的月明：林徽因诗存及其它［J］. 博览群书，2009（12）：51.

张凤香. 论哈代作品审美范畴下的悲观主义［J］. 电影文学，2009（12）：85.

张高杰. 论现代作家日记的文学史价值［J］. 大庆师范学院学报，2009（02）：108.

张晶晶. 现代散文的语言美［J］. 工会论坛（山东省工会管理干部学院学报），2009（02）：152.

张静. 一个浪漫诗人的偶像效应——二三十年代中国诗人对雪莱婚恋的讨论与效仿［J］. 中国现代文学研究丛刊，2009（02）：69.

王永，陈亮. 迎面而来的历史气息：诗人传记中的视觉史料问题［J］. 河北师范大学学报（哲社版），2009（01）：83.

张建智. 赵景深的《荷花》［J］. 博览群书，2009（04）：48.

师兵. 康桥那个地方［J］. 国际市场，2009（10）：49.

李友桥. 中国现代行旅文学的流变轨迹［J］. 中国国情国力，2009（07）：44.

杨庆祥. 中国现代文学史编撰中的"史与论"问题［J］. 渤海大学学报（哲社版），2009（05）：36.

吴满珍，李秋芸. 最近30年闻一多诗歌研究综论［J］. 江汉论坛，2009（08）：101.

徐晓慧，刘文永. 小脚与西服：透过张幼仪看近代上海女子生活与服饰变迁［J］. 兰台世界，2009（05）：47.

金哲，徐静静. 中国现代文学的传信者丁来东：以50年代之前为中心［J］. 当代（韩国），2009（04）：89.

王寿来. 丹青不老情常在：陆小曼习画的故事［J］. 老年教育（书画艺术），2009（06）：22.

刘玲. 民国时期文化名人五彩缤纷的婚姻观［J］. 艺术百家，2009（S1）：250.

师兵. 再现康桥［J］. 上海房地，2009（10）：63.

缪丽芳，常锐. 论艺术家的自恋之爱［J］. 江淮论坛，2009（06）：145.

舒云. 近代文化名人与庐山别墅［J］. 中华民居，2009（09）：74.

陈家萍. 林徽因：我懂得，但怎能应和［J］. 走向世界，2009（06）：95.

王磊. 郁达夫的义气［J］. 传承，2009（13）：34.

李伶伶，王一心. 诗人之恋［J］. 全国新书目，2009（19）：46.

姚宏越. 胡适先生的交际魅力［J］. 传承，2009（03）：32.

王一珂. 莲灯微光中真实的林徽因［J］. 出版广角，2009（01）：68.

钧风. 严厉而又宽容的梁启超［J］. 广东第二课堂（初中版），2009（04）：11.

肖素均. 唐瑛：旧上海的交际花［J］. 全国新书目，2009（21）：46.

相京. 阎锡山与泰戈尔［J］. 文史天地，2009（11）：24.

姚宏越. 韩石山的考证才华［J］. 全国新书目, 2009（13）: 65.

哈罗德·阿克顿, 北塔.《中国现代诗选》导言［J］. 现代中文学刊, 2010（04）: 72.

俞兆平. 古典主义思潮的排斥与中国现代文学史的欠缺［J］. 文艺争鸣, 2010（13）: 68.

黄艳芬. "教婆"应为冰心——对一封书信的一点考证［J］. 新文学史料, 2010（02）: 138.

方科大. 托马斯·哈代作品汉译版本探究［J］. 传奇. 传记文学选刊（理论研究）, 2010（11）: 66.

刘殿祥. 闻一多书信中的现代作家作品评价辑论［J］. 新文学史料, 2010（04）: 101.

朱晓茜. 浅谈我所知道的康桥之绘画美［J］. 现代语文（文学研究）, 2010（08）: 73.

张书克. 胡太太丈夫的老鼠党［J］. IT经理世界, 2010（12）: 126.

遥远. 徽因如梦——忆"中国一代才女"林徽因［J］. 党史纵横, 2010（01）: 48.

熊辉. 以译代作: 早期中国新诗创作的特殊方式［J］. 中国现代文学研究丛刊, 2010（04）: 92.

王一川. 中国现代文论中的若隐传统——以"感兴"论为个案［J］. 文艺争鸣, 2010（05）: 97.

黄平丽. 一个世纪的墨客风流［J］. 时代文学（下半月）, 2010（07）: 5.

遥远. 一代才女林徽因［J］. 钟山风雨, 2010（02）: 34.

傅野. 人生何处是归程［J］. 全国新书目, 2010（13）: 30.

汪修荣. 一个真实的陈西滢［J］. 名人传记（上半月）, 2010

（06）：83.

洁尘. 陆小曼究竟有多美［J］. 半月选读，2010（10）：13.

陈家萍. 民国奇女子［J］. 时代文学（下半月），2010（10）：5.

刘东黎. 民国第一美女林徽因［J］. 文史博览，2010（04）：5.

掌叶半夏. 张幼仪：没有爱情的幸福人生［J］. 跨世纪（时文博览），2010（06）：40.

冀爱莲. 阿瑟·韦利与丁文江交游考［J］. 新文学史料，2010（01）：159.

佐藤春夫，武继平. 呼唤旧友［J］. 郭沫若学刊，2010（03）：67.

其昌. 建筑家的眼睛诗人的心灵多情才女林徽因［J］. 文史博览，2010（04）：1.

姚兰. 绝代才女林徽因［J］. 文史天地，2010（04）：19.

吴小雪. 郭沫若研究二题［J］. 郭沫若学刊，2010（01）：53.

肖素兴. 唐瑛：老上海最摩登的交际名媛［J］. 文史博览，2010（12）：44.

王昕. 曼斯菲尔德在中国的早期译介［J］. 湖北大学成人教育学院学报，2010（05）：44.

秦贤次. 储安平及其同时代的光华文人［J］. 新文学史料，2010（01）：69.

吴昕孺. 遥望林徽因［J］. 中国工人，2010（07）：48.

杨晓周. 在康河的柔波里［J］. 人物，2011（05）：80.

耿宝强. "桃梨之争"：翻译观差异与意气之争［J］. 石家庄铁道大学学报（社科版），2011（03）：61.

沈毅.《努力周报》与新诗［J］. 中国社会科学院研究生院学报，2011（05）：115.

洪昔杓. 韩国诗人李陆史与中国现代文学：兼谈李陆史与鲁迅［J］. 当代外语研究, 2011（06）：49.

汤富华. 论"五四"诗歌翻译对中国新诗内容的影响［J］. 中国翻译, 2011（03）：16.

李向珂. 试论林徽因诗歌中的"孤独"情感［J］. 郑州航空工业管理学院学报（社科版）, 2011（06）：31.

陈明远. 美人才女陆小曼——夭于绝代偏多妒［J］. 报刊荟萃, 2011（12）：18.

张未民. 一个"生活"主题的诗歌简史［J］. 中国现代文学研究丛刊, 2011（06）：58.

韩石山. 精心打造的天才［J］. 幸福（悦读）, 2011（12）：8.

范晴. 历史在剑桥凝固诗情在康河驻足［J］. 世界文化, 2011（10）：43.

陌上舞狐. 民国女子那些事［J］. 人民公安, 2011（06）：62.

陈小滢, 黎青青. 她苦苦寻找的世界：忆我的母亲凌叔华［J］. 文史博览, 2011（04）：16.

史景迁. 林徽因与梁思成的传奇人生［J］. 法制资讯, 2011（03）：77.

桑逢康. 胡适与郭沫若［J］. 郭沫若学刊, 2011（02）：15.

黄健平. 接受学视野下的泰戈尔研究［J］. 重庆教育学院学报, 2011, 24（02）：115.

郭英剑. 探索心灵世界的《埋骨：赛珍珠在中国》［J］. 博览群书, 2011（06）：49.

周本卿.《再别康桥》教学新视野解读［J］. 学语文, 2012（03）：22.

费小平. 北美华裔批评家的文化翻译研究：福柯"知识考古学"的文本化［J］. 中国海洋大学学报（社科版），2012（06）：106.

潘建伟. 格律之形成与浪漫之情感：谈吴宓对新诗的态度［J］. 书屋，2012（02）：74.

邹建军，覃莉. 华兹华斯与中国现代浪漫主义诗学［J］. 西南大学学报（社科版），2012（05）：134.

杨泉良. 林徽因《别丢掉》阅读三层面解说［J］. 语文月刊，2012（09）：92.

冯慧敏，谢昭新. 论凌叔华的自由主义文学观［J］. 中国现代文学研究丛刊，2012（09）：75.

陈桃霞. 论中国现代文学的南洋叙事［J］. 江汉论坛，2012（03）：110.

文学武. 貌似而神离：李健吾、沈从文文学批评比较论［J］. 上海交通大学学报（哲社版），2012（03）：86.

陈琳，胡强. 陌生化诗歌翻译与翻译规范［J］. 外语教学，2012（04）：94.

赵聪. 区仲桃《论林徽因》解读［J］. 绥化学院学报，2012（06）：84.

彭建华. 晚清民国时期转译的歌德作品［J］. 西华大学学报（哲社版），2012（04）：36.

董健，张光芒. 文学创作与文学研究中的价值观问题［J］. 东吴学术，2012（03）：58.

解玺璋. 写作《梁启超传》的坦白与交代［J］. 博览群书，2012（12）：40.

卢文丽. 超现实的爱情对话——论林徽因的爱情诗创作[J]. 广播电视大学学报（哲社版），2012（02）：64.

刘继兴. 胡适"媒婆"生涯中的糗事[J]. 现代青年（细节版），2012（03）：14.

周亚萍. 一首爱和友谊的赞歌——评闵安琪小说《中国的珍珠》[J]. 名作欣赏，2012（33）：35.

武晓萌. 韵律是否可以延伸诗意[J]. 重庆科技学院学报（社科版），2012（14）：119.

寇鹏程. 中国现当代文学批评中的"不健康"话语透视[J]. 西南大学学报（社科版），2012（03）：107.

王开林."不死鸟"张奚若[J]. 同舟共进，2012（09）：46.

陈德馨. 大众文化中的图像诠释：从一幅表现鲁迅论战精神的漫画说起[J]. 艺术学研究（中国台湾），2012（10）：209.

崔耕和. 从李仲揆改名李四光说起[J]. 思维与智慧，2012（11）：16.

肖舟. 叫我如何不想她：追忆"旷世才女"林徽因[J]. 档案天地，2012（02）：19.

陈明远. 陆小曼：复杂的活跃型女人[J]. 名人传记（上半月），2012（05）：92.

卢毅. 民国名教授的讲课风格[J]. 冶金企业文化，2012（03）：52.

郦千明. 发生在老上海夏令配克戏院的故事[J]. 钟山风雨，2012（05）：16.

李刚田. 权威与真诚的臭骂：旅美途中随想三则（三）[J]. 书法，2012（09）：23.

蔡渊迪. 先生原本住人间［J］. 书屋，2012（05）：46.

龚灿. 冰心往事［J］. 决策与信息，2012（08）：69.

张丽钧. 别丢了坎蒂德［J］. 教师博览，2012（09）：35.

张建安. 沈从文：行伍出身的大师［J］.江淮文史，2012（05）:85.

张新颖. 沈从文早年的教书生活［J］.东吴学术，2012（02）：144.

翟广顺. 沈从文的青岛人生：纪念沈从文诞辰110周年［J］.青岛大学师范学院学，2012（01）：121.

田燕. 沈从文的图书馆工作经历与情结［J］. 兰台世界，2012（22）：18.

陈建军. 陆小曼"捧角"［J］. 书城，2012（08）：55.

卢军. 邵洵美的经济生活与文学选择［J］. 海南师范大学学报（社科版），2012（04）：1.

朱映晓. 穿过轶闻与韵事的浮影：我为何写《凌叔华传》［J］. 名作欣赏，2012（19）：44.

彭飞. 徐悲鸿与胡适交游考［J］. 荣宝斋，2012（03）：252.

周军. 叫我如何不想她——"旷世才女"林徽因［J］. 文史月刊，2012（03）：58.

章似光. 混搭的"日期"［J］. 咬文嚼字，2012（12）：29.

王一心，李伶伶. 胡适和郭沫若："夕阳楼之争"［J］. 读书文摘，2012（03）：46.

洪烛. 撞上林徽因［J］. 档案天地，2012（04）：61.

伊北. 林徽因梁思成婚姻的导演——梁启超［J］. 名人传记（上半月），2012（11）：61.

颜海平. "坚韧地横过历史"［J］. 读书，2013（11）：102.

班业新. 林徽因文学思想探析［J］. 哈尔滨学院学报，2013

(07):61.

王玉华,王小东.隐匿于母校情背后的秘密[J].新语文学习(初中版),2013(Z2):37.

张艳.林徽因作品中的爱情悲剧[J].现代语文(学术综合版),2013(10):37.

胡富茂.论哈代作品在中国的译介与研究[J].中国青年政治学院学报,2013(03):111.

刘旭东.论苏雪林新文学批评的特点[J].求索,2013(08):137.

屈彦奎.旁证考据 深化理解:《记梁任公先生的一次演讲》教学设计[J].现代语文(教研版),2013(10):46.

晓方.批评未免太匆忙[J].新闻前哨,2013(10):111.

杨黎.浅议诗歌鉴赏启蒙教学模式[J].现代语文(学术综合版),2013(04):120.

赵普光.书话与现代中国文学的经典化[J].文学评论,2013(05):127—135.

詹姆士·贝德.民国大师的率真[J].芳草(经典阅读),2013(12):82.

李乐平.闻一多与中国新诗同人诗家比较研究[J].社会科学辑刊,2013(04):180.

聂珍钊.五四时期诗歌伦理的建构与新诗创作[J].华中师范大学学报(人社版),2013(06):114.

诸荣会.突出重围与顺流而下[J].美文(上半月),2013(05):37.

吴永福.郁达夫的散文.语文学刊,2013(02):95.

马利安·高利克,刘燕.在客西马尼花园与骷髅地之间:中国现代文学中的耶稣受难日［J］.中国现代文学研究丛刊,2013（11）：134.

费冬梅."诗坛双璧"与一篇小说——从珰女士说起［J］.汉语言文学研究,2013（03）：75.

万士才,王勇,孙慧.一部生动的比较文学关系史——简评《1848—1949中英文学关系史》［J］.阅江学刊,2013（02）：144.

李筱懿.坏在明处的人伤得了皮肉伤不了心［J］.祝你幸福（午后）,2013（08）：10.

田露."辞职风波"与20世纪20年代北京文艺界的分化［J］.汉语言文学研究,2013（04）：138.

耿宝强.大家闺秀与小家碧玉：林徽因与陆小曼［J］.书屋,2013（02）：28.

薛晶晶.从人间四月天到非诚勿扰：谈林徽因时代与现今爱情观［J］.现代妇女（下旬）,2012（12）：262.

屈波.从徐悲鸿的绘画酷评说起［J］.厦门工艺美术学院学报,2013（01）：8.

散木.流儒雅话陈毅［J］.党史博览,2013（03）：19.

梁玲.卞之琳的翻译人生［J］.兰台世界,2013（10）：44.

周礼.为了"我的失恋"与上司反目［J］.文史博览,2013（03）：27.

徐峰.以《人物传记》探析沈从文的感恩之心［J］.延安职业技术学院学报,2013（03）：97.

韩石山.民国"三大奇缘"［J］.档案天地,2013（12）：58.

张小松.再望人间四月天［J］.审计月刊,2013（04）：54.

张叹凤.早期创造社郭沫若郁达夫等人的"泪浪"［J］.文

学评论, 2013 (01): 41.

张超. 仰徽因之如在 [J]. 全国新书目, 2013 (08): 71.

冯慧敏, 谢昭新. 论凌叔华的自由主义文学思想 [J]. 中国现代文学研究丛刊, 2013 (09): 99.

北落师门. 邵洵美: 蝴蝶飞不过沧海 [J]. 同舟共进, 2013 (07): 48.

刘纪新. 邵洵美并不"美": 驳近年来关于邵洵美的翻案文章 [J]. 博览群书, 2013 (09): 92.

周礼. 林徽因: "一身诗意千寻瀑"的奇女子 [J]. 湖北档案, 2013 (09): 43.

刘维荣. 胡适与曹诚英 [J]. 档案天地, 2013 (04): 37.

白吉庵. 胡适和她的表妹曹诚英 [J]. 文史精华, 2013 (11): 52.

魏敬群. 济南老字号与名人有关的事儿 [J]. 走向世界, 2013 (12): 37.

王鹤. 曹诚英: 梦魂无奈苦缠绵 [J]. 书屋, 2013 (09): 43.

新画派: 西方现代艺术在中国的早期接受 [J]. 荣宝斋, 2013 (12): 24.

燕山翁. 翡冷翠=佛罗伦萨 [J]. 咬文嚼字, 2013 (10): 48.

娄晓凯. "至情至性"与"情"本体论: 中西比较视野中的文学观念选择 [J]. 文艺理论研究, 2014 (04): 165.

黄红春. 林徽因诗歌中的时间意识 [J]. 南昌大学学报 (人社版), 2014 (06): 112.

赵瑜. 陆小曼的日记 [J]. 文学教育 (下), 2014 (11): 11.

宋爽劲. 民国课堂: 大先生的情书 [J]. 新经济, 2014

(30): 94.

张亚兰. 疏影横斜勾线连丝：浅谈"暗示性"语言在解读文本中的运用 [J]. 现代语文（教研版），2014（07）：95.

陈历明. 新诗的生成：作为翻译的现代性 [J]. 文艺理论研究，2014（06）：173.

李春杰. 五四文学："情绪骚动的十年"：论"五四"文学的情感性 [J]. 文艺争鸣，2014（02）：80.

李玮. 沈从文乡土文学观念的发生与自觉 [J]. 中南大学学报（社科版），2014（05）：216.

张超. 仰徽因之如在：读《你是人间四月天：林徽因》有感 [J]. 博览群书，2014（11）：89.

刘略昌. 我国解放前新西兰文学译介之考察与评析 [J]. 英语研究，2014（03）：19.

成小晟. 凌叔华：把生命里最后一片叶子献给你 [J]. 幸福（婚姻），2014（10）：33.

孙翀. "自由"与"自觉"：从"雅舍"中看"人性" [J]. 中共济南市委党校学报，2014（03）：52.

孙宜学. 中国的雪莱观与雪莱的中国观 [J]. 上海师范大学学报（哲社版），2014（04）：62.

黄艳芬. 朱湘与鲁迅 [J]. 新文学史料，2014（04）：105.

闫红. 壁花少女张幼仪 [J]. 快乐阅读，2014（04）：64.

吴福辉. 沈从文：为香港某作家网所作 [J]. 汉语言文学研究，2014，5（02）：140.

宋路霞. 张幼仪：离开徐志摩之后 [J]. 档案春秋，2014（08）：28.

游超,陈红. 林徽因:你是人间的四月天[J]. 大众文艺,2014(05):3.

马双. 林徽因:与一个过渡时代的性别协商[J]. 艺术科技,2014(03):199.

刘淑玲. 林徽因与京派的三个刊物(二)[J]. 书屋,2014(12):64.

叶兆言. 罗家伦:最好的大学校长材料[J]. 文史博览,2014(03):32.

史飞翔. 胡适告诉陆小曼:你的一切我包了[J]. 文史博览,2014(03):38.

潘飞. 爱里有激荡人世,也有颠沛流年[J]. 出版广角,2014(17):89.

毕克官. 盟主鲁迅也是左的[J]. 炎黄春秋,2014(04):79.

黄红春. 沈从文新月派属性考辨[J].名作欣赏,2014(02):104.

舒曼. 陆小曼:一道不可不看的风景[J]. 东西南北,2015(14):77.

沈国辉. 来生的邀约:林徽因《别丢掉》阐释[J]. 名作欣赏,2015(29):128.

谭恒. 诗歌翻译中的"陌生化"[J].商业文化,2015(08):137.

刘清浩,郭伟,张美凤. 十八世纪以来中国俄国文学比较[J]. 才智,2015(34):198.

靳帅. 林徽因的"自我同一性混乱"及其获得——从心理学的视角看林徽因与徐志摩的爱情[J]. 青春岁月,2015(19):256.

邬国义. 银针/银铃/银钟之响于幽谷[J]. 中国社会科学院

研究生院学报, 2015（04）: 100.

楚梦. 出场炫目, 谢幕冷清——民国才女和她们的命运[J]. 同舟共进, 2015（11）: 80.

隗斌贤. 浪漫诗人的科学情怀[J]. 科学24小时, 2015（01）: 24.

张达明. 一所大学与一棵柳树[J]. 小学教学研究, 2015（33）: 26.

朱少伟. 文学巨匠们的浦江履痕[J]. 档案春秋, 2015（10）: 49.

陈子善. 打捞现代作家集外文的乐趣[J]. 书城, 2015（08）: 56.

童地轴. 古老大学城：剑桥与牛津[J]. 中国三峡, 2015（05）: 50.

吧啦. 陆小曼 从交际花到女画家[J]. 时代人物, 2015（05）: 110.

张元卿. 陆小曼与还珠楼主[J]. 新文学史料, 2015（04）: 106.

费冬梅. 林徽因"太太客厅"考论[J]. 社会科学论坛, 2015（09）: 91.

程刚. 郁达夫的棉衣去哪儿了[J]. 文史博览, 2015（11）: 55.

周有光, 张建安. 周有光百岁忆往昔[J]. 领导文萃, 2015（02）: 59.

刘李英. 美丽林徽因[J]. 中国农村金融, 2015（18）: 108.

章之炎. 郭沫若激情似火[J]. 咬文嚼字, 2015（04）: 43.

朱明坤. 最美人间四月天[J]. 吉林农业, 2015（08）: 57.

李金荣. 赛珍珠的中国"故园"情结[J]. 文学自由谈, 2015(01): 151.

王吴军. 民国文人的有趣情事[J]. 喜剧世界(上半月), 2016(07): 44.

韩松. 天津绿波社[J]. 海宁市徐志摩研究会编《徐志摩研究》, 2016(03): 9.

刘素凤, 赖诚斌, 丁兴祥. 从《小脚》中蜕变与重生: 张幼仪"做自己"的痛苦追寻[J]. 生命叙说与心理传记学(中国台湾), 2016(04): 151.

牛颂. 当年"北漂"沈从文[J]. 中国民族, 2016(03): 76.

张振海. 追求以情激情的至美境界: 兼与李秋华老师商榷[J]. 语文知识, 2016(05): 64.

彭林祥. 赵家璧与爱眉小札[J]. 寻根, 2016(03): 96.

龚明德. "知白"的《回忆闻一多》考读[J]. 中国现代文学研究丛刊, 2017(03): 58.

孙莉莉. 寻访陆小曼故居[J]. 火花, 2017(02): 6.

赵焕亭. 中国现代作家传记研究[J]. 新文学史料, 2017(03): 34.

绪形康. 近代中国史上"文艺复兴"之梦的意涵[J]. 华东师范大学学报(哲社版), 2017(04): 44.

叶素琪. 林徽因: 一个春天的童话[J]. 民主, 2017(05): 44.

王爽. 现代诗歌在高中语文教学中的唤醒功能[J]. 中学课程资源, 2017(03): 33.

宫立. 赵家璧佚简十二通释读[J]. 长沙理工大学学报(社

科版），2017（06）：79.

冯丽. 以美动诸心［J］. 中学语文教学参考，2017（19）：28.

李维鼎. 我还没有完全读懂［J］. 语文学习，2017（05）：1.

朱少伟."三起三落"邵洵美［J］. 档案春秋，2017（09）：46.

张新颖."用身前这片大海教育我，淘深我的生命"：沈从文的青岛时期［J］. 书屋，2017（12）：33.

樊青青，王喆."耶稣之死"对圣经文本的超越［J］. 赤峰学院学报（汉文哲社版），2017（06）：112.

赵淑敏. 百劫红颜陆小曼［J］. 大众文艺，2017（16）：33.

安娜. 安娜日记［J］. 徐志摩纪念馆编《太阳花》，2017（01）：100.

魏邦良. 李济何以跻身清华国学院"五导师"之列［J］. 同舟共进，2017（03）：58.

孟雷. 求真与写实：徐悲鸿与中国现代美术教育［J］. 国画家，2017（02）：62.

佚名. 串起半个民国文艺圈的刘半农［J］. 文学教育（下），2017（10）：12.

姚家育. 作为文学批评家的叶公超［J］. 粤海风，2017（06）：36.

倪章荣. 沈从文与民国文化名流［J］. 同舟共进，2017（12）：77.

陈建华. 陆小曼与上海戏台风云（上）［J］. 书城，2017（03）：51.

陈建华. 陆小曼与上海戏台风云（下）［J］. 书城，2017（04）：31.

张定浩. 林徽因：明暗自成内心的秘奥［J］. 书城，2017（09）：54.

张婷婷. 画中求戏戏中求画：论梅兰芳与刘海粟的交往[J]. 戏曲艺术，2017（04）：20.

吴晓. 胡适的苏俄感观：对社会主义大加赞扬[J]. 文史博览，2017（12）：34.

陈学勇. 胡适承受不起这绯闻[J]. 徐志摩纪念馆编《太阳花》，2017（02）：115.

韦英思. 蒋百里与林徽因：才子佳人的三代旷世情[J]. 文史春秋，2017（08）：44.

龚刚. 情感炼狱中的田园梦：解析陆小曼《西山情思》[J]. 中国文学研究，2018（01）：136.

妙吉祥. 陆小曼：恨不相逢未嫁时[J]. 时代邮刊，2018（18）：54.

贾鑫鑫. 重审中国现代诗创作中的"双语现象"[J]. 江汉学术，2018（04）：61.

邓安庆. "笨人"沈从文[J]. 书城，2018（05）：110.

伊岚. "美的信徒"沈从文[J]. 文史天地，2018（09）：22.

罗宏. 一方铜墨盒引出的家族故事[J]. 书屋，2018（03）：18.

郦千明. 文坛"孟尝君"邵洵美[J]. 检察风云，2018（06）：76.

龚刚. 古文家钱基博对文学革命的退让与反击[J]. 华文文学，2018（04）：59.

杨天南. 西湖边上的源居六然[J]. 中国金融家，2018（11）：144.

张方晦. 身有所依心无所系：忆我的老师陆小曼[J]. 徐志摩纪念馆编《太阳花》，2018（02）：74.

张守涛. 沈从文在"北漂"路上[J]. 档案春秋，2018

（10）：48.

谢娟. 沈从文接"火"传温暖［J］. 思维与智慧，2018（08）：38.

田祝兰. 良师益友：凌叔华的人际网络［J］. 滇西科技师范学院学报，2018（03）：8.

魏万磊. 张奚若的民主气质与科学精神［J］. 民主与科学，2018（03）：67.

肖伊绯. 胡适的四十大寿［J］. 徐志摩纪念馆编《太阳花》，2018（01）：64.

张熙. 徐悲鸿的"猫"［J］. 美术观察，2018（02）：113.

陈漱渝. 凌叔华和她的文坛风波［J］. 名作欣赏，2018（19）：11.

马镇. 腕底云烟笔底山：记著名女山水画家陆小曼［J］. 前进论坛，2018（09）：57.

袁勇麟. "蕞尔小国"与"西北大邦"：早期海外华文文学中的日俄记述［J］. 福建师范大学学报（哲社版），2019（01）：100.

韩石山. 拿希望劈成小柴生火——在首都图书馆的演讲［J］. 山西文学，2019（03）：83.

孙贝贝，张源波. "谦谦君子"的"红娘"往事［J］. 文史天地，2019（10）：4.

彭春花. 我爱陆小曼［J］. 牡丹，2019（21）：57.

闫红. 未被"富养"的女孩［J］. 北方人（悦读），2019（11）：50.

岳芬. 常州名媛陆小曼和她的文艺世界［J］. 江苏理工学院

学报，2019（01）：46.

陈学勇. 读凌叔华一组佚信：关于凌叔华集外文札记之四［J］. 苏州教育学院学报，2019（05）：104.

孙向阳. 孤独者的歌：论蹇先艾的新诗创作［J］. 江苏社会科学，2019（05）：223.

邓涛. 开辟"苏俄通讯"探研新天地：评《红都印象：20世纪上半期中国的"苏俄通讯"研究》［J］. 湖北第二师范学院学报，2019（06）：106.

龚刚. 科学思维的局限性与"诗话"批评的复兴［J］. 中山大学学报（社科版），2019（01）：32.

王怡雯. 民国时期意大利戏剧作品在中国的译介和传播［J］. 东方翻译，2019（05）：40—51.

张传敏. 平淡背后的葛藤：周作人《喝茶》解［J］. 名作欣赏，2019（08）：21.

张幼仪，倪爱仁. 民国女商人［J］. 民间传奇故事，2019（03）：92.

李传玺. 1930年前后的史沫特莱与胡适［J］. 江淮文史，2019（01）：160.

韩石山. 由叶开先生的说法说开［J］. 文学自由谈，2019（03）：21.

肖伊绯. 再谈陆小曼的前夫王赓［J］. 书屋，2019（09）：42.

罗烈洪. 西子湖畔的浪漫传奇：记"花港观鱼"公园内的林徽音像［J］. 徐志摩纪念馆编《太阳花》，2019（02）：12.

子张. 张幼仪：痛楚与隔膜［J］. 书城，2019（11）：44.

王鹤. 陆小曼：一生半累烟云中［J］. 同舟共进，2019（01）：48.

庄簃. 陆小曼二三事：纪念陆小曼逝世四十周年［J］. 徐志摩纪念馆编《太阳花》, 2019（05）：74.

韩丽梅. 邵洵美、鲁迅论争史实的再思考：从《时代漫画》说起［J］. 鲁迅研究月刊, 2019（07）：36.

涌庐. 俞珊的诗与徐志摩［J］. 徐志摩纪念馆编《太阳花》, 2019（02）：85.

韩宇瑄. 浪漫与政治的歧途：以《中国现代作家的浪漫一代》为中心［J］. 美与时代（下）, 2019（04）：86.

金晓琴. 斜倚在软草里看大星［J］. 徐志摩纪念馆编《太阳花》, 2019（05）：85.

荣正通. 新文化运动中的蒋百里［J］. 档案春秋, 2019（03）：44.

黄可. 美人画师陆小曼（二）——曲折的婚姻［J］. 书与画, 2020（05）：51.

戴建华. 读书二志［J］. 太阳花（徐志摩纪念馆内刊）, 2020（01）：106.

田建民, 田天. 秋夜与北方的冬天是冬天的互文性解读［J］. 鲁迅研究月刊, 2020（12）：4.

蒋进国. 京沪播迁：现代文学中心转移的场域观察［J］. 中州大学学报, 2020（06）：1.

林平. 谈发现诗的条件与途径［J］. 牡丹江教育学院学报, 2020（12）：14.

何文斌. 春阑"寻梦"记［J］. 徐志摩纪念馆编《太阳花》, 2020（02）：73.

刘丹. 对比展在人物类展览策划中的尝试——以展览"鲁迅·徐志摩——呐喊与歌唱的人生"为例［J］. 艺术与民俗,

2020（01）：25.

鲁雪莉，王嘉良. 越文化视域下的诗歌新变与中国文学现代转型［J］. 浙江社会科学，2021（02）：125.

苏畅. 旅苏游记与跨国想象——以20世纪20—30年代中国旅苏游记为中心的反思［J］. 文艺争鸣，2021（03）：56.

梁从诫. 倏忽人间四月天——回忆我的母亲林徽因［J］. 闽都文化，2021（01）：67.

图书索引

著作类

徐志摩著. 现代散文选 [M]. 中国台北：水牛出版社, 1984.

王永生主编. 中国现代文论选 [M]. 贵阳：贵州人民出版社, 1984.

徐志摩著. 巴黎的鳞爪 [M]. 中国台北：黎明文化事业公司, 1985.

王锦泉编. 徐志摩散文选集 [M]. 天津：百花文艺出版社, 2004.

徐志摩著, 晨光辑注. 徐志摩书信 [M]. 长沙：湖南文艺出版社, 1986.

徐志摩著. 爱眉小札 [M]. 上海：上海书店出版社, 1987.

杨牧编校. 徐志摩诗选 [M]. 中国台北：洪范书店, 1987.

徐志摩著, 郁林选编. 徐志摩爱眉书简 [M]. 北京：华夏出版社，1988.

徐志摩著，陆小曼编.徐志摩全集（全5册）［M］.上海：上海书店出版社，1988.

徐志摩著，杨牧编校.徐志摩诗选［M］.中国台北：洪范书店，1988.

徐志摩著.徐志摩文集［M］.上海：上海书店，1988（香港重版）.

徐志摩著.爱眉小札及其续编：徐志摩致陆小曼情书［M］.杭州：浙江文艺出版社，1989.

徐志摩著，刘汉选编.徐志摩情诗精选［M］.福州：海峡文艺出版社，1989.

徐志摩著.徐志摩全集［M］.中国台南：大孚书局，1989.

徐志摩著，徐如麟选编.眉短眉长：徐志摩爱眉小札选［M］.桂林：漓江出版社，1990.

赵遐秋，曾庆瑞，潘百生编.徐志摩全集［M］.徐志摩著（全5册）［M］.南宁：广西民族出版社，1991.

徐志摩著，顾永棣编选.徐志摩日记书信精选［M］.成都：四川文艺出版社，1991.

徐志摩，陆小曼著，陈信元诠释.你是不是我唯一的恋人［M］.中国台北：业强出版社，1991.

郭文友编.徐志摩精致小品［M］.成都：成都出版社，1992.

徐志摩著，叶斌，张莹编.徐志摩情语［M］.桂林：漓江出版社，1992.

徐志摩著，来凤仪编.徐志摩抒情小诗［M］.杭州：浙江文艺出版社，1992.

徐志摩著. 珍贵的情书：徐志摩致陆小曼的信［M］. 北京：书目文献出版社，1992.

徐志摩著，陆小曼编. 志摩日记［M］. 北京：书目文献出版社，1992.

徐志摩著. 徐志摩全集［M］. 中国台南：大孚书局，1993.

傅光明编. 青少年徐志摩读本［M］. 中国台北：选强出版社，1993.

徐志摩著，谢冕主编. 徐志摩名作欣赏［M］. 北京：中国和平出版社，1993.

徐志摩著，肖淼选编. 徐志摩情诗情书情文珍品集［M］. 北京：华文出版社，1994.

徐志摩著，傅光明编. 徐志摩书信集［M］. 郑州：河南教育出版社，1994.

徐志摩著. 肉艳的巴黎［M］. 四川：四川文艺出版社，1994.

王亚民主编. 徐志摩诗全集［M］. 河北：花山文艺出版社，1994.

徐志摩著，陆小曼编. 徐志摩全集补编（全4册：）［M］. 上海：上海书店出版社，1995.

徐志摩著，金华编. 红尘万丈不了情：徐志摩家书［M］. 沈阳：辽宁古籍出版社，1996.

徐志摩著. 徐志摩自传［M］. 南京：江苏文艺出版社，1996.

徐志摩著，刘炜编. 徐志摩自述［M］. 北京：团结出版社，1996.

徐志摩著，梦晨编选. 她怕他说出口［M］. 北京：华夏出版社，1997.

徐志摩著. 生命的信仰：徐志摩文选（上下）[M]. 香港：国际文化出版社, 1997.

徐志摩著, 杨牧编. 徐志摩散文选[M]. 中国台北：洪范书店, 1997.

胡适, 徐志摩等著. 中国近代散文选读. 上[M]. 中国台北：益大书局出版社, 1997.

徐志摩著. 再别康桥：徐志摩作品[M]. 中国台北：九仪出版社, 1998.

徐志摩著, 陆汶编. 爱眉小札：志摩情书[M]. 成都：四川文艺出版社, 1999.

徐志摩著. 爱眉小札：徐志摩致陆小曼情书[M]. 北京：经济日报出版社, 2000.

徐志摩著. 恋恋情深, 徐志摩全集[M]. 中国台北：集蕴文化图书出版社, 2000.

徐志摩著, 祭登山选编. 柔情裹着我的心：徐志摩经典浪漫情诗与情话[M]. 香港：国际文化出版社, 2000.

徐志摩著, 林文慧编. 徐志摩散文小说选[M]. 中国台北, 2000.

徐志摩, 陆小曼著, 梁仁编. 徐志摩情书：爱眉悄语[M]. 杭州：浙江文艺出版社, 2000.

徐志摩著. 徐志摩文集（上中下）[M]. 北京：长城出版社, 2000.

徐志摩著. 徐志摩作品集[M]. 拉萨：西藏人民出版社, 2000.

陈子善编. 许我一个未来：徐志摩的生死情爱[M]. 香港：天地图书有限公司, 2000.

徐志摩著. 再别康桥：徐志摩诗歌全集 [M]. 长春：时代文艺出版社, 2000.

徐志摩著, 莫渝编. 我等候你：徐志摩情诗精选 [M]. 中国台北：桂冠出版社, 2001.

徐志摩著. 徐志摩短诗选 [M]. 中国台北：联合文学出版社有限公司, 2001.

徐志摩著. 徐志摩诗文名篇 [M]. 长春：时代文艺出版社, 2001.

徐志摩著. 志摩日记 [M]. 中国台北：桂冠出版社, 2001.

徐志摩, 陆小曼著. 爱眉小札 [M]. 武汉：湖北人民出版社, 2002.

徐志摩著, 章汉亭等编. 我所知道的康桥 [M]. 济南：山东画报出版社, 2002.

徐志摩著. 徐志摩全集（散文·小说·诗辑·日记）[M]. 中国台南：世一书局股份有限公司, 2002.

徐志摩著. 徐志摩散文集 [M]. 上海：上海古籍出版社, 2002.

徐志摩著. 徐志摩诗集 [M]. 上海：上海古籍出版社, 2002.

徐志摩著. 徐志摩诗文赏析 [M]. 南宁：广西人民出版社, 2002.

徐志摩著, 李晓明主编. 徐志摩文集 [M]. 吉林：吉林文史出版社, 2002.

徐志摩著. 爱眉小札 [M]. 呼和浩特：内蒙古大学出版社, 2003.

徐志摩著. 爱眉小札 [M]. 北京：中国友谊出版公司, 2003.

胡适著. 北京大学图书馆藏胡适未刊书信日记（影印本）

[M]．北京：清华大学出版社，2003．

徐志摩著．翡冷翠山居闲话［M］．呼和浩特：内蒙古大学出版社，2003．

徐志摩等著．名家谈人生［M］．牧村图书有限公司，2003．

徐志摩著，余凤高编．沐浴欧洲文明的熏风［M］．杭州：浙江人民出版社，杭州：浙江教育出版社，2003．

徐志摩著．深巷琵琶［M］．北京：华夏出版社，2003．

徐志摩著，傅光明编．吻火夜莺［M］．合肥：安徽文艺出版社，2003．

徐志摩著，陈子善选编．想飞：徐志摩散文经典［M］．上海：上海社会科学院出版社，2003．

徐志摩著．徐志摩［M］．北京：中国社会科学出版社，2003．

徐志摩，林徽因著，周良沛编选．徐志摩林徽因诗选［M］．武汉：长江文艺出版社，2003．

徐志摩著，彬彬选编．徐志摩散文·诗歌［M］．呼伦贝尔：内蒙古文化出版社，2003．

徐志摩著．徐志摩诗歌散文［M］．北京：中国戏剧出版社，2003．

徐志摩著，虞坤林整理．徐志摩未刊日记（外四种）［M］．北京：北京图书馆出版社，2003．

徐志摩著，来凤仪选编．徐志摩主页［M］．杭州：浙江文艺出版社，2003．

徐志摩著，凡尼，郁苇选编．徐志摩作品精编（散文卷）［M］．桂林：漓江出版社，2003．

徐志摩著，凡尼，郁苇选编．徐志摩作品精编（诗歌卷）

[M]．桂林：漓江出版社，2003．

徐志摩著，许祖华选编．徐志摩作品精选［M］．武汉：长江文艺出版社，2003．

徐志摩著．再别康桥［M］．呼和浩特：内蒙古大学出版社，2003．

徐志摩著．再别康桥：徐志摩诗歌全集［M］．北京：线装书局，2003．

（法）伏尔泰著，徐志摩译．赣第德［M］．南昌：百花洲文艺出版社，2004．

徐志摩著．康桥再会：徐志摩浪漫诗歌精选［M］．北京：京华出版社，2004．

郁达夫，徐志摩等著．名人情话［M］．北京：华文出版社，2003．

胡适，徐志摩等著，陈均编选．诗歌北大［M］．武汉：长江文艺出版社，2003．

景戎华主编，王青峰等编著．速读中国现当代文学大师与名家丛书：徐志摩卷［M］．北京：蓝天出版社，2003．

徐志摩著．我是天空里的一片云：徐志摩诗选［M］．汕头：汕头大学出版社，2003．

徐志摩著．想飞·巴黎的鳞爪［M］．上海：复旦大学出版社，2003．

徐志摩著．徐志摩散文精品选［M］．兰州：甘肃文化出版社，2003．

徐志摩原著，李冶威主编．徐志摩诗歌经典［M］．北京：光明日报出版社，2003．

徐志摩著.徐志摩选集（上下）[M].北京：人民文学出版社，2003.

徐志摩著.再别康桥[M].呼和浩特：内蒙古人民出版社，2003.

徐志摩著，郑林选编.再别康桥：志摩的诗[M].上海：上海社会科学院出版社，2003.

徐志摩著.再别康桥·云游[M].上海：复旦大学出版社，2003.

陆小曼编.真爱与永恒：徐志摩与陆小曼爱情日记[M].中国台北：九歌出版社，2003.

徐志摩著，虞坤林编.志摩的信[M].上海：学林出版社，2003.

徐志摩著，虞坤林编.别为我唱悲伤的歌：徐志摩未刊日记首度披露[M].中国台北：台北未来书城，2003.

韩石山编.徐志摩全集（8卷）天津[M].天津：天津人民出版社，2005.

徐志摩著.巴黎的鳞爪[M].天津：百花文艺出版社，2005.

徐志摩著.翡冷翠的一夜（影印本）[M].天津：百花文艺出版社，2005.

徐志摩著.翡冷翠的一夜志摩的诗[M].北京：中国对外翻译出版公司，2005.

徐志摩著.落叶（影印本）[M].天津：百花文艺出版社，2005.

徐志摩著.猛虎集（影印本）[M].天津：百花文艺出版社，2005.

徐志摩著. 温柔少年情：徐志摩小品 [M]. 天津：新蕾出版社，2005.

徐志摩著. 我所知道的康桥 [M]. 北京：京华出版社，2005.

徐志摩著. 我所知道的康桥：志摩的散文 [M]. 北京：中国对外翻译出版公司，2005.

徐志摩著，瑞峰主编. 现代名家名作 [M]. 北京：中央民族大学出版社，2005.

徐志摩著，向学春编. 徐志摩讲爱情 [M]. 北京：新华出版社，2005.

徐志摩著，徐薇编. 徐志摩讲诗 [M]. 北京：新华出版社，2005.

徐志摩著. 徐志摩精选集之再别康桥 [M]. 丰阁出版社出版，2005.

韩石山编. 徐志摩全集（全八卷八册）[M]. 天津：天津人民出版社，2005.

伍仁编选. 徐志摩散文 [M]. 西安：太白文艺出版社，2005（02）.

韩石山编. 徐志摩散文全编 [M]. 天津：天津人民出版社，2005.

徐志摩著. 徐志摩诗文名篇 [M]. 长春：时代文艺出版社，2005.

顾永棣，顾倩编. 徐志摩小说全集 [M]. 上海：学林出版社，2005.

徐志摩著，陆小曼编. 一本没有颜色的书 [M]. 上海：上海远东出版社，2005.

徐志摩著. 再别康桥：徐志摩诗歌全集［M］. 北京：西苑出版社，2005.

（法）拿破仑，徐志摩等著. 纸上罗曼斯［M］. 北京：团结出版社，2005.

徐志摩著. 志摩的诗（影印本）［M］. 天津：百花文艺出版社，2005.

徐志摩著. 中国现代散文经典文库：徐志摩卷［M］. 北京：大众文艺出版社，2005.

徐志摩著. 中国现代文学名著文库：徐志摩经典［M］. 北京：大众文艺出版社，2005.

徐志摩著. 自剖文集［M］. 天津：百花文艺出版社，2005.

来凤仪选编. 翡冷翠山居闲话：徐志摩散文［M］. 杭州：浙江文艺出版社，2006.

徐志摩，陆小曼著，虞坤林编. 苦涩的恋情［M］. 太原：山西人民出版社，2006.

范铭如主编，洪淑苓编著. 徐志摩［M］. 中国台北：三民书局，2006.

傅光明编. 轻轻的我走了：徐志摩书信集［M］. 北京：中国三峡出版社，2006.

徐志摩著，何言宏编. 我所知道的康桥［M］. 南京：江苏文艺出版社，2006.

顾永棣编注. 新编徐志摩全诗［M］. 上海：学林出版社，2006.

韩石山编注. 徐志摩集［M］. 广州：花城出版社，2006.

徐志摩著. 徐志摩精选集［M］. 北京：北京燕山出版

社，2006.

徐志摩著，蔡登山辑注. 徐志摩情书集［M］. 中国台北：秀威资讯科技股份有限公司，2006.

徐志摩著. 徐志摩人生笔记［M］. 长春：时代文艺出版社，2006.

徐志摩著. 徐志摩散文集［M］. 北京：西苑出版社，2006.

韩石山编. 徐志摩诗歌全编［M］. 天津：天津人民出版，2006.

韩石山编. 徐志摩书信集［M］. 天津：天津人民出版社，2006.

徐志摩著. 徐志摩文集（2卷2册：诗歌卷、散文卷）［M］. 南宁：广西人民出版社，2006.

徐志摩著. 徐志摩文集（小说·日记·书信卷）［M］. 南宁：广西人民出版社，2006.

徐志摩著. 再别康桥［M］. 哈尔滨：哈尔滨出版社，2006.

徐志摩. 巴黎的鳞爪：徐志摩游记［M］. 贵阳：东方出版社，2007.

徐志摩等著. 风这是风刮的老舍［M］. 北京：人民文学出版社，2007.

徐志摩著. 落叶：徐志摩精品集［M］. 北京：中国戏剧出版社，2007.

徐志摩著. 她们仨：一个诗人的情感生活［M］. 北京：中国妇女出版社，2007.

徐志摩，鲁迅等著. 我的祖母之死后［M］. 北京：人民文学出版社，2007.

孙忠杰编. 徐志摩名篇名句赏读［M］. 呼和浩特：远方出版社，2007.

徐志摩著. 徐志摩经典作品选［M］. 北京：当代世界出版社，2013.

徐志摩著. 徐志摩散文［M］. 北京：人民文学出版社，2020.

徐志摩著. 徐志摩散文精选［M］. 北京：京华出版社，（2007）.

徐志摩著. 徐志摩诗文［M］. 成都：四川文艺出版社，2007.

徐志摩著. 徐志摩文集［M］. 北京：京华出版社，2007.

徐志摩著. 徐志摩自述［M］. 哈尔滨：哈尔滨出版社，2007.

徐志摩著. 爱的灵感［M］. 武汉：长江文艺出版社，2008.

徐志摩著. 巴黎的鳞爪：徐志摩回忆录［M］. 北京：华夏出版社，2008.

徐志摩著. 翡冷翠山居闲话［M］. 中国台北：大旗出版社，2008.

徐志摩，李大钊等著. 翡冷翠山居闲话五峰游记［M］. 北京：人民文学出版社，2017.

徐志摩著，韩石山选编. 灵魂的自由［M］. 北京：中国青年出版社，2008.

徐志摩等著，周星主编. 那山：文化名人眼中的中华名山［M］. 北京：中国华侨出版社，2008.

徐志摩等著. 诗向梦边生：二十世纪中国汉诗经典［M］. 北京：中国国际广播出版社，2008.

徐志摩著. 徐志摩的经典散文［M］. 呼和浩特：内蒙古人民出版社，2009.

徐志摩著，史东梅主编. 徐志摩经典散文诗选［M］. 呼和浩特：内蒙古人民出版社，2008.

徐志摩著. 徐志摩绝妙小品文［M］. 广州：广东旅游出版社，2008.

陈信元编选. 徐志摩散文［M］. 中国台北：宇河文化出版有限公司，2008.

黄大卫选编. 徐志摩散文［M］. 太原：北岳文艺出版社，2008.

崔钟雷主编. 徐志摩散文集［M］. 北京：万卷出版公司，2008.

徐志摩著. 徐志摩散文集［M］. 西安：太白文艺出版社，2008（03）.

崔钟雷主编. 徐志摩散文精选［M］. 北京：万卷出版公司，2008.

张均，张春编注. 徐志摩诗精萃［M］. 广州：花城出版社，2008.

徐志摩著. 再别康桥：徐志摩诗歌全集珍藏版［M］. 北京：线装书局，2008.

徐志摩著. 再别康桥：巴黎的鳞爪［M］. 丰阁出版社出版，2008.

徐志摩著. 巴黎的鳞爪［M］. 南京：江苏文艺出版社，2009.

徐志摩著. 巴黎的鳞爪［M］. 北京：中国文联出版社，2009.

徐志摩著. 慧业文人［M］. 上海：东方出版中心，2009.

徐志摩著，广来选编. 近代名家名人文库：徐志摩［M］. 呼和浩特：内蒙古人民出版社，2009.

徐志摩著. 康桥之恋［M］. 长春：吉林出版集团有限责任公司，2009.

徐志摩著. 山居闲话：徐志摩随笔［M］. 北京：北京大学出版社，2009.

徐志摩著. 徐志摩经典诗集 [M]. 济南：山东文艺出版社，2009.

徐志摩著. 徐志摩精品集 [M]. 黑龙江：北方文艺出版社，2009.

徐志摩著，来凤仪选编. 徐志摩散文 [M]. 杭州：浙江文艺出版社，2009.

徐志摩著，崔钟雷主编. 徐志摩散文集 [M]. 哈尔滨：哈尔滨出版社，2009.

徐志摩著. 徐志摩散文精选 [M]. 武汉：长江文艺出版社，2009.

彬彬选编. 徐志摩散文诗歌 [M]. 呼伦贝尔：内蒙古文化出版社，2009.

徐志摩著. 徐志摩散文珍藏 [M]. 长春：吉林人民出版社，2009.

强弓选编. 徐志摩诗 [M]. 杭州：浙江文艺出版社，2009.

徐志摩著，赵芳芳选编. 徐志摩诗集 [M]. 合肥：黄山书社，2009.

徐志摩著，强弓选编. 徐志摩诗选 [M]. 杭州：浙江文艺出版社，2004.

徐志摩著. 徐志摩文集 [M]. 北京：大众文艺出版社，2009.

徐志摩著. 徐志摩文集 [M]. 北京：线装书局，2009.

陈晓丹编著. 徐志摩文集（图文版）[M]. 北京：中国戏剧出版社，2009.

徐志摩著，沈文利编. 徐志摩作品集精读本 [M]. 西安：太白文艺出版社，2008.

徐志摩著，韩石山编. 徐志摩作品新编［M］. 北京：人民文学出版社，2009.

徐志摩著. 印度洋上的秋思［M］. 北京：中国盲文出版社，2009.

徐志摩著. 云游·海韵［M］. 南京：凤凰出版社，2009.

徐志摩著. 志摩的诗：徐志摩经典诗歌全集［M］. 北京：中国画报出版社，2009.

徐志摩著. 志摩的诗［M］. 南京：江苏文艺出版社，2009.

徐志摩著. 志摩的诗［M］. 北京：中国文联出版社，2009.

徐志摩等著，贺建华选编. 最美的诗［M］. 北京：新世界出版社，2009.

《中国现代文学大师精品集丛书》编委会编. 徐志摩精品集［M］. 北京：世界图书出版公司，2009.

徐志摩著. 爱眉小札［M］. 长春：北方妇女儿童出版社，2010.

徐志摩著. 丑西湖［M］. 北京：中国工人出版社，2010.

徐志摩著. 翡冷翠山居闲话［M］. 中国台北：风云时代出版股份有限公司，2010.

徐俊西主编. 海上文学百家文库：徐志摩卷［M］. 上海：上海文艺出版社，2010.

鲁迅，徐志摩，朱自清著. 鲁迅·徐志摩·朱自清文学经典大全集［M］. 北京：高等教育出版社，2010.

徐志摩著. 欧洲印象［M］. 武汉：华中师范大学出版社，2010.

徐志摩著. 柔情裹着我的心［M］. 北京：北京理工大学出版社，2010.

徐志摩等著，伍渔选编. 天地有大美［M］. 北京：金城出版社,2010.

徐志摩著. 文学大师徐志摩精品集 [M]. 中国台北：风云时代出版股份有限公司,2010.

徐志摩著. 徐志摩精品文集 [M]. 北京：中国画报出版社,2010.

徐志摩著. 徐志摩精选集 [M]. 北京：北京燕山出版社,2014.

徐志摩著,谢冕主编. 徐志摩名作欣赏 [M]. 北京：中国和平出版社,2010.

金民编. 徐志摩情书：致陆小曼 [M]. 天津：天津人民出版社,2010.

徐志摩著. 徐志摩散文经典全集 [M]. 武汉：武汉出版社,2010.

徐志摩著. 徐志摩散文名篇 [M]. 长春：时代文艺出版社,2010.

梁永安主编. 徐志摩散文全编 [M]. 上海：学林出版社,2010.

徐志摩著. 徐志摩诗歌精选 [M]. 北京：线装书局,2010.

徐志摩著. 徐志摩诗歌全集 [M]. 武汉：武汉出版社,2010.

徐志摩著. 徐志摩诗文名篇 [M]. 长春：时代文艺出版社,2010.

徐志摩著. 徐志摩诗选 [M]. 昆明：云南人民出版社,2010.

徐志摩著. 徐志摩文集 [M]. 北京：当代世界出版社,2010.

徐志摩著. 徐志摩文集 [M]. 北京：中央编译出版社,2010.

郭长保编. 徐志摩作品精选集 [M]. 天津：天津古籍出版社,2010.

徐志摩著，梦晨编选，中国现代文学馆编. 再别康桥［M］. 北京：华夏出版社，2010.

徐志摩著. 再别康桥：徐志摩经典诗歌［M］. 哈尔滨：黑龙江科学技术出版社，2010.

徐志摩，（印）泰戈尔等著，崔士宏，马立荣主编. 中国最美的诗歌·世界最美的诗歌大全集［M］. 北京：华文出版社，2010.

徐志摩，（印）泰戈尔等著，于海娣主编. 最美的诗歌［M］. 北京：中国华侨出版社，2010.

徐志摩著. 徐志摩文集，志摩诗［M］. 南宁：广西人民出版社，2010.

徐志摩等著，黎娜主编. 最美的诗歌［M］. 北京：中国华侨出版社，2010.

徐志摩著. 爱眉琐语［M］. 南京：江苏文艺出版社，2011.

徐志摩著. 爱眉小札［M］. 北京：同心出版社，2011.

鲁迅，徐志摩，朱自清著. 鲁迅徐志摩朱自清文学经典大合［M］. 太原：希望出版社，2011.

李东明编著. 你是人间的四月天：徐志摩林徽因经典大全集［M］. 北京：新世界出版社，2011.

徐志摩，林徽因著. 你我相逢在黑夜的海上：徐志摩林徽因诗歌精选集［M］. 北京：新世界出版社，2011.

林徽因，徐志摩著，桑楚主编. 人间四月天再别康桥合集［M］. 北京：中国华侨出版社，2011.

徐志摩著. 山居闲话［M］. 南京：江苏文艺出版社，2011.

徐志摩著. 我是天空里的一片云［M］. 北京：万卷出版公

司，2011.

卞之琳等著. 新月派诗选徐志摩，[M]. 武汉：长江文艺出版社，2011.

徐志摩著，桑楚主编. 徐志摩经典 [M]. 北京：中国华侨出版社，2011.

徐志摩著. 徐志摩经典大全集 [M]. 北京：中国华侨出版社，2011.

崔钟雷主编. 徐志摩经典散文集 [M]. 哈尔滨：黑龙江美术出版社，2011.

徐志摩著. 徐志摩散文名篇 [M]. 北京：中国画报出版社，2011.

李庆西编. 徐志摩散文全编 [M]. 北京：新世界出版社，2011.

徐志摩著，刘益宏主编. 徐志摩诗歌 [M]. 合肥：安徽美术出版社，2011.

徐志摩著. 徐志摩诗歌散文精选 [M]. 上海：上海人民美术出版社，2011.

徐志摩著. 徐志摩诗文集 [M]. 南京：译林出版社，2011.

张明林编著. 徐志摩自述：传奇故事 [M]. 北京：西苑出版社，2011.

徐志摩著. 徐志摩作品精选 [M]. 武汉：崇文书局，2011.

徐志摩著，大雅堂编. 云中吟唱的歌手 [M]. 合肥：安徽文艺出版社，2011.

徐志摩著. 再别康桥 [M]. 南京：江苏文艺出版社，2011.

徐志摩著. 再别康桥 [M]. 天津：天津人民出版社，2011.

徐志摩著. 再别康桥［M］. 武汉：长江文艺出版社，2011.

徐志摩著. 再别康桥：徐志摩诗歌精品集［M］. 长春：东北师范大学出版社，2011.

徐志摩著. 再别康桥：徐志摩诗文精选［M］. 长春：时代文艺出版社，2011.

徐志摩著. 再别康桥：徐志摩诗选［M］. 哈尔滨：哈尔滨出版社，2011.

徐志摩，林徽因著. 再别康桥·人间四月天［M］. 长沙：湖南文艺出版社，2011.

刘永升主编. 志摩的诗［M］. 长沙：湖南美术出版社，2011.

徐志摩文，钱海燕图. 志摩的诗［M］. 北京：中国青年出版社，2011.

鲁迅，徐志摩，朱自清著. 最美的散文：鲁迅徐志摩朱自清［M］. 北京：高等教育出版社，2011.

黄勇主编. 中国现代散文经典文库：徐志摩［M］. 汕头：汕头大学出版社，2012.

徐志摩著. 爱眉小札［M］. 南昌：江西教育出版社，2012.

徐志摩著. 巴黎的鳞爪［M］. 北京：北京师范大学出版社，2012.

徐志摩著. 别离的笙箫：徐志摩经典诗选［M］. 南京：江苏文艺出版社，2012.

徐志摩著. 对你的爱是天真的：志摩小曼情书选［M］. 武汉：长江文艺出版社，2012.

徐志摩著，胡鲲绘. 翡冷翠山居闲话［M］. 武汉：长江文艺出版社，2012.

徐志摩著，海滩上种花［M］. 北京：人民文学出版社，天天出版社，2012.

徐志摩著. 鹤引诗情入碧霄［M］. 北京：新世界出版社，2012.

鲁迅，徐志摩，戴望舒等著. 教我如何不想她：民国经典情诗选［M］. 福州：福建人民出版社，2012.

刘东主编，徐志摩著. 近代名人文库精萃：徐志摩［M］. 西安：太白文艺出版社，2012.

徐志摩著. 康桥之恋［M］. 合肥：安徽人民出版社，2012.

（法）伏尔泰著，徐志摩译. 老实人［M］. 合肥：安徽人民出版社，2012.

（法）伏尔泰著，徐志摩译. 老实人：中英文对照［M］. 长春：时代文艺出版社，2012.

（爱尔兰）詹姆斯·斯蒂芬斯著，沈性仁，徐志摩译. 玛丽玛丽［M］. 长春：时代文艺出版社，2012.

（爱尔兰）詹姆斯·斯蒂芬斯著，徐志摩，沈性仁译. 玛丽玛丽［M］. 合肥：安徽人民出版社，2012.

徐志摩，陆小曼著. 你在心上，便是天堂徐志摩与陆小曼的爱情手札［M］. 北京：中国华侨出版社，2012.

徐志摩著. 浓得化不开［M］. 北京：世界图书出版公司，2012.

徐志摩著. 浓的化不开：徐志摩散文精选［M］. 济南：山东文艺出版社，2012.

徐志摩著. 人间四月天［M］. 南京：江苏文艺出版社，2012.

徐志摩著. 扫荡着无际的青空：徐志摩文集［M］. 北京：中信出版社，2012.

（德）福凯著，徐志摩译，（英）亚瑟·拉克姆绘. 涡堤孩

[M]. 北京：北京理工大学出版社，2012.

（德）福凯著，徐志摩译，（英）亚瑟·拉克姆绘. 涡堤孩：水之精灵的爱情 [M]. 长春：时代文艺出版社，2012.

徐志摩等著. 我曾那么爱你 [M]. 中国万卷出版公司华侨出版社，2012.

徐志摩著. 我们病了怎么办 [M]. 西安：陕西人民出版社，2012.

徐志摩著. 我所知道的康桥 [M]. 北京：群众出版社，2012.

徐志摩著. 我所知道的康桥：徐志摩 [M]. 上海：上海少年儿童出版社，2012.

徐志摩著，何言宏编. 想飞 [M]. 南京：江苏文艺出版社，2012.

（英）曼殊斐尔著，徐志摩译. 幸福：曼殊斐尔小说集（中英文对照）[M]. 长春：时代文艺出版社，2012.

（英）曼殊斐尔著，徐志摩译. 幸福与毒药 [M]. 苏州：古吴轩出版社，2012.

徐志摩著. 徐志摩儿童文学选粹 [M]. 北京：学习出版社，2012.

徐志摩著. 徐志摩经典 [M]. 北京：中国华侨出版社，2012.

徐志摩著，桑楚主编. 徐志摩经典（超值白金版）[M]. 北京：中国华侨出版社，2012.

徐志摩著，桑楚主编. 徐志摩经典大全集 [M]. 北京：中国华侨出版社，2012.

徐志摩著，何璐璐选编. 徐志摩散文 [M]. 上海：上海科学技术文献出版社，2012.

徐志摩著. 徐志摩散文（鉴赏版）［M］. 西安：太白文艺出版社，2012.

徐志摩著，李忠阳编选. 徐志摩散文经典［M］. 南昌：二十一世纪出版社，2012.

徐志摩著，李忠阳编选. 徐志摩散文精选（学生版）［M］. 南昌：二十一世纪出版社，2012.

徐志摩著，李盟编. 徐志摩诗歌经典［M］. 北京：中国言实出版社，2012.

费菲主编. 徐志摩诗歌散文［M］. 长春：东北师范大学出版社，2012.

徐志摩著，谭龙曼改编. 徐志摩诗集［M］. 语文新课标必读经典丛书编委会编，安徽：黄山书社，2012.

徐志摩著. 徐志摩诗文集［M］. 中国新北：远足文化事业股份有限公司，2012.

李晓明，高长春主编. 徐志摩文集［M］. 长春：吉林文史出版社，2012.

徐志摩著. 徐志摩自选集［M］. 合肥：安徽人民出版社，2012.

徐志摩著. 徐志摩作品精选［M］. 武汉：长江文艺出版社，2012.

徐志摩著. 徐志摩作品精选［M］. 杭州：浙江少年儿童出版社，2012.

（英）曼殊斐尔著，徐志摩译. 一个理想的家庭［M］. 合肥：安徽人民出版社，2012.

徐志摩著. 阅读经典：徐志摩作品集［M］. 北京：外文出版社，2012.

徐志摩著. 再别康桥 [M]. 福州：福建人民出版社，2012.

吴义勤主编. 再别康桥：徐志摩经典必读 [M]. 北京：文化艺术出版社，2012.

徐志摩著，罗维斯注. 再别康桥：徐志摩作品中学生读本 [M]. 长春：北方妇女儿童出版社，2012.

徐志摩著. 再来跑一趟野马 [M]. 西安：陕西人民出版社，2012.

徐志摩著. 志摩的诗 [M]. 北京：群众出版社，2012.

徐志摩著. 志摩的诗：徐志摩经典诗歌全集 [M]. 上海：立信会计出版社，2012.

初鸿依蒲编选. 志摩心吟 [M]. 上海：上海锦绣文章出版社，2012.

徐志摩著. 爱眉小札 [M]. 北京：北京联合出版公司，2013.

徐志摩著. 爱眉小札：徐志摩情书 [M]. 天津：天津人民出版社，2013.

徐志摩著. 爱眉小札：志摩日记、书信集 [M]. 北京：中央编译出版社，2013.

徐志摩著. 巴黎的鳞爪：徐志摩散文精华 [M]. 北京：中央编译出版社，2013.

徐志摩著. 巴黎的鳞爪徐志摩游记 [M]. 天津：天津人民出版社，2013.

徐志摩著. 春痕处处　落红飘飘：徐志摩漫话世情 [M]. 天津：天津人民出版社，2013.

徐志摩著. 翡冷翠的一夜：徐志摩经典作品 [M]. 昆明：云南人民出版社，2013.

徐志摩著. 翡冷翠的一夜徐志摩诗歌 [M]. 北京：中央编译出版社，2013.

徐志摩著，杜士玮编. 海滨的幻想 [M]. 北京：同心出版社，2013.

徐志摩著. 回望云蒸霞蔚里的高峰：徐志摩解读名人 [M]. 天津：天津人民出版社，2013.

徐志摩等著. 叫我如何不想你：民国情诗赏 [M]. 重庆：重庆大学出版社，2013.

徐志摩著. 冷月诗魂：徐志摩精选集 [M]. 武汉：崇文书局，2013.

徐志摩等著. 那光阴是一朵迷人的花：最美的民国，最美的诗 [M]. 长沙：湖南文艺出版社，2013.

徐志摩著. 悄悄是别离的笙箫 [M]. 长沙：湖南文艺出版社，2013.

徐志摩著，吾人选编. 倾听徐志摩我所知道的康桥 [M]. 北京：中国广播电视出版社，2013.

徐志摩著. 生命在秋风落叶里飘摇：徐志摩人生感悟 [M]. 天津：天津人民出版社，2013.

徐志摩著. 诗路花雨：徐志摩品诗 [M]. 天津：天津人民出版社，2013.

（印）泰戈尔著，徐志摩等译. 泰戈尔对中国说 [M]. 南京：译林出版社，2013.

徐志摩著. 我的世界太过安静 [M]. 北京：中国工人出版社，2013.

徐志摩著. 我所知道的康桥 [M]. 成都：天地出版社，2013.

徐志摩著. 我所知道的康桥：志摩散文［M］. 郑州：河南文艺出版社，2013.

徐志摩著. 西风残照中的雁阵：徐志摩谈文学创作［M］. 天津：天津人民出版社，2013.

徐志摩著. 洗尽铅华的美丽［M］. 北京：万卷出版公司，2013.

徐志摩著. 徐志摩儿童文学选集［M］. 北京：中国少年儿童出版社，2013.

蒋复璁，梁实秋编. 徐志摩全集［M］. 北京：中央编译出版社，2013.

徐志摩著，桑楚主编. 徐志摩经典［M］. 北京：北京联合出版公司，2013.

徐志摩著，崔钟雷主编. 徐志摩散文集［M］. 杭州：浙江人民出版社，2013.

徐志摩著. 徐志摩散文集［M］. 杭州：浙江人民出版社，2013.

徐志摩著. 徐志摩散文经典全集［M］. 哈尔滨：哈尔滨出版社，2013.

程帆主编. 徐志摩散文精选［M］. 北京：北京教育出版社，2013.

徐志摩著. 徐志摩散文精选［M］. 武汉：长江文艺出版社，2013.

徐志摩著. 徐志摩诗歌全集［M］. 哈尔滨：哈尔滨出版社，2013.

徐志摩著. 徐志摩诗选［M］. 北京：北京燕山出版社，2013.

徐志摩等著，黎娜主编. 一本书读完最美的诗歌 [M]. 北京：中国华侨出版社，2013.

徐志摩著. 再别康桥 [M]. 北京：新世界出版社，2013.

徐志摩著. 再别康桥：徐志摩的诗 [M]. 天津：天津人民出版社，2013.

徐志摩著. 再别康桥：徐志摩诗文精选 [M]. 武汉：崇文书局，2013.

徐志摩著. 再别康桥：徐志摩诗文精选 [M]. 武汉：湖北少年儿童出版社，2013.

徐志摩著. 志摩的诗 [M]. 郑州：河南文艺出版社，2013.

徐志摩著. 志摩的诗 [M]. 成都：四川文艺出版社，2014.

徐志摩著. 志摩小说 [M]. 成都：四川文艺出版社，2014.

徐志摩著. 中国人的浪漫 [M]. 北京：中国工人出版社，2013.

徐志摩著. 中国现代儿童文学选粹：徐志摩 [M]. 北京：学习出版社，2013.

徐志摩著. 中国最美的诗歌 世界最美的诗歌 [M]. 北京：中国华侨出版社，2013.

徐志摩，沈从文，余秋雨等著，林非主编. 中国最美的田园散文 [M]. 长沙：湖南人民出版社，2013.

《经典读库》编委会编著. 朱自清·徐志摩·郁达夫经典文集 [M]. 南京：江苏美术出版社，2013.

《家藏经典文库》编委会编著. 朱自清·徐志摩·郁达夫精华文集 [M]. 北京：中国工商出版社，2013.

徐志摩，林徽因，胡适等著，沈伟东主编，李兰等选编.

走，回民国住两天［M］.武汉：长江文艺出版社，2013.

徐志摩等著，崔旌晖主编.最美的诗歌［M］.北京：中国华侨出版社，2013.

徐志摩，张爱玲等著.不算情书［M］.北京：人民日报出版社，2014.

戴逸如插图.徐志摩诗文全集［M］.沈阳：春风文艺出版社，2014.

徐志摩著.海滩上种花：徐志摩专集［M］.书香童年选编，南京：江苏少年儿童出版社，2014.

徐志摩著，莫渝编选.假如我是一片雪花：徐志摩情诗选［M］.上海：生活·读书·新知三联书店，2014.

徐志摩等著.旧时光的爱恋：遗落在岁月中的老情书［M］.北京：中国华侨出版社，2014.

徐志摩著.康桥之恋［M］.北京：北京联合出版公司，2014.

徐志摩，沈性仁译.玛丽玛丽（爱尔兰）斯蒂芬斯著［M］.北京：北京时代华文书局，2014.

泰戈尔，拜伦，波德莱尔等著，徐志摩译.猛虎与蔷薇：徐志摩经典译诗选［M］.北京：新世界出版社，2014.

徐志摩著，蔡登山辑注.谁数得清恒河的沙：徐志摩情书集［M］.上海：生活·读书·新知三联书店，2014.

（美）克鲁格出版社编.太阳的风车徐志摩卷［M］.乌鲁木齐：新疆美术摄影出版社，2014.

（德）福凯著，徐志摩译，（英）凯瑟琳·卡梅伦绘.涡堤孩［M］.北京：首都师范大学出版社，2014.

徐志摩著，郝广才编.我是天空里的一片云：徐志摩诗集

[M]. 中国台北：游目族文化事业有限公司，2014.

徐志摩著. 我所知道的康桥：徐志摩散文经典 [M]. 南昌：二十一世纪出版社，2014.

徐志摩，林徽因，方令孺等著. 新月派诗精编 [M]. 武汉：长江文艺出版社，2014.

潘倩编. 徐志摩翰墨辑珍（全2卷）[M]. 北京：中央编译出版社，2014.

徐志摩著. 徐志摩精品集 [M]. 济南：山东人民出版社，2014.

徐志摩. 徐志摩精品选 [M]. 北京：中国书籍出版社，2014.

徐志摩著. 徐志摩散文精选 [M]. 北京：北京时代华文书局，2014.

徐志摩著. 徐志摩诗歌散文精选 [M]. 北京：中国言实出版社，2014.

徐志摩著. 徐志摩诗精编 [M]. 武汉：长江文艺出版社，2014.

徐志摩著. 徐志摩诗全集 [M]. 北京：新世界出版社，2014.

徐志摩著. 徐志摩诗文集 [M]. 北京：万卷出版公司，2014.

徐志摩著. 徐志摩选集（影印本）[M]. 上海：上海科学技术文献出版社，2014.

徐志摩著，文明国编. 徐志摩自述 [M]. 合肥：安徽文艺出版社，2014.

徐志摩著. 徐志摩作品 [M]. 武汉：长江文艺出版社，2014.

徐志摩著. 雪花的快乐：徐志摩诗文集 [M]. 中国台北：远足文化事业股份有限公司，2014.

（英）曼殊斐尔等著，徐志摩译. 夜深时 [M]. 济南：山东文艺出版社，2014.

（英）曼殊斐尔著，徐志摩译. 一个理想的家庭［M］. 北京：北京时代华文书局，2014.

徐志摩. 云游：志摩的诗（影印本）［M］. 上海：上海科学技术文献出版社，2014.

徐志摩著. 再别康桥［M］. 沈阳：春风文艺出版社，2014.

徐志摩著. 再别康桥［M］. 北京：中国画报出版社，2014.

徐志摩著. 再别康桥：徐志摩经典诗歌精选［M］. 北京：中国纺织出版社，2014.

徐志摩著. 再别康桥：徐志摩诗歌精选集［M］. 哈尔滨：黑龙江科学技术出版社，2014.

徐志摩著. 折一枝海棠：徐志摩诗文集［M］. 南京：译林出版社，2014.

徐志摩著. 志摩的诗［M］. 北京：万卷出版公司，2014.

徐志摩著. 志摩的诗我不知道风是在那一个方向吹［M］. 黑龙江：北方文艺出版社，2017.

徐志摩著. 志摩的书信日记：我没有别的天才，就只有爱［M］. 黑龙江：北方文艺出版社，2017.

徐志摩著. 志摩诗［M］. 北京：中国友谊出版公司，2014.

黄勇主编. 中国现代散文经典文库：徐志摩（2册）［M］. 汕头：汕头大学出版社，2014.

黄勇主编. 中国现代文学名著文库：徐志摩（2册）［M］. 汕头：汕头大学出版社，2014.

徐志摩等著. 中国最美的诗歌 世界最美的诗歌经典集［M］. 南京：江苏美术出版社，2014.

（法）罗曼·罗兰，徐志摩等著. 中外名家散文［M］. 武汉：长江文艺出版社，2014.

徐志摩著. 最是那一低头的温柔［M］. 上海：上海科学技术文献出版社，北京：万卷出版公司，2014.

徐志摩著. 爱，是人间的奢华［M］. 武汉：长江文艺出版社，2015.

徐志摩著. 爱眉小札（影印本）［M］. 北京：中国言实出版社，2015.

徐志摩著. 爱眉小札：致我亲爱的小曼［M］. 北京：中国言实出版社，2015.

徐志摩著. 巴黎的鳞爪·轮盘小说集［M］. 北京：万卷出版公司，2015.

徐志摩著. 翡冷翠的一夜（影印本）［M］. 上海：上海书店出版社，2015.

徐志摩著. 翡冷翠山居闲话：徐志摩散文［M］. 杭州：浙江文艺出版社，2015.

徐志摩等著，牛爱红，傅水怒点评. 可爱的火焰：最美的诵读：诗歌［M］. 太原：希望出版社，2015.

徐志摩著. 落叶·秋［M］. 北京：万卷出版公司，2015.

（英）曼殊斐尔著，徐志摩译. 曼殊斐尔小说集［M］. 南京：译林出版社，2015.

徐志摩等著. 民国最美的情书［M］. 北京：万卷出版公司，2015.

徐志摩著. 你看，我有我的方向［M］. 北京：北京时代华文书局，2015.

（印）泰戈尔著，徐志摩等译. 泰戈尔眼中的中国［M］. 南京：译林出版社，2015.

徐志摩著. 我所知道的康桥 [M]. 北京：中国画报出版社，2015.

徐志摩著. 我在这沈静的境界中徘徊：徐志摩经典诗集 [M]. 海口：南海出版公司，2015.

徐志摩著，慧娟编. 徐志摩的诗 [M]. 长春：吉林出版集团有限责任公司，2015.

徐志摩著. 徐志摩经典 [M]. 北京：北京联合出版公司，2015.

徐志摩著. 徐志摩精选集 [M]. 北京：北京燕山出版社，2015.

徐志摩著，顾永棣，顾倩编. 徐志摩全集（全六册：诗歌卷、散文卷、小说戏剧卷、评论卷、日记卷、书信卷）[M]. 上海：学林出版社，2015.

徐志摩著，周丽霞主编. 徐志摩散文精品 [M]. 长春：北方妇女儿童出版社，2015.

徐志摩著，李丹丹主编. 徐志摩诗歌精品 [M]. 长春：北方妇女儿童出版社，2015.

曼殊斐尔著，徐志摩译. 徐志摩译曼殊斐尔小说集 [M]. 北京：当代世界出版社，2015.

马知遥选编. 云来云往：徐志摩诗文精选 [M]. 天津：天津大学出版社，2015.

徐志摩著. 再别康桥 [M]. 北京：北京联合出版公司，2015.

徐志摩著. 再别康桥 [M]. 南京：江苏凤凰文艺出版社，2015.

徐志摩著. 再别康桥 [M]. 成都：四川文艺出版社，2015.

徐志摩著. 再别康桥 [M]. 成都：天地出版社，2015.

徐志摩著. 再别康桥 [M]. 上海：华东师范大学出版社，2015.

徐志摩著.再别康桥：徐志摩经典全集［M］.北京：同心出版社，2015.

徐志摩著，大雅堂编.再别康桥：徐志摩精选集［M］.北京：北京工业大学出版社，2015.

徐志摩著，沐之主编.再别康桥：徐志摩诗歌散文集［M］.北京：北京联合出版公司，2015.

徐志摩著.再别康桥徐志摩专集［M］.长春：吉林出版集团有限责任公司，2015.

徐志摩著.志摩的诗（线装影印）［M］.海宁：海宁徐志摩研究会，2015.

徐志摩著，桑楚主编.志摩的诗［M］.北京：北京联合出版公司，2015.

徐志摩著，云溪主编.志摩的诗［M］.北京：中国华侨出版社，2015.

徐志摩著.志摩的诗［M］.杭州：浙江古籍出版社，2015.

徐志摩著.自剖·翡冷翠的一夜［M］.北京：万卷出版公司，2015.

徐志摩等著，冯慧娟编.最美的诗［M］.长春：吉林出版集团有限责任公司，2015.

徐志摩著.爱如繁花［M］.武汉：长江文艺出版社，2016.

徐志摩著.刹那有你，世界皆示光芒［M］.天津：天津人民出版社，2016.

莎士比亚，拜伦，徐志摩等著.读读诗，日子会变得漂亮些［M］.北京：北京时代华文书局，2016.

徐志摩著.翡冷翠山居闲话［M］.北京：高等教育出版

社，2016.

徐志摩，陆小曼著. 红尘寂寞花一朵 [M]. 北京：当代世界出版社，2016.

徐志摩著. 济慈的夜莺歌：徐志摩散文 [M]. 沈阳：沈阳出版社，2016.

蒙田，尼采，徐志摩等著. 理想的下午，我想和你虚度时光 [M]. 北京：北京时代华文书局，2016.

徐志摩著. 落叶 [M]. 北京：中国文史出版社，2016.

徐志摩著. 柔情裹着我的心 [M]. 南京：译林出版社，2016.

徐志摩，林徽因，拜伦等著. 为了避免结束，你避免了一切开始 [M]. 北京：北京时代华文书局，2016.

（德）莫特·福凯著，徐志摩译. 涡堤孩 [M]. 南京：译林出版社，2016.

徐志摩著，何言宏编. 我所知道的康桥 [M]. 南京：江苏凤凰文艺出版社，2016.

徐志摩著. 先爱吧　之后感伤　之后再算：徐志摩情书精选 [M]. 北京：中国文史出版社，2016.

冯慧娟主编. 徐志摩的诗 [M]. 乌鲁木齐：新疆美术摄影出版社，2016.

徐志摩著，王萍萍主编. 徐志摩经典 [M]. 北京：万卷出版公司，2016.

徐志摩著. 徐志摩经典 [M]. 北京：当代世界出版社，2016.

徐志摩著. 徐志摩经典全集 [M].《线装经典》编委会编，昆明：晨光出版社，2016.

徐志摩著. 徐志摩精选集 [M]. 济南：齐鲁书社，2016.

徐志摩著.徐志摩精选集[M].北京：中国文联出版社，2016.

徐志摩著，罗剑平主编.徐志摩名篇名句赏读[M].北京：阳光出版社，2016.

徐志摩著.徐志摩散文集[M].西安：太白文艺出版社，2016.

徐志摩著，李忠阳编选·注释·导读.徐志摩散文经典[M].南昌：二十一世纪出版社，2016.

徐志摩著.徐志摩散文全集：生命的报酬[M].北京：中国妇女出版社，2016.

徐志摩著.徐志摩散文诗中学生读本[M].北京：中国文联出版社，2016.

徐志摩著.徐志摩散文选[M].天津：天津人民出版社，2016.

徐志摩著，桑楚主编.徐志摩诗歌精选[M].北京：北京联合出版公司，2016.

徐志摩著.徐志摩诗歌精选[M].北京：中国华侨出版社，2016.

徐志摩著.徐志摩诗精选[M].海口：南海出版公司，2016.

徐志摩著.徐志摩诗全集：别离的笙箫[M].北京：中国妇女出版社，2016.

施佳莹编写.徐志摩诗选[M].中国台中：好读出版有限公司，2016.

徐志摩著.徐志摩诗选[M].南京：译林出版社，2016.

徐志摩著.徐志摩作品精选[M].武汉：崇文书局，2016.

徐志摩等著.烟花易冷，那些我们不曾懂得的爱情[M].北京：北京理工大学出版社，2016.

徐志摩著,留留lmiao绘.再别康桥［M］.北京:万卷出版公司,2016.

徐志摩著.再别康桥［M］.北京:万卷出版公司,2016.

徐志摩著.再别康桥［M］.北京:中国工人出版社,2016.

徐志摩著.再别康桥:徐志摩的诗［M］.天津:百花文艺出版社,2016.

徐志摩著.再别康桥:徐志摩精选集［M］.北京:中国文联出版社,2016.

徐志摩著.再别康桥:徐志摩精选文集［M］.北京:北京时代华文书局,2016.

徐志摩著,孟庆澍选编.再别康桥:徐志摩诗文［M］.北京:中华书局,2016.

林徽因,徐志摩,(爱尔兰)叶芝等著.在,静默如谜的时光里 不曾爱过,怎会深懂［M］.北京:北京联合出版公司,2016.

徐志摩著.这是一个懦怯的世界:徐志摩诗歌［M］.沈阳:沈阳出版社,2016.

徐志摩著.志摩的诗［M］.天津:天津人民出版社,2016.

徐志摩著.志摩的诗［M］.北京:新世界出版社,2016.

徐志摩著,尹稚宁主编.志摩的诗［M］.呼和浩特:远方出版社,2016.

徐志摩著,云溪主编.志摩的诗［M］.北京:中国华侨出版社,2016.

徐志摩著.志摩的诗［M］.北京:中国画报出版社,2016.

徐志摩著.志摩的诗［M］.北京:中国文联出版社,2016.

徐志摩著. 志摩的诗 [M]. 北京：作家出版社，2016.

徐志摩著. 徐志摩诗歌全集 [M]. 哈尔滨：哈尔滨出版社，2016.

徐志摩著. 爱眉小札 [M]. 长春：吉林出版集团股份有限公司，2017.

徐志摩著. 巴黎的鳞爪 [M]. 长春：吉林出版集团股份有限公司，2017.

徐志摩著. 翡冷翠的夜：徐志摩诗歌散文经典 [M]. 苏州：吴轩出版社，2017.

徐志摩著. 翡冷翠的一夜（影印本）[M]. 中国新北：花木兰文化事业有限公司，2017.

徐志摩著. 翡冷翠山居闲话 [M]. 北京：西苑出版社，2017.

舒静庐主编. 风流才子徐志摩作品精选 [M]. 青岛：中国石油大学出版社，2017.

（法）伏尔泰著，徐志摩译. 赣第德 [M]. 南京：江苏凤凰文艺出版社，2017.

徐志摩著. 恋爱到底是什么一回事 [M]. 成都：四川人民出版社，2017.

徐志摩著. 轮盘 [M]. 长春：吉林出版集团股份有限公司，2017.

（爱尔兰）詹姆斯·斯蒂芬斯著，徐志摩译. 玛丽玛丽 [M]. 南京：江苏凤凰文艺出版社，2017.

徐志摩著. 猛虎集云游（影印本）[M]. 中国新北：花木兰文化事业有限公司，2017.

（印）泰戈尔等著，徐志摩译. 猛虎与蔷薇［M］. 南京：江苏凤凰文艺出版社，2017.

林徽因著. 情愿：林徽因回忆徐志摩［M］. 南昌：江西教育出版社，2017.

徐志摩，汪曾祺等著. 山居闲话胡同文化［M］. 北京：人民文学出版社，2017.

朱自清，徐志摩等著. 谈抽烟吸烟与文化［M］. 北京：人民文学出版社，2017.

徐志摩等著. 为你，千千万万遍［M］. 武汉：长江文艺出版社，2017.

（德）莫特·福凯著，徐志摩译. 涡堤孩［M］. 南京：江苏凤凰文艺出版社，2017.

徐志摩著. 我的心又一度的跳荡［M］. 北京：中国文史出版社，2017.

（印）泰戈尔著，徐志摩译. 我眼里的中国［M］. 南京：江苏凤凰文艺出版社，2017.

（英）凯瑟琳·曼斯菲尔德著，徐志摩译. 幸福［M］. 南京：江苏凤凰文艺出版社，2017.

徐志摩著. 徐志摩儿童文学选粹［M］. 北京：学习出版社，2017.

徐志摩著，艾平主编. 徐志摩经典［M］. 北京：团结出版社，2017.

徐志摩著，方青羽编. 徐志摩经典大讲堂［M］. 北京：中国华侨出版社，2017.

徐志摩著. 徐志摩经典全集［M］.《线装经典》编委会编，

昆明：云南人民出版社，2017.

徐志摩著. 徐志摩精品散文集［M］. 南昌：二十一世纪出版社，2017.

徐志摩著. 徐志摩精选集［M］. 北京：光明日报出版社，2017.

徐志摩著. 徐志摩精选集：再别康桥［M］. 北京：中国文联出版社，2016.

徐志摩著. 徐志摩美文集［M］. 南京：江苏人民出版社，2017.

徐志摩著，冰洁主编. 徐志摩散文集［M］. 哈尔滨：黑龙江美术出版社，2017.

徐志摩著，李晨森选编. 徐志摩散文精选［M］. 长春：吉林大学出版社，2017.

徐志摩著. 徐志摩散文精选［M］. 武汉：长江文艺出版社，2017.

徐志摩著. 徐志摩生活美学：烟火红尘，和喜欢的人一起筑梦［M］. 北京：北京理工大学出版社，2017.

徐志摩著，立人主编. 徐志摩诗歌［M］. 成都：天地出版社，2017.

徐志摩著. 徐志摩诗歌散文精选［M］. 南京：江苏人民出版社，2017.

徐志摩著，新开明导读. 徐志摩诗集［M］. 广州：广东旅游出版社，2017.

徐志摩著. 徐志摩诗全集［M］. 南京：江苏人民出版社，2017.

徐志摩著. 徐志摩书信集［M］. 南京：江苏人民出版社，2017.

徐志摩著，金黎明，虞坤林整理. 徐志摩书信新编（增补本）［M］. 杭州：浙江古籍出版社，2017.

徐志摩著. 徐志摩文学精品选［M］. 北京：现代出版社，2017.

徐沉泗，叶忘忧编. 徐志摩选集（影印本）［M］. 中国新北：花木兰文化事业有限公司，2017.

徐志摩著，徐国华编. 徐志摩佚文集［M］. 杭州：浙江人民美术出版社，2017.

徐志摩著，虞坤林编. 志摩日记新编［M］. 杭州：浙江人民美术出版社，2017.

徐志摩著. 徐志摩与他的诗［M］. 济南：济南出版社，2017.

徐志摩著. 徐志摩作品精选［M］. 南京：南京师范大学出版社，2017.

（英）曼殊斐尔著，徐志摩译. 一杯茶（汉英对照版）［M］. 沈阳：辽宁人民出版社，2017.

徐志摩著. 一个行乞的诗人：徐志摩散文［M］. 南昌：百花洲文艺出版社，2017.

徐志摩著. 云游（影印本）［M］. 中国新北：花木兰文化事业有限公司，2017.

徐志摩著. 再别康桥［M］. 苏州：古吴轩出版社，2017.

徐志摩著. 再别康桥［M］. 长春：吉林出版集团股份有限公司，2017.

徐志摩著. 再别康桥［M］. 北京：煤炭工业出版社，2017.

徐志摩著. 再别康桥：徐志摩经典诗集［M］. 北京：国际

文化出版公司，2017.

徐志摩著. 再别康桥：徐志摩精品集［M］. 呼伦贝尔：内蒙古文化出版社，2017.

徐志摩著. 志摩的诗：插图本［M］. 杭州：浙江文艺出版社，2017.

徐志摩著. 志摩的诗［M］. 南昌：江西教育出版社，2017.

徐志摩著. 志摩的诗（影印本）［M］. 中国新北：花木兰文化事业有限公司，2017.

徐志摩著. 志摩的文：灵魂里一滴悲悯的清泪［M］. 黑龙江：北方文艺出版社，2017（2版）.

徐志摩著. 志摩美文［M］. 成都：四川文艺出版社，2017.

徐志摩著. 巴黎的鳞爪［M］. 郑州：海燕出版社，2018.

徐志摩著，贺静编绘. 半世光阴人生忙［M］. 海口：南海出版公司，2018.

老舍，郁达夫，徐志摩等著. 带你看看这个世界［M］. 北京：中国纺织出版社，2018.

徐志摩著. 多谢天！我的心又一度的跳荡：志摩诗集［M］. 北京：中国友谊出版公司，2018.

徐志摩著. 翡冷翠山居闲话［M］. 中国台北：风云时代出版股份有限公司，2018.

徐志摩著. 康桥之恋［M］. 西安：陕西师范大学出版社，2018.

徐志摩著. 两个月亮［M］. 杭州：浙江人民美术出版社，2018.

徐志摩著. 猛虎集［M］. 郑州：海燕出版社，2018.

徐志摩，陆小曼著，史庆书编. 你的爱，隔着万里路的灵犀一点［M］. 北京：北京理工大学出版社，2018.

徐志摩著. 你就是人间四月天（海外中文图书）徐志摩经典爱恋片语选集［M］. 中国新北：前景文化事业有限公司，2018.

徐志摩著. 清风徐来从容而生：徐志摩作品精选集［M］. 南京：江苏凤凰文艺出版社，2018.

徐志摩著. 散文精读徐志摩［M］. 杭州：浙江人民出版社，2018.

徐志摩著. 诗歌精读徐志摩［M］. 杭州：浙江人民出版社，2018.

徐志摩，陆小曼著. 我们从未失散，一直在心底重逢［M］. 黑龙江：北方文艺出版社，2018.

徐志摩著. 我所知道的康桥［M］. 合肥：安徽科学技术出版社，2018.

徐志摩著. 我所知道的康桥［M］. 北京：九州出版社，2018.

徐志摩著. 徐志摩［M］. 杭州：浙江摄影出版社，2018.

徐志摩著，宇枫编. 徐志摩集［M］. 北京：中国华侨出版社，2018.

徐志摩著. 徐志摩经典散文［M］. 济南：山东文艺出版社，2018.

徐志摩著. 徐志摩经典作品集［M］. 石家庄：花山文艺出版社，2018.

徐志摩著. 徐志摩精品散文集［M］. 郑州：郑州大学出版社，2018.

徐志摩著. 徐志摩全集［M］. 中国新北：华威国际事业有限公司，2018.

徐志摩著. 徐志摩日记、书信［M］. 出版者不详（美国），2018.

徐志摩著. 徐志摩散文集 [M]. 黑龙江：北方文艺出版社，2018.

徐志摩著. 徐志摩散文精选：一叶诗情 [M]. 武汉：华中科技大学出版社，2018.

徐志摩著. 徐志摩诗选 [M]. 南京：江苏凤凰文艺出版社，2018.

徐志摩著. 徐志摩诗选：再别康桥 [M]. 天津：天津人民出版社，2018.

徐志摩著. 徐志摩文集 [M]. 北京：煤炭工业出版社，2018.

徐志摩著. 徐志摩文集 [M]. 北京：北京燕山出版社，2018.

徐志摩著. 徐志摩小说·书信·日记 [M]. 北京：煤炭工业出版社，2018.

徐志摩著. 徐志摩作品精选 [M]. 中国台北：风云时代出版股份有限公司，2018.

刘磊主编. 雪花的快乐 [M]. 北京：红旗出版社，2018.

徐志摩著，贺静编绘. 烟火人间，岁月静好 [M]. 海口：南海出版公司，2018.

陈建军，徐志东编. 远山：徐志摩佚作集 [M]. 北京：商务印书馆，2018.

徐志摩著. 再别康桥 [M]. 北京：红旗出版社，2018.

徐志摩著，胡媛媛编. 再别康桥 [M]. 广州：广东旅游出版社，2018.

徐志摩著. 再别康桥 [M]. 北京：万卷出版公司，2018.

徐志摩著. 再别康桥：徐志摩文集 [M]. 北京：台海出版

社，2018.

徐志摩，林徽因著. 再别康桥·你是人间的四月天［M］. 杭州：浙江教育出版社，2018.

徐志摩著. 志摩的诗［M］. 天津：百花文艺出版社，2018.

徐志摩著. 志摩的诗［M］. 郑州：海燕出版社，2018.

徐志摩著. 志摩的诗［M］. 北京：煤炭工业出版社，2018.

徐志摩著. 志摩的诗［M］. 成都：四川人民出版社，2018.

徐志摩著，桑楚主编. 志摩的诗［M］. 北京：中国华侨出版社，2018.

徐志摩著，桑楚主编. 志摩的诗［M］. 北京：民主与建设出版社有限责任公司，2018.

徐志摩著，湘一主编. 志摩的诗［M］. 北京：北京联合出版公司，2018.

徐志摩著. 翡冷翠山居闲话［M］. 成都：四川文艺出版社，2019.

徐志摩著. 花牛歌［M］. 武汉：长江文艺出版社，2019.

徐志摩著. 人生若只如初见：徐志摩文集［M］. 哈尔滨：黑龙江美术出版社，2019.

徐志摩著. 万幸得以相逢：徐志摩的诗［M］. 长沙：湖南文艺出版社，2019.

徐志摩，梁实秋，汪曾祺等著，黄兴编. 我所知道的康桥［M］. 长沙：湖南文艺出版社，2019.

徐志摩著. 我所知道的康桥：经典新版［M］. 中国台北：风云时代出版股份有限公司，2019.

徐志摩著. 我所知道的康桥：徐志摩散文精选集［M］. 青

岛：青岛出版社，2019.

韩石山编.徐志摩全集［M］.北京：商务印书馆，2019.

徐志摩著.徐志摩散文经典［M］.五家渠：新疆生产建设兵团出版社，2019.

徐志摩著.徐志摩诗文全集［M］.北京：北京日报出版社，2019.

徐志摩著.徐志摩诗选［M］.北京：民主与建设出版社有限责任公司，2019.

徐志摩译，宋炳辉编.徐志摩译作选［M］.北京：商务印书馆，2019.

徐志摩著.徐志摩作品精选［M］.武汉：长江文艺出版社，2019.

徐志摩著.雪花的快乐：徐志摩诗歌散文精选集［M］.南京：江苏凤凰文艺出版社，2019.

徐志摩著.再别康桥［M］.长沙：湖南少年儿童出版社，2019.

徐志摩著.再别康桥：徐志摩诗歌全集［M］.青岛：青岛出版社，2019.

徐志摩著.爱眉小札：徐志摩经典［M］.北京：中国华侨出版社，(重印).

徐志摩著译，程一身编.别拧我，疼：徐志摩的诗［M］.天津：百花文艺出版社，2020.

刘磊主编.翡冷翠的一夜［M］.北京：红旗出版社，2020(重印).

童书馆编，徐志摩文，于江图.花牛歌一亩［M］.上海：中国中福会出版社，2020.

徐志摩著. 我，徐志摩［M］. 哈尔滨：哈尔滨出版社，2020.

徐志摩，陆小曼著，陈漱渝，张瑞霞审校/整理. 徐志摩陆小曼情书全集［M］. 北京：中国青年出版社，2020.

徐志摩著. 徐志摩诗选［M］. 长沙：湖南文艺出版社，2020.

徐志摩著，陶红亮注解. 徐志摩文集：翡冷翠山居闲话［M］. 北京：现代出版社，2020.

徐志摩著. 徐志摩自传［M］. 武汉：长江文艺出版社，2020.

徐志摩著. 雪花的快乐：徐志摩诗集［M］. 北京：人民文学出版社，2020.

徐志摩，陆小曼著. 在最美的年华遇见你：徐志摩陆小曼爱情札记［M］. 北京：中国妇女出版社，2020.

徐志摩著. 志摩的诗：徐志摩诗全集［M］. 北京：中国妇女出版社，2020.

徐志摩著. 志摩的诗猛虎集［M］. 北京：人民文学出版社，2020.

人物类

任访秋著. 中国近代文学作家论［M］. 郑州：河南人民出版社，1984.

刘心皇著. 徐志摩婚姻情爱卷［M］. 中国台中：晨星出版社，1986.

秦贤次编. 云游：徐志摩怀念集［M］. 中国台北：兰亭书店，1986.

顾炯著. 徐志摩传略［M］. 长沙：湖南人民出版社，1986.

陆耀东著. 徐志摩评传［M］. 西安：陕西人民出版社，1986.

顾永棣著. 风流诗人徐志摩［M］. 成都：四川人民出版社，1988.

胡凌芝著. 徐志摩新评［M］. 上海：学林出版社，1989.

王觉源著. 徐志摩与陆小曼［M］. 中国台北：东大图书公司，1989.

赵遐秋著. 徐志摩传［M］. 北京：中国人民出版社，1989.

文木，郁华著. 热恋蜜月遗恨：徐志摩陆小曼情史录［M］. 北京：中国国际广播出版社，1989.

宋益乔著. 徐志摩传：艺术与风月［M］. 太原：北岳文艺出版社，1990.

毛迅著. 徐志摩论稿［M］. 成都：四川大学出版社，1991.

顾永棣著. 风流诗人：徐志摩［M］. 中国台北：新潮社，1992.

张放，陈红编. 朋友心中的徐志摩［M］. 天津：百花文艺出版社，1992.

侯吉琼编. 徐志摩［M］. 中国台北：海风出版社，1993.

宋炳辉著. 夜莺与新月：徐志摩传［M］. 中国台北：业强出版社，1993.

曾晓编. 盖世情侣：徐志摩与陆小曼［M］. 长春：时代文艺出版社，1993.

宋炳辉著. 夜莺与新月：徐志摩传［M］. 上海：上海文艺出版社，1993.

罗青著. 诗的风向球：从徐志摩到余光中. 第三册［M］. 中国台北：尔雅出版社，1994.

罗青著. 诗的照明弹：从徐志摩到余光中. 第二册［M］. 中国台北：尔雅出版社，1994.

宋益乔著. 徐志摩传：才子风月［M］. 太原：北岳文艺出版社，1994.

徐志摩与陆小曼［M］. 中国台北：将门文物社编，1994.

孙琴安著. 徐志摩传［M］. 西安：陕西人民教育出版社，1995.

文木，郁华著. 徐志摩：万种风情无地着［M］. 成都：四川文艺出版社，1995.

刘炎生著. 徐志摩评传［M］. 广州：暨南大学出版社，1995.

（美）张邦梅著，谭家瑜译. 小脚与西服：张幼仪与徐志摩的家变［M］. 中国台北：智库股份有限公司.

文木，郁华著. 徐志摩新传［M］. 中国台北：新潮社，1996.

傅光明著. 生命信徒：徐志摩［M］. 合肥：安徽少年儿童出版社，1997.

徐志摩与三位美人［M］．香港：香港文学报社出版公司，1997．

赵遐秋编．新月诗魂：名人笔下的徐志摩徐志摩笔下的名人［M］．上海：东方出版中心，1998．

王建周著．徐志摩情爱世界探秘［M］．桂林：漓江出版社，1998．

刘晓云著．徐志摩新传：万种风情无地着［M］．西宁：青海人民出版社，1999．

冯亦同著．徐志摩 1897—1931［M］．南京：江苏文艺出版社，1999．

杨新敏著．徐志摩传［M］．北京：团结出版社，1999．

张彦林著．浪漫诗人徐志摩［M］．郑州：文心出版社，1999．

展望之、张方晦著．飞去的诗人：徐志摩传［M］．上海：汉语大词典出版社，2000．

李夜平著．天教歌唱：徐志摩［M］．香港：中华书局公司，2000．

陈信元诠释．徐志摩 V. S. 陆小曼［M］．中国台北：业强出版社，2000．

陆耀东著．徐志摩评传［M］．重庆：重庆出版社，2000．

万莘著．徐志摩情话［M］．香港：容斋出版社，2000．

蔡登山著．许我一个未来：徐志摩的爱情纪事［M］．中国台北：台湾线上国际事业有限公司，2000．

蔡登山著．最是那一低头的温柔：徐志摩与四个女人［M］．中国台北：三品国际文化事业股份有限公司，2000．

高恒文，桑农著. 徐志摩与他生命中的女性 [M]. 天津：天津人民出版社，2000.

王蕙玲著. 人间四月天之徐志摩的爱情故事 [M]. 中国台北：三品国际文化事业股份有限公司，2000.

韩石山选. 难忘徐志摩 [M]. 西宁：昆仑出版社，2001.

刘介民著. 徐志摩的人生哲学——情爱人生 [M]. 中国新北：扬智文化事业股份有限公司，2001.

韩石山著. 徐志摩传 [M]. 北京：北京十月文艺出版社，2001.

逍遥师父，龚尚编著. 一世浓情徐志摩 [M]. 中国台湾：大步文化出版社，2001.

宋益乔著. 徐志摩的女性情感世界 [M]. 北京：中国致公出版社，2001.

徐志摩，萧红，丁玲，周璇（专著），刘元元等编著. 百年婚恋. 第三辑 [M]. 沈阳：辽宁人民出版社，2002.

刘介民著. 风流才子徐志摩 [M]. 广州：广东人民出版社，2002.

傅光明著. 生命信徒：徐志摩 [M]. 北京：华艺出版社，2002.

杨新敏著. 徐志摩 [M]. 北京：国家出版社，2002.

周苇鸿编著. 徐志摩：多情诗人 [M]. 长春：时代文艺出版社，2002.

方慧著. 百年家族：徐志摩 [M]. 中国台北：立绪文化事业公司，2002.

周黎明著. 徐志摩传 [M]. 武汉：湖北人民出版社，2002.

刘介民著. 类同研究的再发现：徐志摩在中西文化之间 [M]. 北京：中国社会科学出版社，2003.

张荔著. 梦与醒的边界：徐志摩的女性世界［M］. 郑州：河南人民出版社，2003.

张明林主编. 现代诗魂：中国著名风流文人徐志摩自述［M］. 哈尔滨：黑龙江人民出版社，2003.

方慧著. 徐志摩［M］. 石家庄：河北教育出版社，2003.

张琳璋著. 徐志摩婚恋传奇［M］. 北京：作家出版社，2003.

陆耀东著. 留与人间一首未写完的诗歌——我看徐志摩［M］. 中国台北：台北雅痞风采文化馆，2003.

高国藩著. 新月的诗神：闻一多与徐志摩［M］. 中国台北：台湾商务印书馆股份有限公司，2004.

韩石山著. 缘分天空：徐志摩与陆小曼［M］. 2004.

周静庭著. 逝水人生：徐志摩传［M］. 杭州：杭州出版社，2004.

顾永棣著. 徐志摩传奇［M］. 上海：学林出版社，2004.

刘小波著. 徐志摩画传［M］. 北京：现代出版社，2004.

柴草著. 一代才女旷世美人——图说陆小曼［M］. 哈尔滨：哈尔滨出版社，2004.

乐齐著. 此恨绵绵：徐志摩的悲情婚恋［M］. 北京：台海出版社，2005.

凡尼，晓春著. 徐志摩：人和诗［M］. 桂林：广西师范大学出版社，2005.

若凡编. 徐志摩的前世今生［M］. 贵阳：东方出版社，2005.

宋益乔著. 徐志摩评传［M］. 北京：中国社会出版社，2005.

舒玲娥选编. 云游：朋友心中的徐志摩［M］. 武汉：长江文艺出版社，2005.

周黎明著. 徐志摩图传 [M]. 武汉：湖北人民出版社，2005.

韩石山著. 悲情徐志摩 [M]. 北京：同心出版社，2005.

韩石山著. 徐志摩图传 [M]. 广州：广东教育出版社，2005.

吴希华，宋玉华著. 独步的文学人：解读徐志摩 [M]. 北京：中国文联出版社，2006.

洪淑苓编著. 徐志摩 [M]. 中国台北：三民书局，2006.

丁言昭著. 徐志摩的元配夫人张幼仪：在现代与传统中挣扎的女人 [M]. 上海：上海人民出版社，2006.

吴铭能著. 数风流人物：梁启超、徐志摩、陈独秀、雷震 [M]. 中国台北：秀威资讯科技股份有限公司，2007.

刘洪涛著. 徐志摩与剑桥大学 [M]. 中国台北：秀威资讯科技股份有限公司，2007.

邹吉玲著. 徐志摩与陆小曼 [M]. 北京：中国文史出版社，2007.

刘炎生著. 浪漫才子徐志摩 [M]. 武汉：湖北人民出版社，2007.

赵遐秋，曾庆瑞著. 成仿吾传：徐志摩陆小曼 [M]. 北京：中国传媒大学出版社，2008.

陈从周著，陈子善编. 徐志摩：年谱与评述 [M]. 上海：上海书店出版社，2008.

赵遐秋著. 徐志摩传 [M]. 曾庆瑞著. 新编徐志摩年谱 [M]. 北京：中国传媒大学出版社，2008.

曾庆瑞，赵遐秋著. 徐志摩陆小曼 [M]. 北京：中国传媒大学出版社，2008.

韩石山，伍渔编. 徐志摩评说八十年［M］. 北京：文化艺术出版社，2008.

郭丽莺编. 雨送黄昏花易落：徐志摩与陆小曼的情爱世界［M］. 贵阳：东方出版社，2008.

王一心，李伶伶著. 徐志摩·新月社［M］. 西安：陕西人民出版社，2009.

周良沛著. 中国现代诗人评传：徐志摩［M］. 中国台北：人间出版社，2009.

韩石山著. 徐志摩传［M］. 北京：人民文学出版社，2010.

宋益乔著. 徐志摩正传［M］. 南京：江苏文艺出版社，2010.

风再扬编著. 冷月诗魂：徐志摩［M］. 长沙：湖南师范大学出版社，2011.

张琳璋著. 沙扬娜拉：徐志摩世间情债［M］. 北京：中国文史出版社，2011.

夏风颜著. 我是天空里的一片云：新约诗人徐志摩的爱与传奇［M］. 北京：同心出版社，2011.

张邦梅著，谭家瑜译. 小脚与西服：张幼仪与徐志摩的家变［M］. 安徽：黄山书社，2011.

敏君著. 徐志摩：风往哪里吹［M］. 北京：石油工业出版社，2011.

宋炳辉著. 徐志摩传［M］. 上海：复旦大学出版社，2011.

刘洪涛著. 徐志摩与剑桥大学［M］. 北京：商务印书馆，2011.

胡适等著，王任编. 哭摩［M］. 北京：金城出版社，2011.

郑丽娅著. 你是爱，是暖，是希望：徐志摩诗传［M］. 北京：国际文化出版公司，2012.

傅光明著. 生命信徒：徐志摩［M］. 合肥：安徽教育出版社，2012.

姜涛著. 图本徐志摩传［M］. 长春：长春出版社，2015.

冯亦同著. 徐志摩［M］. 北京：中国青年出版社，2012.

央北著. 徐志摩诗传：当爱已成往事［M］. 长春：吉林出版集团有限责任公司，2012.

周鹏程著. 烟花绽出的急景流年：徐志摩诗传［M］. 上海：文汇出版社，2012.

凌小汐著. 最是那一低头的温柔：致徐志摩的七封信［M］. 武汉：长江文艺出版社，2012.

慕成雪著. 惊鸿一瞥，生死白头：徐志摩的倾世浪漫［M］. 北京：中国华侨出版社，2013.

顾寒山著. 那座城里的旧时光：与林徽因、徐志摩、陆小曼、梅兰芳、孟小冬相逢于北平［M］. 北京：北京联合出版公司，2013.

冯慧著. 我心有猛虎，在细嗅蔷薇：徐志摩诗传［M］. 武汉：长江文艺出版社，2013.

随园散人著. 我总是一个人，你从不曾来过，徐志摩篇［M］. 北京：中国画报出版社，2013.

韩石山著. 徐志摩的20个细节［M］. 西安：陕西人民出版社，2013.

李杭春主编. 徐志摩年谱·书带集［M］. 南京：江苏文艺出版社，2013.

黄亚妮著. 徐志摩诗传［M］. 武汉：华中科技大学出版社，2013.

吉家乐编著. 徐志摩一生一双人 [M]. 北京：中国华侨出版社，2013.

吴禹星编. 1916：徐志摩在沪江大学 [M]. 上海：上海交通大学出版社，2014.

孙晓娅编著. 读懂徐志摩 [M]. 南宁：广西人民出版社，2014.

朱云乔著. 翡冷翠的夜：当徐志摩遇见陆小曼 [M]. 北京：石油工业出版社，2014.

张彦林著. 浪漫诗人徐志摩 [M]. 郑州：河南人民出版社，2014.

冯慧著. 落花有意徐志摩：心有猛虎，细嗅蔷薇 [M]. 中国台北：龙时代，2014.

意林漫绘编绘. 我有一个恋爱：徐志摩情诗绘本 [M]. 长春：吉林摄影出版社，2014.

蔡登山著. 萧红、徐志摩、朱自清等21位五四文青罗曼史（海外中文图书）[M]. 中国台北：酿出版，2014.

韩石山著. 徐志摩传：插图本 [M]. 北京：人民文学出版社，2014.

韦子著. 徐志摩诗传 [M]. 北京：时事出版社，2014.

陈忠，王展，逄金一编著. 徐志摩与济南 [M]. 北京：线装书局，2014.

徐志摩著，保红漫文，李滨声绘. 寻踪：民国文化大家的北京生活图记 [M]. 北京：同心出版社，2014.

韩佩珊著. 浪漫红尘：徐志摩与陆小曼 [M]. 太原：北岳文艺出版社，2015.

韩石山著. 情浓化不开：徐志摩 [M]. 西安：陕西人民出

版社，2015.

吴韵汐著. 我不知道风是在哪一个方向吹：徐志摩诗传［M］. 北京：中国纺织出版社，2015.

夏墨著. 我不知道风是在哪一个方向吹：徐志摩诗传［M］. 北京：石油工业出版社，2015.

孙琳著. 徐志摩：一首未完的诗［M］. 北京：中国言实出版社，2015.

Л. Е. 切尔卡斯基著，宋绍香译. 徐志摩：在梦幻与现实中飞行［M］. 天津：天津大学出版社，2015.

顾永棣著. 徐志摩传奇［M］. 杭州：浙江人民出版社，2015.

熊辉著. 徐志摩画传［M］. 南昌：江西人民出版社，2015.

陶方宣著. 天空多么希腊：徐志摩与邵洵美［M］. 北京：新华出版社，2016.

白落梅著. 我用尽青春，只为寻你：徐志摩传［M］. 长沙：湖南文艺出版社，2016.

刘培良著. 徐申如：诗人徐志摩之父［M］. 北京：中国文史出版社，2016.

张幼仪，徐积锴，徐善曾著. 回望：家人眼中的徐志摩［M］. 南昌：江西教育出版社，2017.

金庸等著. 旧梦：表弟眼中的徐志摩［M］. 南昌：江西教育出版社，2017.

凌小汐著. 爱你是心底开出的花：徐志摩传［M］. 南京：江苏凤凰文艺出版社，2017.

胡适等著. 吻火：朋友眼中的徐志摩［M］. 南昌：江西教育出版社，2017.

（美）张邦梅著，谭家瑜译. 小脚与西服：张幼仪与徐志摩[M]. 北京：中信出版社，2017.

韩石山著. 徐志摩：记得也好，最好你忘掉[M]. 北京：作家出版社，2017.

邹吉玲著. 徐志摩情传[M]. 北京：中国文史出版社，2017.

陆小曼著. 云游：陆小曼回忆徐志摩[M]. 南昌：江西教育出版社，2017.

张琳璋著. 我有一个恋爱：民国风烟里的才子徐志摩[M]. 北京：现代出版社，2017.

石地著. 近代诗坛上的徐志摩[M]. 中国台北：崧博出版事业有限公司，2018.

杨涛编著. 潇洒志摩：徐志摩的诗意人生[M]. 武汉：武汉大学出版社，2018.

王楠著. 徐志摩：人生过处，梦痕轻轻[M]. 哈尔滨：哈尔滨出版社，2018.

吉家乐编著. 徐志摩我用尽一生：只为寻你[M]. 北京：中华工商联合出版社，2018.

（美）徐善曾著，杨世祥，周思思译. 志在摩登：我的祖父徐志摩[M]. 北京：中信出版社，2018.

陈子善著. 说徐志摩[M]. 上海：上海书店出版社，2019.

凌小汐著. 徐志摩传：爱你是心底开出的花[M]. 青岛：青岛出版社，2019.

曾入龙著. 当徐志摩遇见纳兰容若[M]. 武汉：武汉大学出版社，2020.

韩佩珊著. 怦然心动：徐志摩与陆小曼[M]. 北京：中国

文史出版社，2020.

高志文著. 我等着你，天边去，地角也去：徐志摩与陆小曼[M]. 北京：中国文史出版社，2020.

高志强著. 徐志摩创作的叙事艺术研究[M]. 长春：吉林大学出版社，2020.

宋江龙著. 徐志摩传：我爱这不息的变幻[M]. 石家庄：河北人民出版社，2020.

姜雯漪著. 愿你出走半生，归来仍是少年：徐志摩传[M]. 北京：中国华侨出版社，2020.

研究类

何寄澎著. 当代台湾文学评论大系（5）·散文批评［M］. 中国台北：正中书局，1993.

余光中著. 敲打乐［M］. 中国台北：九歌出版社，1986.

余光中著. 凭一张地图［M］. 中国台北：九歌出版社，1988.

古继堂著. 台湾新诗发展史［M］. 人民文学出版社，1989.

司马长风著. 中国新文学史［M］. 中国台北：传记，1991.

李勇吉著. 中国新诗论史［M］. 中国台中：县立文化中心，1991.

余上沅编. 国剧运动［M］. 上海：上海书店出版社，1992.

吕正惠著. 战后台湾文学经验［M］. 中国台北：新地文学，1992.

（美）周策纵著. 五四运动史（上）［M］. 中国人丛书（6），中国台北：桂冠出版社，1993.

卢斯飞选析. 爱的灵感：徐志摩诗歌评析［M］. 中国台北：开今文化出版社，1993.

佘树森著. 中国现当代散文研究［M］. 北京：北京大学出版社，1993.

卢斯飞编. 春光与火焰：徐志摩散文评析［M］. 中国台北：开今文化出版社，1993.

江建文著. 诗笔写人生：徐志摩小说、戏剧作品评价［M］.

中国台北：开今文化出版社，1993.

刘文会编. 终日相思却相怨：徐志摩书信日记评析［M］. 中国台北：开今文化出版社，1993.

方仁念选编. 新月派评论资料选［M］. 上海：华东师范大学出版社，1993.

朱自清著. 新诗杂话［M］. 中国台北：开今文化出版社，1994.

朱寿桐著. 新月派的绅士风情［M］. 南京：江苏文艺出版社，1995.

周庆华著. 台湾当代文学理论［M］. 中国新北：扬智文化事业股份有限公司，1996.

林明华等编选. 浪漫主义的调情圣手——徐志摩［M］. 中国新文学大师名作赏析二七，中国台北：海风出版社，1997.

王远舟著. 诗人徐志摩研究［M］. 成都：四川文艺出版社，2000.

丁旭辉著. 徐志摩的诗情与诗艺［M］. 中国台北：文津出版社，2001.

周晓明著. 多源与多元：从中国留学族到新月派［M］. 武汉：华中师范大学出版社，2001.

刘介民著. 类同研究的再发现：徐志摩在中西文化之间［M］. 北京：中国社会科学院出版社，2003.

江弱水著. 中西同步与位移——现代诗人丛论［M］. 合肥：安徽教育出版社，2003.

曾庆瑞著. 新编徐志摩年谱［M］. 北京：中国传媒大学出版社，2008.

朱红林著. 徐志摩散文艺术研究［M］. 昆明：云南大学出

版社，2008.

高伟著. 翻译家徐志摩研究［M］. 南京：东南大学出版社，2009.

江弱水著. 中西诗学的交融：七位现代诗人及其文学因缘［M］. 中国台北：人间出版社，2009.

戈巴编著. 徐悲鸿PK徐志摩："惑"与"不惑"1929年全国美术展览会始末［M］. 长沙：湖南美术出版社，2010.

廖玉萍著. 徐志摩诗歌语言艺术［M］. 北京：语文出版社，2010.

邵华强编. 徐志摩研究资料［M］. 北京：知识产权出版社，2011.

陈琳著. 陌生化翻译：徐志摩译诗研究［M］. 北京：中国社会科学出版社，2012.

胡建军著. 徐志摩与中西文化［M］. 上海：上海交通大学出版社，2013.

青蒿著. 柔情裹着我的心：徐志摩的诗样四季［M］. 上海：文汇出版社，2014.

戚钧主编. 寻觅康桥的诗魂：2012中国济南徐志摩国际学术研讨会论文集［M］. 上海：上海交通大学出版社.

黄立安著. 草青人远 一流冷涧：徐志摩论［M］. 武汉：武汉大学出版社，2017.

李伶伶著. 摇晃的梦想：徐志摩和新月诗人［M］. 合肥：黄山书社，2018.

陈忠著. 徐志摩（专著）：诗意之城安诗魂［M］. 济南：济南出版社，2020.

后 记

1988年1月，由陕西人民出版社将邵华强所著《徐志摩研究资料》，作为中国现代文学史资料汇编（乙种）的一种出版。该书首次对1983年前徐志摩的生平思想、文学活动、学术研究的论文进行了全面的梳理，无疑在徐志摩研究的领域中，填补了一个空白。嗣后，也有不少研究者做了不同角度的研究资料索引，但都不很全面。而邵华强先生所著索引迄于1983年。自1983至今，将近40年的时间里，对徐志摩乃至那个时代的文化现象的研究，喷涌式的出现。继邵先生以后，再续编一部研究索引很有必要。于是我们在会长于国民先生的支持下，开始对各个领域中，凡与徐志摩有关的文章进行收集与梳理。在此过程中得到秘书长徐国华先生的大力帮助，他通过网络下载了不少篇目，减少了搜索的时间，我们只需将这些篇目，去上海、浙江、嘉兴及海宁的各图书馆，找到原刊本，比对其正确性，节省了资料收集时间，也加快了成稿的速度。结稿时，也正是上海疫情肆虐期间，陈子善教授应我们所请，在百忙中，克服种种困难为是书作序；资深老会员原学会秘书长徐新民先生，也慨然为是编作序。在此我们向陈子善教授及诸位先生的鼎力帮助，表示深深的谢意。

在这里我们还要提一下中州古籍出版社的梁瑞霞老师及负责是书的责编吕玲老师，为是书她们费了不少心血。尤其责编吕老师，根据我们的要求，要在较短的时间内完成是书数千条目的审核与排版，那是一件很不容易做到的事情。但吕老师做到了，而且做得很认真，哪怕是点滴不妥之处也尽可能地处理掉，来提高书的质量。在此也向为是书做出辛勤劳动诸位老师表示感谢。

我们希望能通过这部索引，对40年来，在徐志摩研究的各个领域所发展的脉络，有一个明晰的展示。对诗人徐志摩本体及20世纪早期新月社团的成立发展、对社会文化贡献的研究有所帮助。由于我们才学见识所致，在收集及编排过程中一定有许多不当之处，还望读者不吝赐教，以利今后正之。

虞坤林　朱　琦　陈飞虎
2022 年 10 月